報復の連鎖

A・シェップ

報復の連鎖

権力の解釈学と他者理解

齋藤 博／岩脇リーベル豊美
共訳

学樹書院

This book is a Japanese translation of
Alfred Schöpf: Wiederkehr der Rache: Eine Hermeneutik der Macht
Translated by SAITO, Hiroshi and IWAWAKI RIEBEL, Toyomi

日本の読者によせて

本書は、ヨーロッパ哲学の広大な伝統を背景に成立した哲学の書である。ここで本書は際立って畏敬を誘う日本の哲学と宗教の伝統を生きる読者と向き合うことになる。本書での主題は人間や文化間の理解が辿る道を訪ねることにある。ここで紹介できるのはヨーロッパ哲学が歩んだ道程の僅かの部分に限られる。当面する大きな問題は、「理解の道を訪ねる」というこのメッセージの重い意味が敬愛する日本の読者の皆様に届きそれが受け取られるのか、ということである。皆様の文化にとって異他存在に通じる橋は存在するのか。もちろんこのことは、もし日本の文化が自らを表明するときは、逆の立場が当てはまる。日本文化の異他存在は、ヨーロッパ的な眼、耳、感性、そしてことばで、そもそも追体験できることなのか。共通のことばという架橋は欠けている。翻訳がしたがってその架橋の役を引き受けなければならない。本書の翻訳はヨーロッパの哲学に心を寄せる日本の友人の尽力によって構築される橋路となる。ここに架けられた橋はヨーロッパ哲学から日本哲学への通路となる。二人の訳者は日本人の眼、耳、そして日本のことばでヨーロッパの哲学を捉えている。このことによって上記の架橋に向かって重要な一歩が踏み出され、思想のよそよそしさや極端な異他性が軽減される。齋藤博教授とDr.岩脇リーベル豊美は本書の翻訳にあたってくれた。この贈り物にさしむける感謝のことばを筆者は探せない。これに勝る贈り物はないと心得ている。

本書の主題は理解する*〈Verstehen〉ということである。このテーマはまさにヨーッパの哲学が解釈《ヘルメノイティーク》学の伝統のなかで問題として発展させてきたものである。解釈学の第一歩で主題となるのは、固有の文化圏の、独自の伝統のなかで取り上げられる理解（E・フッサール、H・G・ガダマー）であって、それは他者の立場に身を移し置き、感情を移入することによって他なるものに近づくことである。こうした理解の手法から生まれるのは、他者を自分独自の自己理解に吸収統合せんとする試みである。そこでは他者は他なる私《アンデレスイッヒ》のままであって、それはいわば異文化という観念のなかの生霊（分身）であって、ヨーロッパ哲学がドイツ哲学の輪郭を描いているようなものである。しかしまさにそのことから明らかになるのは、日本の文化というのは、私たちヨーロッパ人が思い描いている日本文化とは異なるものだということである。そこでは理解をすすめる動きは空回りに終わってしまう。

解釈学の次の歩みでは、もっぱら日本文化独自の声に耳を傾け、自分自身の先入観を撤回することによって日本文化の異他性に乗り出すことである。この歩みはヨーロッパ中心主義の脱構築という哲学（J・デリダ）のそれである。そうなるとそこに他なるもの das Andere が出来する。私たちはその他なるものの動きに引き込まれるのである。こうして日本の哲学は理解の運動をヨーロッパの文化の上にまで及ぼすことになり、日本の哲学は、西欧的な思考方法に身を置くことによって、ヨーロッパ文化の輪郭を描きだすことになる。しかしここでもまた頭をもたげてくるのは、自分独自の観方が支配的となり、よそもの das Fremde は他なるもの Anderes として遠ざけられてしまうことである。こうした出会いがしらの互いの話しかけ、感情の交流、想いを伝え合うといった通りすがりの関わり合いは、ともあれ相互の話し合い、ことばの交換、読書によって、——こうしたことは橋渡しをする第三のものであるように見える——その疎遠な間隔を縮めている。しかしそこで私たちは、次のような根本的な事実に突き当たる。すなわち、理解することは自分自身の言語を住処としながら、また異なる言語に置き換えることも必要とするという事実である。まさにその故に誰もが、それぞれの文化を背負って、自分自身の言語を背景に、日本人あるいはドイツ人であるという一般化された generalisiert 他者（G・H・ミード）に捕縛されている。このあり方は、たとえ私たちが自分たちのことばを超えた第三なるものを拠りどころに、自分たちは思考し、ことばを話し、感じているということを認めていようとも変わらない。すなわち、その第三なるものは、象徴を操る Symbolisieren 能力であってそれは、ドイツ語や日本語に見られる普遍的な本性なのである。こうした普遍化された universalisiert 他者（G・H・ミード）を実現することは、ただし、私たちを別け隔てるこうした日本的とかドイツ的という事実関係に再度私たちが立ち戻るようにと指示している。それにもかかわらず変わらないのは、私たちには次のような共通点があることである。すなわち、私たちは象徴を操る生き物であるという自らの素性を認識しており、また己をそのようなものと考えているという、さらに私たちは語るべき意味豊かで意義あることを持っているという、共通性である。あらゆる理解の根拠、とりわけ私たちが信頼して伝え合わなければならない内容は、私たちが象徴を操る生き物として互いに関わり合い、何かを考え、何かを交換しそして意味あるものを創出するという事実である。

　ところで意義と意味内容は私たちのコミュニケーションのなかでどのように起ちあがるのか。またどのようにして誤解、意義の喪失、対話の破綻は起こるのか。言語‐構造主義的な伝統（R・ヤコブソン、J・ラカン）から見れば、一つの記号だけでは意味をなすことはなくまた象徴機能《ジグニフイカント》もない。たとえそれが違いや分離をもたらす他の記号に繋がりがあっても変わらない。しかしこうした二番目の記号も、それが前に戻って初めの記号と関わりをもたなければ、意味をなさない対応物なのである。意義 Sinn は、かくして、関係が拓く間の間 Zwischenraum にあって成立するのであって、その間は第三番目の三角測量的な機能を担って現われ、記号に命を呼び覚ます。意味《ジン》は記号相互の不可視の関係性という第三の次元である。

　このようにして意味（関係）がどのようにして断たれ、失われていくかもある程度理解可能になる。それは関係の喪失によってであり、また自分への後退によってである。こうしたよそ者と私とのたんなる二項的な対置をラカンは虚構の秩序 die imaginäre Ordnung と呼ぶ。それは自分の文化や言語の自己関係に閉塞することであり、その閉塞は他者の文化や言語を敵方にまわすことになる。これは友‐敵‐関係（C・シュミット）である。一般に見られているように、これは対極化がもたらす成り行きであるが、その成り行きは暴力的な何かである。それに引き換え、三角測量的状況では権力と自由は（この両者は政治哲学の重大な課題であるが）条件つきの平衡を達成しているのに、二元性のもとでは、それぞれ自分自身の権力位置への後退が生じる。（そうなると）権力は、自由へ開かれた門や自由の享受よりも重要なものになる。そのために、人間間、国家間、そして文化の間に敵視の像が形成されるのである。もし自前の確実性が相互の交流よりも重要であるならば、このことは権力のすべてを総動員することを求めることになる。核心のところで二元的様態は現実の意味を偏執的《パラノイデ》に読み替えることになっている。私はわが身を助けるべく、できるかぎり強靭でなければならない、なぜなら私はもっぱら他者からの迫害に抗う態勢を整えておかなければならないからである。理解することから退却すれば、頼りになるのは想像を巡らすことであり、そこから生まれるのは暴力態勢である。こうして二元的思考と体験がもたらす絡み合いが描かれ、他者からの攻撃を予期することからもたらされる結末がどのようなものかが見えてくる。誰もが襲撃に備えなければならない。もし私たちが、その襲撃を復讐と呼ぶならば、そのときこの二元的世界に登場してくる問題は、復讐はすべてまた復讐に対する報復を挑発することになる。ヘーゲルが法哲学のなかでいみじくも示したように、そうなれば私たちは報復の連鎖という留まることを知らない循環に落ち込んでしまう。

こうして私たち人間の背負う定めは、一方に理解することから撤退して権力に心を集中し、復讐のただなかに巻き込まれるという二元的関係と、そして他方に他者へ開かれ、さらに自由と交わりを目指して船出するという三角測量的関係へ希望を繫ぐこととの間を揺れ動くことになる。本書の狙いは、どのような地平で私たちは理解を始動し、どのような地平で理解から後ずさりを始めるのか、またどのようにしてそこから実践的‐個人的、政治的ないくつかの帰結が見えてくるかといった構造的な視点を拓くことである。ヨーロッパでのドイツの歴史、そしてアジア世界にあっての日本の歴史、そしてとりわけ私たち両国の歴史はこうした解明作業の材料に事欠かないであろう。

A・シェップ

＊著者が本書の哲学的主題として位置づけているのは〈理解する Verstehen〉ことである。この主題を展開する著者の視点は、伝統的な解釈学と（著者の言う）反解釈学との両域にまたがる人間の理解営為の全域を視野に捉えている。その意味で〈理解する〉は、人間の力／権力関係に通底する多面的・多義的な人間営為の全体構造を含意する。

権力の解釈学という新たな試み——訳者解題

はじめに

私たちは誰もが外に向かっては平和を、内に向かっては平穏な生活を願いながら、なぜ復讐と報復に駆られて望まざる戦いや葛藤に巻きこまれるのであろうか。報復と復讐の背後には抑止不可能な破壊欲動が蠢いているのか。そしてこの破壊欲動は私たちの権力を暴力に変質転化してはいないか。筆者の理解によれば、こうした人間の権力／力（Machtmensch）への根源的問いかけが、本書を通底する哲学的論攷の核心をなしている。

本書は、著者自身語っているように、広く西欧の思想の流れを背景にした権力／力の哲学的解釈学という注目すべき論攷である。したがってその論攷を追うには、西欧の豊かな思想のそれなりの理解が前提として求められよう。ここでの解釈学的理解の射程にはいわゆるたんなるテキスト解釈手法の域をこえて人間の法、自由、権力の理解、さらにその哲学的基底をなす倫理が主題として据えられている。権力はいつの間にか暴力に変質する。第二次世界大戦の先端を開き、その戦争の深刻な戦禍と悲惨な結末を体験した日本人の心の深みにはいまなおその体験がトラウマとなって影をおとしているであろう。その戦争がもたらした破壊は大量の人の命とさらにその生活の場である街や文化遺産に至るすべてに及んでいる。

本書の主題は今日私たちが当面している権力の配分という問題状況と無縁ではない。第二次世界大戦を経験し、その終結から七十年という節目を契機に戦後のレジームということばが囁かれ、そのことばには同時に戦後からの脱却という願望が見え隠れしている。その戦後のレジームを統治してきたのは基本法である日本国憲法である。この節目を機にこの基本法の護憲・改憲の議論が最近とみに活性化している。まさに私たち日本人の足許に法と自由と権力とそして倫理の難題が提起されている。言い換えれば、それは権力／力の解釈学の問題である。いま問われているのは最上位に位置する法の、つまり憲法の意味である。

戦後レジームの基本方位を決定したのは憲法である。そして戦後の日本人が主体的に選択した基本法が現在の憲法である。それは国際紛争の可能性を念頭に置きながらも戦争や武力の行使を禁じている。戦後レジームからの脱却にはこうした基本法に手をつける必要も生まれよう。なぜならその判断と選択の主体（国民の総意）はある見えざる権力の影響下で決断したと考えるからである。しかし同時にそのように問いかけている主体はまた新たな見えざる権力の下にあるのではと問われなければならない。

いずれにせよ基本法が国の方位を左右する最上位の権力であることはいうまでもない。したがって時の立法府である国会も、行政府も、司法の場でもその権力には従わなければならない。その意味の問いかけには倫理が予想されている。

日本の憲法は自国の平和保持のために国権による戦争や武力の行使を徹底して否定していると理解できる。この基本法が否定する戦争や武力の行使とは、権力というものはいつの間にか暴力に転化するものであることを想定しているであろう。日本人は国家の権力が暴力を誘発し、その結末が惨劇をもたらすことを体験した。こうした権力／力の理解という本書の解釈学的問いかけはさしあたりヨーロッパの視点から提起された主題ではあるが、こうした難題は、今日の私たちが当面する国家の主権をめぐる憲法論議と深く関わるだけでなく、権力／力の理解という哲学的・根本的に問うべき焦眉の課題でもあろう。

憲法の条文の含意を読み替えようとするのはたしかに解釈といえる。しかしその解釈をする主体には自分の解釈ないし理解が正しいのだと独善的な立ち位置からの先行理解の可能性がある。それどころかそうした先行理解が不可避であると指摘する解釈学がすでにある。本書が旧来の解釈学と定位しているものがそれである。この解釈学の基本テーゼに従えば、護憲論者の言い分にもまた改憲論者の主張にも、たとえそれが筋の通った歴とした主体的判断であるといおうが、その両者の理解には先行理解が、つまり誤解が潜むのだという。その先行理解の誤りは主体が責めを負うことになる。それは後に論及することになる近代の考える私 ego cogito という主体である。すでに旧来の解釈学は理解の過程に潜む先行理解が不可避であることを論証している。その指摘は耳を傾けるに値する。

戦争はなぜに？

第一次世界大戦を先導したヨーロッパ世界に目を転じてみよう。それによって世界は国権を発動して暴力を行使する戦争に突入した。暴力を禁じている筈の法・権力がその戦争では暴力に置き換わっている。こうした状況を念頭に、第一次世界大戦を経験したA・アインシュタインの問いかけに応答してS・フロイトは、「戦争はなぜに？ *Warum Krieg*」を問うなかで、権力という言葉を「……非常な言葉である「暴力」に置き換えていいでしょうか」と自問している。この書簡が公刊されたのは一九三二年のことである。

本書の著者は、こうした問いかけと応答は、第一次世界大戦がもたらした実存的な衝撃から生起したものであろうと言う。しかし、この同じ年に、C・シュミットは『政治的なるものの概念』を上梓し、友‐敵の二項構造から戦争を論じている。シュミットとフロイトは相容れない激しい感情的対立のなかで二時間にも及ぶ議論を展開したという。とにかくこの二人の主張には「ドイツおよびヨーロッパの歴史に深く刻み込まれた歴史的トラウマの痕跡が残っている」という。そしてこれはドイツではアドルフ・ヒトラーが政権を掌握する前夜の出来事である、と著者は指摘する。

本書は、いまなお世界の各所で頻発する悲惨な戦いと殺戮、そしてそれに対する報復・復讐の連鎖を前にして〈暴力はなぜに？〉を問う哲学的論攷の試みに連動する。いうまでもなく私たち日本人の心の深みにも戦禍を経験した、とりわけ最近の世界戦争のトラウマは無意識のうちに蠢いているであろう。ここで展開される論攷は、人間的な暴力／力とそれがもたらす報復の連鎖を人間の生に深く根ざした人間的な理解がどこまで耐えてそれを回避することが可能なのか、あるいはそこにはどのような難題が立ちはだかり、それに対して私たちは如何に立ち向かっているのかという哲学的論究になる。どのようにして権力は暴力に、また暴力が権力に変質するのか。そこに破壊的なるものが立ち上がる。そうした変質可能性は人間のどこにあるのか。考え方・生きかたを異にする個人の、あるいは本書のいう一般的他者の、さらに国家の間というあらゆる人間間にそれは認められる。したがってこの論攷では、人間の権力と暴力とそして倫理が理解の俎上に上る。人間はそうした報復・復讐の実行者であり、またそれを理解する生き物でもある。

旧来の解釈学と〈考える私 ego cogito〉

人間の相互間に生じる利害の衝突は、暴力を行使することによって勝者と敗者を分けて決着を迎える。フロイトの指摘を待つまでもなく、こうした自己保存衝動がもたらす人間間の衝突は動物でもみられる同種のものである。しかし動物と違って人間の間には考え方や意見の違いからも権力の衝突が誘発される。自己保存衝動による外的な衝突だけでなく、考える私 ego cogito という主体間の内的な衝突がある。たとえば最近の日本で耳にすることばに外来語の domestic violence という流行語がある。家庭という小さな、そして血縁の、しかもいわば兄弟愛的な絆で結ばれた家族共同体内での個人間の暴力行使である。また同じような流行語に power harassment とか academic harassment といった各種の harassment がある。これは考え方や意見の違いから生まれる主体間の権力／力の内的衝突であろう。こうした衝突や嫌がらせはそれぞれが考えるところに基づいて自己主張する私＝主体の間の外的・内的な諍いである。そこには諍う双方の自己不理解が潜んでいる。

こうした衝突の力はどこに起源するのか。明晰判明な思考力を備えた私＝主体間にはこうした衝突は起こりえないのか。たしかに人間各個体には自己保存衝動が内蔵されている。それはたんなる衝動であるだけでなく、また考える私には欲望として意識に上っている。したがって人間の衝突は動物的な自己保存衝動だけによるのではなく、考える私という各主体の間の衝突である。いうまでもなく人間は考える生き物である。周知のように、たとえばデカルトは考える私 ego cogito に人間の能動的な積極性を認めた。デカルトは考える私に私の存在する根拠を見出している。ここから導かれるのは、考える他の主体も考える私＝主体に私の存在の確実性を見出している。しかし同時にそのことから、相互の考える主体にとって他の考える他者は、相互に考える私の対象の位置に配される。考えている私の存在は疑い得ないが、他者の存在の確実性をどのように理解するのか。それはなお疑わしいのである。デカルトの考える私はまさしく私自身の根拠であって他者のそれではない。他者は広義の自然のなかに埋没する。科学の歴史が実証しているように、この考える私は、自然を理解する主体となり、そのことによって、その限りではあるが、自然の力を思いのままに利用し支配下に治める科学的主体となる。考える私＝主体の思考は支配力に変貌する。

デカルトに代表されるこの考える私は、私以外の自然を私という主体の支配下に治める能力を身につける。ちなみに、これと対照的なのはパスカルの〈考える葦〉である。パスカルは、人間は考える葦であるという。科学者でもあるパスカルは、考える私＝葦を理解も支配も不可能な大きな他者によって支配される、そうした弱き葦と位置づけている。したがって考える私自身が理解不可能な何かに支配され不安のなかで考える葦となる。

そこでこの点から旧来の解釈学の特質について一瞥しておこう。新たな解釈学との違いを鮮明にするためには両解釈学の主体の定位が決定的である。いましがた触れたように〈考える私 ego cogito〉は、西欧の永い哲学思想の流れのなかで近代を拓いた主体である。それは自己同一で、自律し、自足する私という主体である。こうしたいわば形而上学的な考える私 ego cogito が旧来の解釈学的理解営為の原理には影を留めている。この考える私の根底には広義の自然権思想が支えとなっている。こうした私＝主体が他者を理解するには、他者とは契約を結び、他者の自然権と自分のそれとの調和を図り契約によってそれぞれの目的にふさわしい共同体を創設する手段が求められる。要するに旧来の解釈学は近代的な考える私の呪縛から脱することはできていない。したがってその理解からは他者は考える私の支配下におかれるか、他者を理解の射程から排除し、他者の真の姿をその視界から消し去ってしまう。他者はそもそも理解可能なのかが改めて問われる。

〈私はひとりの他者である〉

私はひとりの他者であるというテーゼは、他者理解という課題に挑戦する新たな解釈学の出発点に位置する。旧来の解釈学が展開した理解営為は、近代の形而上学的な考える私 ego cogito に基づいている。それによれば考える私は、考えている私の存在を疑うことができないという。こうした考える私の存在を根拠に、私は他者を理解の視界に捉える。たしかに私は自分の体で感じ、想像し、意欲し、考えている。しかし私は自分の顔を直接見て、己を考えることはできない。私が私自身に言及して私はかくかくの者であると言うには、鏡の像によって、いわば他者の目によってしか、他に自分を語る手段はない。私はすでに他者によって語られる。そうした他者を介しないで私は己を捉えることはできない。私が捉えている自己はそうした他者である。そこでは私が理解の射程に捉えている私＝主体はその表舞台からは姿を消している。「自己と、自己を示す言葉の間には埋めることのできない自己言及の溝がある、と彼（ラカン）は痛みのように知っている」（新宮一成、『ラカンの精神分析』、講談社）。自己自身を問うとき、私は実は他者によってしか私自身を理解できないことを知る。これが本書の哲学的解釈学の視点である。

新たな解釈学を展開する本書の随所に ego（自我）と同時に alter ego（他我）が登場する。このことは注目すべきである。ego（私）は alter ego（他我）である。言い換えれば、私はひとりの他者である。私は自分の話している声を聞き、自分の見ていること、欲求していること、さらに考えていることを振り返って確かめることができる。その確実性は自我と他我の所産である。私は体をもっている。その場所に自我と他我が住まう。自我と他我が住まうその場所はメビウスの帯上である。その意味で私の主体の同一性は他者によって成り立つ。近代的な考える私 ego cogito の超越性が根底から問われている。そこでは ego cogito 的私の主体性の根拠が根底から揺らぐのである。他我 alter ego の概念の登場自体に、ego cogito 的な主体の動揺あるいはその壊滅が読み取れるであろう。この意味は ego cogito 的主体は理解営為を自己自身で達成することはできないということである。他者の理解に照らして自己の理解をすすめるほかに理解営為の手法はないからである。

他者を理解するということの問題性

私の理解営為は他者との協働作業である。ここでは他者理解を男女という性差の相互理解の場面で眺めておこう。男である私にとって女である私は他者である。私たちの他者理解の典型である。男になるか女になるかは自然の過程で決まる。その限りで、その性差関係を覆すことはできない。男女はその異他性の故に不可避的に特異な他者理解の場におかれる。相互の自己理解や誤解から発生するのは多様な支配、従属といった権力関係である。たとえば、論理的思考つまり理性使用は男性の主要な能力であって女性では主役を演じていないという理解から女性は対等の場から排除される。また私たちが戦後にはじめて経験したのは、女性に選挙権が認められたことである。女性には政治に参加する能力を認めず、したがって女性は政治的には男性に対して従属関係におかれてきた。フロイトでさえ、男性は能動的で女性は受動的であるといった理解は短絡的であるといいながら、性差の発展過程でやはり男性は能動的‐攻撃的で、女性は受動的‐忍従的であるといった解釈を捨て切っていない、とフロイト研究者でもある著者は指摘する。人間が能動的‐攻撃的であると同時に受動的‐忍従的であるのは、性差の故でなく人間存在の故である。

世界的に観ても、ようやく男女の性差の溝を埋めて相互理解の動きが始動している。いうまでもなくこうした男女の権力関係は、女性一般と男性一般の間の溝を作っている。そこでクローズアップされるのは、いうまでもなく、女性の人権、自由、またそれを保障する法、あるいは社会・政治的装置の改善といった諸問題に連動するのである。男女はそうした支配従属関係から解放されてようやく一般的ないわば対等の他者関係に立つことになる。言い換えれば、男女の支配関係は相互の不理解に起因する歪んだ権力関係の典型である。他者を誤認することは、他者を統制管理下に置き、他者の自由を侵害することに繋がる。

男女の相互理解を阻むものには、本書第Ⅳ章が詳細な分析を加えているように、さまざまな要因が考えられよう。しかしそれらの諸要因に通底するのは先にみたように日常の生活世界のいたるところに見え隠れする権力／力の関係である。こうした支配関係が残した傷跡はトラウマなる概念で捉えることも許されるであろう。

性差という他者理解の問題は、他者理解一般の範型とみることができよう。著者のいうところであるが、性差相互の理解を阻むのは両者の欲望の衝突と、さらに心理的抑圧がある。そもそも欲望は欲望を増殖し、その終わりを知らない。そうした欲望は意識に上らない他者、つまり無意識といってよいであろう。良心の始原が共知という知ることから始まるとすれば、その欲望は知られない他者、つまり無意識である。意識に上らないその大きな他者は、したがって共知という意識の裏側にある。敢えて言えば、それは前良心的な生起である。このように性差間の支配・従属関係は意識に上らない欲望や抑圧と不可分である。その意味で他者は ego cogito の視程の外にある。

私は他者を理解し、それによって他者に善かれと振舞ったという確信的な理解が実は私の隠された欲望の表現でしかなかったことに気づくのは日常経験するところであろう。このようにして他者理解の根底には男／女を別けるいわば小さな他者の二項対立的な異他性が潜む。そうした異他性を克服する道はそもそも在りうるのか。少なくともそのためには男であるとか、女であるという想定を、ともに人間であるという他者理解の地平に持ち込むことであろう。それによって二項対立の構造は意識の外にある理解の場に持ち込まれる。

スフィンクスの例の問いに答えて、「これぞ人間である」と応じたエディプスは、「人間は男と女である」といったのか、あるいはエディプスは迷って「男である私が人間である」と答えたのか、後者であるかもしれない。ここにも男女に限らず人間の異他性を理解する難しさをみることができよう。

暴力はなぜに？

暴力はたんに外的であると同時に心理的内的な衝突である。すでに触れたように考え方の違いを処理できなくなった感情の衝突に暴力の始原がある。とりわけ一般的他者の絆は感情による。たとえばヨーロッパ世界に潜むヨーロッパ中心主義はそれであろう。しかしこうした感情の絆はあらゆる他者理解に通底する無意識の障壁でもある。破壊的な結果をもたらす国家間に燻ぶり続ける不安、そのひとつにたとえば、隣国がそれぞれに自国民の安全と自由を護るためだと称して武力を増強したとき、その国家間には、いずれその武力を威嚇の手段とし、あるいはそれをもって侵攻してくるのではないかといった相互不信が生じる。こうした他国理解には暴力に変質する意識に上らない無意識の欲動が蠢いている。不安を抱える国家権力はその不安を解消するために戦力を蓄えなければならない。自力で自国を護る武力が不足であれば、友国を頼る。国際関係は友と敵の両極に対峙する。もし闘いが現実になったときは、双方は破壊的な結果を免れない。それを回避ないし抑止するための最善にして不可避の策として想定敵国の武力に拮抗する戦力を増強強化する。しかしこの抑止策は国家間にさらなる暴力の増殖を促すであろう。この抑止策は暴力の予期せぬ暴発を抑止する力であろうか。言い換えれば、両当事国が抱える不安は護衛のための武力つまり暴力の増加に比例してさらに深まるだけであろう。もしその武力が暴発したときに破壊力は計り知れないものであろう。これは破壊の現実可能性を孕んだ他者理解のひとつの結果ではある。

私たちはこうして〈暴力はなぜに？〉の問いの前に否応なしに立たされている。すでに指摘したように、他者の不理解はつねに自己の不理解を意味する。言い換えれば、不理解を理解にすり替える不理解である。しかしどのようにして真の他者理解の達成は可能になるのか。

戦闘を決断するのは言うまでもなく時の国家権力を掌握する多数政党である。当の権力者も暴力行使が疑いえない悪であることはもちろん熟知している。そのとき彼らは厳しい倫理の要請の前に立ちながら、にもかかわらず、たとえば国民の生命・財産を護るために、やむなく暴力手段は選択されるべきだと言うであろう。これが友でなければ敵であるという二項対立的な思考の権力掌握者の主張である。しかしこうした二項対立的な思考からは他者理解も自己理解も達成されえないこともまた明らかである。

しかしたとえ人間の破壊欲動が抑止不可能であるとしても、それがもたらす破壊は避けなければならない。したがってそのための他者理解は追求されなければならない。暴力の発生する危急の場面で、私たちに、またとりわけ権力者に求められるのは、理性的な振る舞いである。主体は他者を通してしか自己理解の手立てをもたないとすれば、求められる理解は、私と他者が共有する理性であろう。この理性はすでに触れたように私＝主体 ego cogito の自律性にその根拠を求めることはできない。というのはその理性は少なくとも近代の啓蒙的理性ではない。言うまでもなく権力行使に要請される理性は、権力／力を巧みに操作するたんなる合理性ではないからである。

理性は出会いの対話の中から産まれるという。それは他者と自己を理解する窓である。言い換えれば、そうした理性に拠って、敵対する双方の国家には隣国の破壊的な攻撃欲動がほかならぬ自らの攻撃欲動でもあることが理解されるだろう。こうして改めて理性のいわゆる脱構築が始動する。

二〇一五年九月

齋藤　博

目次

序　章

権力の問題は近代 Moderne でもなお未解決のままである。カント哲学は、啓蒙主義の思想の全域を網羅するが、権力の諸問題に直面して近代精神の弱点を覗かせる。カント哲学は、権力の問題をいくつかの論考《ディスクルス》に配分することによって権力の問題を相矛盾する考察方法に解体してしまう。その一つが権力についての経験的論考 der empirische Diskurs である。この経験的論考が問題にしているのは、人間では劣位にある欲求能力である。そこでは人間は感覚に拠ってあるいは幻像によって欲求しており、またもっぱら自己保存 Selbsterhaltung＊ないしは心身ともに息災 Wohlbefinden であることだけを指向している——いずれにせよこれがカントの立場であるが——。それがかの快の力であり力の快の論考である。すべての個人にとってまたどの組織機関にとっても主題となるのは、力／権力の強化である。

＊自己保存という概念は多義的である。カントでは、自己保存は動物としての存在者である人間の自分自身に対する義務として位置づけられるが、他方で道徳的自己保存という義務も想定されている。I・カント、『人倫の形而上学』、世界の名著三二、中央公論社、p.574f. その点でスピノザの自己保存は、様態であるすべての個物に妥当する個物の本質と

定位されている。

カントは、権力の充足状態の全領域を、衝動 Trieb 、傾向性 Neigung 、随意 Willkür というキーワードによって論じている。生命力——生体《オルガニスムス》の運動原理として（この原理をカントはブラウンの生理学の体系から借用しているのだが）——は、生体の維持と強化を必要とする。そうしたことに役立つのが衝動であって、それは自己保存とそれの強化を促進する。動物では生命力の自己保存は本能の支配下にあるが、人間は不断に衝動の襲来に晒されている。人間は誰も自然の解明を求める権力人間 Machtmensch である、なぜなら人間は自己の保存に関心を向けているからである。こうした衝動には、同胞や同胞の権力衝動に対して情け容赦のない対応が含まれている。このような衝動は野性のままで人間の内にある自然の一片である。そのことからカントによれば、人間は「曲がった材木から造られた＊」構造物になる。[1]

＊「ところでひとは、いかにして曲がりくねった材木から完全にまっすぐなものが細工されることを期待できるであろうか?」『たんなる理性の限界内における宗教』、飯島宗享・宇都宮芳明訳、カント全集、第九巻、理想社、p.143.〈曲がりくねった材木〉はカントの言う人間の〈倫理的自然状態〉を指すのであろう。

この権力への衝動は、近代のすべての自然権論者たちと、カントにとっても原理的には何ら異なるところがない。衝動は、生体が環境を通して刺激を与えられ、昂揚し、あるいは張り詰めた緊張に至り、やがてその欲求が充たされることによって和らぐ。衝動の昂まりがこのように蓄積され、それが充足体験のなかで解消するのは、学習を通して習慣化されるまでに広がるが、そこで一般に衝動や欲求や権力が首尾よく強化され目的が達成されるのである。これがカントでは傾向性の演じる場面である。最後には、自己保存という人間的な形式のなかに理解力 Verstand や決断力も割り込んでくる。権力の展開は起こり得る状況を予見し、そのどれかを選び決定する能力によって導かれる。これがカントでは随意となる。

こうして私たちはカントの啓蒙哲学のなかに権力をめぐる経験知によって規定されているシナリオを読み取る。その筋書きのなかに主体は欲望する自らの衝動傾向‐と随意の次元を映し出す。主体は、身体を持ち‐思考する‐存在として、すなわち、自己保存の原理の管理下にあって、したがって権力を追求する存在として自己を取り戻す。こうした努力は、カントが言うように、快‐不快によって規制され、成功や誤り、喜びや痛みといったもろもろの経験の影響のもとで展開するのである。

社会的に見れば、啓蒙された人間としての私たちは、このことから人間間には権力闘争が出来することを予想していなければならなかった。一方の人の権力要求は自然の勢いとして他方の人の権力要求と衝突する。このことが社会を同時に友好的 gesellig（住み心地の良い社会）にも非友好的にもする。権力の競合は、強者弱者を識別するパラメーターだけしか関知しない。そのパラメーターは、盟約や敵対の関係に、また友と敵の関係に現れている。その戦いは様々な激しさで、多様な様相を呈して、また多様な規模で行われる。権力の経験的論考にそって啓蒙された人間は、権力をめぐるこうした争いのあらゆる変様を、またそのあらゆる変種を、そしてそうした争いの激しさのすべてを予期しているのである。そうなると私たちは、啓蒙され、迷妄から解放されていながら、こうした制御不可能な成り行きや、社会のこうした克服の不可能な〈敵対関係 Antagonismen〉を計算に入れなければならない。これこそは、まさしく啓蒙思想の論考そのものを構成するホッブス‐マキアヴェッリ主義のペシミスティックな人間学がもたらすメッセージである。

それに加えてしかしカントが私たちに紹介しているように、第二の啓蒙思想の論考がある。これは市民社会の契約による制度に由来する。この制度は権力の経験的議論が無制約に展開することを許さない。なぜなら、この論考は同胞への思いやりのなさをますます駆り立てることになり、その結果ついには他者の権利を抑圧し、侵犯し、さらにはそのために死までも甘受することになるだろうからである。このことはしかし、社会の自壊過程を皆等しく無力な個人から成る無政府的状態へ包み込むか、あるいは独裁的先導者のもとで権力の集中化をもたらすことになるかであろう。そこではこうした二つの破壊的な抗争の状況は、見分けもつかないほどに渾然として相互にどちらにも変移しうる。たとえば、独裁者の権力は革命によって無政府状態へ急転し、また無政府状態のカオスは一人の独裁者の出現によって終息を迎えることが起こりうるといった具合である。それに加え、権力闘争のむき出しの構造には、復讐 Rache の問題と、さらに復讐の循環を断ち切ることの不可能性の問題も潜んでいる。つまり、権力の侵害はどのようなものであれ復讐を誘発するというのである。こうした復讐は形を変え新たな侵犯をもたらし、そして侵害される側には報復のための復讐を誘うことになる。このようにもし権力の展開が、権力の主題を暴力という形に変えてしまい、権力の展開を破滅にもたらすようなこうした戦いに合流してはならないというのであれば、そこではもう一つ別の論考が導入されなければならない。それは暴力を働かせることによって権力の侵犯の諸問題を規制するというものである。カントの啓蒙主義哲学はこの論考を法のディスクルス（法論）と呼んでいる。[2*] この論考では、したがって実際のところ、権力の単純な論考とは異なる言語を語っている。この法論は、法の規範や制裁を伴い、また法を制定する権威、法を執行し判決を下す権力を伴う法の経験によって、経験的知識を拡大していく。

＊ I・カント、『人倫の形而上学』、樽井正義・池尾恭一訳、カント全集、第一一巻、岩波書店、p.13f. R・ローティ、『偶然性・アイロニー・連帯』、齋藤純一・山岡龍一・大川正彦訳、岩波書店、p.153f.

啓蒙思想の論点は市民社会の法制度を不可欠な機関であると想定している。しかしこの法思想は経験の新たな次元を導入する。それを否定的に表現すれば、残忍な行為は社会には存在するはずがない（してはならない）、という思想の次元である。肯定的にはこのことは、権力の権力に対する関係にはどのような関係状況がありえ、またどのよう状況はありえないのかを見分けることを、またどのような関係状況が合法的 legal であり、どのような状況は非合法なのか、したがってどれが正当legitimでどれが不当なのかを識別することを意味している。要するに、それが含意する認許範例は、一方の権力が他方の権力を暴力的に抑圧したり、あるいは破壊したりすることは、それがたとい両成敗の場合であっても、赦されることではないということが、市民社会にあっては必須の前提条件として妥当すべきであるというのである。このようにして法のディスクルスによって権力の主題範囲へ採り入れられているのは、権力要求による侵犯の禁止という、したがって自由の侵犯の禁止という否定的に制約する視点である。

権力による侵害、侵犯、そして破壊、要するに暴力行使の価値判断は、しかし権力を闘わす当事者のどちらにも偏らずに権力要求を判定するという第三者の立ち位置が確保され、そうした立場が採られ、そして保障されていることを前提にしている。したがって権力の論考、つまり競い合う権利要求や派閥間の二元的対立構造に根をおろしたこの議論は、それぞれの派閥の権力要求を正当性にしたがって審査し判定する法律と、裁判という第三の審級機関とを導入することによって、体系的な拡大を獲るのである。カントの啓蒙哲学は、その結果私たちをディレンマに陥れることになる。というのはどうみてもこの論考のどちらもまぎれもなく妥当すべきものであり、また現にそれは啓蒙思想家たちによってそのように考えられているからでもある。すなわち、これらの論考は、権力の経験的ディスクルスと法の経験的ディスクルスである。

このことは私たちを理論的および実践的ディレンマに巻き込むことになる。すなわち理論的ディレンマが生じるのは、私たちが、一方では、自己保存という個人的なパースペクティヴに完全に囚われて、私たちの理解力がこのパースペクティヴを個人の権力強化に向けて拡大するときに生じ、したがって、私たちの認識行為が自己自身の権力強化を念頭においている点で完全に偏ったものになる。他方で、法のディスクルスが求めているのは、私たちがまさに二元的関係にあるこうした党派的立ち位置から、他の敵対する権力に対して自由になることができ、さらに私たちが権利要求を比較検討し第三の立ち位置から判断するという非党派的、超党派的ポジションに身を置くことができるときである。

実践的ディレンマは、前者の理論的なディレンマと結びついている。すなわち、権力の立ち位置を遵守することは、自分自身の利害関心のなかで自分自身の影響力を強化するもののすべてを実行することを要求している。法を遵守することは、誰にも不正をなすな〈誰にも危害を加えない **neminem laedere**〉という原則にしたがって他者の立ち位置と他者の自由を等しく尊重することを要求している。思いやりを欠くことと侵犯を思いとどまるという意味で思いやるのとは、したがって直接正面から相対峙することである。しかし、このディレンマがその対立をさらに深刻化するのは、この両論考のどちらが優位を占めるのか、他者を凌駕し他者を占有するのは誰なのか、が問われるときである。厳格な法の立場が権力に抗してその立場を押し通せば、そのときその立場は権力を徹底してコントロールしなければならず、またその権力には法律と秩序の遵守を強制しなければならない。その法の立場は権力に対して権力を以って自己の立場を貫徹しなければならない。しかしその場合逆にニーチェが投げかける問題、すなわち、法のもとに胡坐をかいて巣くった権力は法を自己目的として、また自己の関心の赴くままに行使するに至るのではないかという問題が浮上してこないだろうか。その場合それでも法はなお引き続いて中立公正を保つことができるのか、あるいはそうではなく、そこではそれはすでに強者の法・権利、つまり権力の手先となっているのであろうか。ここに権力と法の議論が衝突するという事態が出来する。

しかしカントの啓蒙主義哲学は、最終的には、法が適法であるかという問いを顧慮するために、第三の論考、つまり道徳の論考を登場させる。[3*] これは権力の経験的ディスクルスを完全に正当なものに限定してしまう。というのはこれは、各個人の権力が無制限に展開することと硬直した権力打算とを批判しているからであり、しかも法は規則違反に目を向けて積極的に力を発揮し、暴力の影響を排除すべきであるといったたんにネガティヴな意味での批判ではないからである。この論考は、合法的理由から存在することの許されないものだけを批判するのではなく、むしろその批判の矛先は、全体的に妥当しかつ積極的な意味で、同胞の自由を尊重せず、人間の尊厳を無視するような権力のすべての展開に向けられている。それ故に自由の不可侵性は、上位に位置づけられ権利要求を制約する道徳的原理となる。権力の経験的ディスクルスに代わって、人間の自由の一般的な承認という議論が台頭している。これは、人間間がどうあるべきかを道徳的な根拠から問うている。しかし、ここでもまたカント哲学は私たちを一つのディレンマへ陥れてしまう。

＊『人倫の形而上学の基礎づけ』、深作守文訳、カント全集、第一四巻、理想社、p.11f. なお同書日本語訳書には、『道

徳形而上学原論』、篠田英雄訳、岩波書店がある。

社会の経験的ディスクルスは、権力への意志が抑えきれないものであり、欲求との戦いであることを私たちに教えている。そして私たちが思いやりのない非友好的社会へ洞察の目を向けるように促している。権力に抗うために権力を以って自分を護り得ない者は、愚者《ヴェーレ》なのであろうか。道徳の論考はこれとは全く異なる基準を設定する、つまり平等な自由の原則の有効性という基準である。しかしこれは理念である。自由の実在《レアリテート》をカントの構想のなかに見出すことはできないのであって、事実上の権力の諸関係は、それが結果としてひたすら自由の諸表象および自由の要求と一致しうるものかどうかの観点からのみ判断することができる。こちらには、ありのままの現実要求を伴った権力についての精密な学があり、あちらには、世界ではまちがいなく自由は自由と調和しており、暴力が自由を侵害し、また破壊するようなことは起こるはずもないといった道徳哲学者たちの理念上の要請がある。

啓蒙された主体には、このようにして三様の自己確認の可能性がある。すなわち、第一に、主体は経験によって自分自身の権力基盤を確認することができ、しなければならない。第二に、主体は市民社会にあって自己の法的な立場を反映することができる。第三に、主体は自分の道徳的規範を諸関係に当てはめることができる。こうした三つの可能性である。道徳的規範というのは、しかしながら啓蒙主義哲学では、主体の心的態度 Gesinnung の一尺度であって、主体が自らを知りまた意欲する一つのあり方である。主体は、こうしたすべての意識的な道徳化のディレンマを自身の内部に潜ませている。すなわち、道徳的な吟味にあたって求められるのは、主体は唯一妥当すべき道徳原理のもとに自らの意図をもって従うことである。道徳原理が妥当なのかどうか、またいかなる点で妥当なのかを決定するのは、主体の解釈であり、主体それぞれの心的態度である。道徳の立ち位置を正しいと主張することはそれ故に疑わしいものとなる。その道徳の立ち位置は、実生活のためになんら有意の命題も提供できないだけでなく、また一般的に有効な諸原則のみを私たちに用立てるだけであって、同時に別の難題を抱えている。その難題とは、一般的な諸原則が極めて主体固有の解釈のなかで繰り広げられることを意味し、それは良心がそれぞれに固有の解釈を繰り広げるのに似ている。

カントは啓蒙主義の実践哲学のこのような不十分な状況に気づいていた。彼は、実践哲学の論考のこうしたほころびを——社会を写す鏡として——認めており、その不十分な状況を様々な面から解明しようとした。想像し、認識し、そして意欲するという近代的な主体は、言ってみれば全く異なる三様の側面を内に抱えている。すなわち、主体は、自らを権力ゲームの分担者として、また性という人間の（権）力の担い手として、さらに貨幣や市場占有といった社会的権力の担い手として、また政権与党の政治的権力の担い手として捉えている。近代的主体は、立法機関や司法制度に義務を負っていることを承知している。それは国会議事堂や裁判所において見てのとおり具体化されている。近代的主体は、自分の行為が法に適っているかどうかを自らに問いかけなければならない。そして最後に近代的主体は良心の問いかけの前に立っている。良心は、言ってみれば、主体の行為は正当で、公正で、かつまた人間の尊厳を遵守し、それに敬意を表しているか、といったことについて様々な要求を立てて問いかける。近代的主体は自分がこれらの要求の間で引き裂かれていることを心得ている。

カントの『実用的見地における人間学*[4] *Anthropologie in pragmatischer Hinsicht*』を一瞥すれば、近代思想に隠された未解決の問題の所在が見えてくる。私たちはどのようにして粗野で野卑な利己心（**sensus vulgaris**）から公共心（**sensus communis**）へと辿り至るのか。自己保存という権力政治の原理は、自由や人間の尊厳を是認する原理とどのようにして和解を達成することができるのか。その目指すところは、コスモポリタン的に形成された市民、つまり世界市民というものであろう。実用的見地による人間学の手法が明示するのは、近代精神 **Moderne** は自らの矛盾とどのように格闘しているか、また主体はどのようにして自己認識、自己決定と自己所有とを窮屈に重ね合わせることに巻き込まれるのか、また同時にそうした桎梏からどのようにして脱出するのかといった諸点である。実用的観点に立つカントの人間学は、二種の異なる観点で古典的啓蒙思想のモデルと近代のプロジェクトとを突破している。

＊ I・カント、『人間学』、山下太郎訳、カント全集、第七巻、理想社、p.21f.（なお〈in pragmatischer Hinsicht〉は〈実際的見地〉という訳語も用いられている。リオタールのカント解釈参照。ジャン＝フランソワ・リオタール、『文の抗争』、陸井四郎他訳、法政大学出版局、p.127f.）

古典的な啓蒙思想のモデルは、主体の力量、能力、さらにその能力の表出形式を、自由の表現、あるいは自由の欠如として説明する。〈権力は能力に等しい〉というのは、暗黙裡に自由度に当てはめて査定される。しかしこのことの意味は、「私はできる、私は能力がある（Ich kann, Ich vermag）」という実際上の能力と、「私は為すべきである、私は自由を求めている（Ich soll, Ich erhebe Anspruch auf Freiheit）」といった当為的自由とを繊細に念入りに分離することが、当為と存在との媒介概念としての意味 Sinn を規定し解釈し説明することによって敢行されるということである。こうした事の経緯、こうした行為は、主体にとって、また社会や国家に対する主体の関係にとってどのような意味があるのか。解釈学的な〈意味 Sinn〉の概念は、たしかにカントの思考の地平には登場していないが、しかし彼の思想は、実用論 Pragmatik の問題提起のなかで次のような道筋を示している。それによれば、権力の表出の解釈は、その表出によって実現される自由の尺度を顧慮してなされるべきであるという。したがって解釈学的意味で意味 Sinn を解明するということは、近代が抱える問題の解決のために、宙に浮いたままであることが避けられない。

カントの思考過程は、極めて重要な箇所で型通りの啓蒙思想の手法を打ち壊す。厳格な啓蒙思想の手法にしたがえば、主体はひとり自分自身で自己思考によって、あるいは理性（の力）によって自らの蒙を啓くことができ、したがって自己充足するもの（自律するもの autonom）である。カントは、主体の能力（つまり主体の力）は人間相互間の契約という方法で展開するのかという問いには、もはや主体のみでも、また自分から答えることはできないと指摘する。主体は、自分の意味想定を合意可能性に基づいて吟味するために、それを他者（同胞）の意味想定と照らし合わせなければならない。カントは、人間学の極めて重要な箇所で、意味 Sinn は主体にとってただ主体自身の洞察だけで手に入れられるという考え方を破棄する。むしろ彼が明示しているのは、意味は主体から逃れ、たとえ主体が自分の意味想定を他者のそれと照らし合わせて吟味しても、主体は意味の欠乏に悩むことになるということである。このことは、カントによれば、美的趣向や分別知に拠る公共心（個人的、社会的、政治的種類の）に当てはまるものであり、さらにそれだけでなく理性の構成要素である判断力にも当てはまるという。ここでは主体は自己充足的ではなく、意味は主体から離脱しているため、意味は他者との関わりの経験のなかで解釈され、理解されなければならない。要するに、主体は相互に分かり合うことを必要とする。

かくして私たちのテーゼは、次のようになる。啓蒙主義の思考は、主体を、権力、法、自由、道徳的心情 moralische Gesinnung といったいくつかのプロジェクトへ解体してしまい、主体は解体されたそのプロジェクトを自らの内に融合統一することができないでいる。権力、法、自由そして道徳的心情といったプロジェクトの一体化は、権力の解釈学によって初めて可能になる。そのの解釈学は、権力の表出を自由の意味内容ないし意味 Sinn を顧慮しつつ解釈する。こうした解釈を主体は自己自身では達成することができない。なぜなら意味は他者にとっての意味に照らして初めて理解されるものであり、それ自身 solus ipse では理解されないからである。したがって主体は自己の外へ出ること、さらに他者体験を経ることを必要としている。解釈学は他者の心意

Sinn を主題として扱い、それを回生させることである。というのは、もし他者が自由へ復帰しえない irreduzibel 契機を現に具えもっているならば、そうした自由の意味は、主体によって予知することも、作為することも、算出することもできず、ただ他者の他者性を承認することを必要とするからである。主体は、そのとき他者の判断のなかに、すなわち、同胞、身体、そして世界という他者の知《ヴィッセン》のなかにある。

私たちはこのようにして解釈学の基本的な考え方の展開の跡を辿り、さらに解釈学が人間学のプロジェクトを実用的観点のもとで新たに策定できるかを考究しなければならない。またこのことは同時に、解釈学が近代の抱える矛盾を哲学的にさらに適切に俎上に載せ、いまだ解決されていない諸問題に対して思想的な解明の糸口を提供することができるかどうかを吟味することになる。

引き続いて私たちは、こうした基本的な考えを各章にしたがって展開することになる。I章では、旧来の解釈学が採っている基本的想定がどのような展開をみせているかを辿る。その展開は、はじめに、体験しつつ行為する主体の意味についての理解、ならびに主体による他者の意味の探索、さらに理解の過程での言語が担う役割へと進む。次いで、解釈学のさらなる批判的な展開が、他者論のなかで浮き彫りにされる。そして最後に、それを権力への問いという主題設定へ合流させる。II章では、権力の解釈学の手法が、意味の確実性 Bestimmtheit という思考軸に拠って、異なる主体の異他性に対比された主体の自己性 das Eigene を通して考究される。それに加えて、解釈学に対する次のような批判が吟味される。すなわち、解釈学は主体固有の意味想定にあまりにも強く縛られており、それに引き換え他者の主体の他者性には立ち入って取り組むことが少ないのではないかという批判である。III章では、権力の解釈学の主題設定に倫理学的視点から光が当てられる。すなわち、解釈学の主題設定は、他者から訴えられているという二元的状況から他者に関しての行動に責任を負うことができるのかという問題にどこまで答えるのか、あるいはその主題設定は、利害関係の当事者が第三なるものによって裁かれるという三元的状況から引き出される正義観念によってどこまで主導されるものなのか、といった問題に光が当てられる。

IV章では、権力の解釈学の一般的なモデルがその最初の内容をなす領域で実証される。すなわちその領野とは、（男女という）性の差異の領野であり、またそうした性差から派生する性（差）の戦いという社会的問題の領域である。V章のニーチェに関連する付論で光が当てられるのは、社会的な関連で権力の解釈学は、すでに復讐の形をとった主体間の対立という古めかしい先史時代の形式と、法形式によって規制された対立の形式との間の違いをどの程度まで前提しているのかという問題に光が当てられる。ただし権力は法によって矯正されうるのか、それとも権力は法をただ利用するだけなのかという問題は残されたままである。

VI章では、経済に関わる権力の理解について分析がすすめられる。そこで明らかになるのは、経済の領域で権力問題を建設的に解明することが、当然のことながらただちに、権力の社会的諸問題を全体として解決できるということにはならないということである。たとえば富の起源に関するいくつかの問題は、貧困という社会問題を結果として誘発しており、正義への問いを提起する。

VII章では、権力の解釈学が政治的なるものの領域に立ち入って追究される。そこで考究されるのは、内へ開かれた政治的友好関係や協力関係の諸条件を整えることが、外へ向かって敵を抱えることになるのか、あるいは政治的なものは、暴力や敵対関係へ急転することがどうしても避けられない相互関係の多種多様な形態と考えることが許されるのか、といった問題である。そして終章の論攷では（本書の）根本思想があらためて吟味にかけられる。すなわち、自分自身の権力要求を優先して実現することは、敵意と復讐という主題へ道を開いてしまうのではないか、そしてそこでは権力は不可避的に暴力へ急変し、自由の相互承認に基づく関係の張り詰めた弦は最後まで保持し通せないのではないか、といった点が吟味される。

I　解釈学の旧来の理解概念とその限界

旧来の理解概念*を規定することから始めよう。この概念の展開にはいくつかの切り口があるが、その一つが解釈学的な切り口である。この解釈学的な理解概念の源はなかんずくハイデガーの実存主義的な概念にある。そしてこの概念はガダマーによってさらなる展開をみる。これに並行したもう一つの切り口は、記号《シンボル》による相互行動主義 symbolischer Interaktionismus に認められるが、それはG・H・ミードによって基礎づけられたものである。まずハイデガーから始めよう。その問題性は、ハイデガーの初期の著作『存在と時間 *Sein und Zeit*』のパラグラフ三二と三三に現われている。そのパラグラフで彼は現存在とその実存範疇（現存在の存在性格**）を扱っている[5]。その際ハイデガーは次のような前提から、つまり人間は生活世界での普通の生活では絶えず理解することを繰り返し続けて試みなければ暮らしていけないのだ、という前提から出発する。人間は、理解することを不断に試行しなければならない。不断に理解する試みなしには、人間は自らの日常をことなく送ることができないであろうし、またあたえられた状況が、自分自身の人格に関わることであれ、あるいは他人や他人事に関わることであれ、そうした状況のどれにもふさわしく対処することができないであろう、という。このことはハイデガーの起点になる思考であって、理解することからでなければ、ひとはゼロ地点では何事も始めることができないというのである。

＊〈理解することVerstehen〉は解釈学の最も基本的な概念である。著者のいう旧来の理解概念は、伝統的な解釈学のそれである。そのVerstehenの日本語訳には〈了解〉という訳語があてられることもある。たとえばM・ハイデガー、『存在と時間』、原祐・渡辺二郎訳、世界の名著六二、中央公論社では、〈了解〉が、また、『有と時間』、辻村公一、H・ブフナー訳、ハイデガー全集では、〈理解〉があてられている。また『存在と時間』、細谷貞雄訳、筑摩書房、では〈理解〉があてられている。本書II章、p.72から明らかなように、著者の解釈学の視点が解釈学と反‐解釈学を包括するというコンテクストを踏まえて、ここではVerstehenには〈理解すること、あるいは理解〉という広義の訳語をあてることにした。

＊＊「……現存在の諸存在性格を実存範疇と名づける。」M・ハイデガー、『存在と時間』、原祐・渡辺二郎訳、前掲訳書、p.124.

したがって私たちは理解することを伴わない、いわばtabula rasaといった状態を想い描くことはできない。つまり白紙の状態があってそれに続いてその後に理解を始める決断が来るのではなく、どのような理解過程もすでに先行する理解過程が前提される。ひとは、こうした事態をはっきり知っていようがいまいが、つねにすでにいわば揺り籠から棺おけまで続く鉄鎖の中にいる。一歳に満たない乳児でさえすでに、自分の周囲、とりわけ揺り籠の向こうに現れる顔を識別している。こうした見当識の試みは生涯変わることなく一貫している。こうした個人個人の理解試行にはもちろん同胞《ミットメンシエン》の申し出や訴えや要求のはたらきかけがある。それは彼らが理解したと信じていたことを私たちに知らせようとする働きかけである。それによって私たちはすでに自分の理解のなかに、対話からあるいは書かれたものなどを通して他者についての、また隣人についての経験を受け継いでいる。理解が他者の理解との間にこうして行き交うことを、私たちは意思の疎通 Verständigung（合意）と呼ぶ。このようにして理解するということは、私たちが生活世界で自分たちの日常や自分たちをとりまく世界を解明しようとする際のやり方である。

しかし私たちはなぜ、理解することに不可避的につきまとうこのような事態を受け容れなければならないのか。私たちが生涯を通じて続けなければならないこうした行動に参画することを私たちに強いるのは何なのか。この問いに対してハイデガーの応えは切れ味が悪い。その答えは実存という彼の着想の背後にある想定のうちに隠されている。実存する Ek-sistieren というのは存在に埋まっていることから引きずり出されてあること（脱 - 存）を意味し、それは故郷の喪失であり、自分自身の内に足を置いていない存在を気遣う疑わしさとその不可避性を意味する。つまるところ実存するとは、私たちがそこから生い立ち、そこへ帰るところである無存在 Nichtsein の脅迫を意味する。それにともなって、しかし、最後の審級では死がもたらす危険から理解しなければならないという避けられない事態が生じる。要するに、理解することが避けて通れない事態は、飛び出ることによって実存することと死に合流する時間のなかの存在とから導き出される結果である。

ハイデガーの応答はまず第一に、J・ラカンの応答のように、より徹底した応答を背景にその輪郭を露にするが、ラカンの応答は同様に実存することの基本条件に亀裂を想定しており、そのために私たちの要求基盤には根源的不安と基底の欠如とが考えられる＊。そうした根底の欠如が起こるのは、私たちが環境世界と本能的に手を組むという形では私たちの充足感を獲ることができないことにある。しかしこのことは動物の生存では可能である。[6] 理解することを欠如（manque）から導出するのは、その面では、生きることの避けられない辛苦《ノート》（窮乏 Ananke）についてのS・フロイトの考えに繋がるのであって、フロイトは生の辛苦をそもそも人間の始原からその実存に組み入れている。[**] このことは同様に人間の実存がその初めから晒されている死の不安からくるものである。しかしハイデガーとは異なり、この辛苦の根拠は生物的、物質的に、自己の自存基盤を創り出すという必然性にある。なぜならそうしなければ人間の生命機能は存続することができないであろうからだという。

＊ J・ラカン、「（わたし）の機能を構成するものとしての鏡像段階」、宮本忠雄訳、『エクリ I』、宮本忠雄他訳、弘文堂、p.123f.

＊＊ S・フロイト、「夢解釈II」、新宮一成訳、『フロイト全集　第五巻』、岩波書店、p.361f. なお高橋義孝訳では『夢判断』、新潮社、となっている。

第二に、この実存の辛苦はフロイトにあっては親切な人間の差し伸べる協力によってのみ払いのけられるものである。私 Ich というシステムがあれば、それだけでこの辛苦は克服することができるというのではない。ラカンにあっても人間の願望は、それが充足され、欠けているところが少なくとも当座切り抜けられるというならば、他者の願望によって自らを認知することに到達するにちがいない。ここですでに明らかなのは、ハイデガーのいう実存の辛苦は、むしろ時間性と不確かさとの構造から動機づけられ、死に直面して自己自身の現存在を構想する必然性に基づくものであって、生物的・間人間的 - 社会的《ゾチアール》な動機から生起するとは考えられていない。

ハイデガーの手法で実存することを理解することとして展開することが可能となるのは何によってか。ここで、簡単に彼の概念理解に、とりわけ人間の概念を新たに捉えようとする彼の試みに言及しておくことは意味がある。その際彼は、人間の概念を〈現 - 存在 Da-sein〉という術語で置き換える。私たちが科学的あるいは哲学的以外に日常使用している、人間という慣用の概念は、ここでは哲学的概念に、つまり現存在という哲学的概念に置き換えられる。ハイデガーはこの新たな規定に注釈を加えて言う、人間とは、それに対して存在 das Sein がそこに現 da にある、という傑出した存在者 Seiende である、と。したがって彼は現存在という表現を用いて極めて明確な何かを表現しようとした。言い換えれば、人間の実存のあり方は、それに対してそれとは別の存在がそこにあるというあり方であるという。したがってこの境界線もまた、そこ Da と存在 Sein との間にある思考の分水嶺となる。そこ Da によって表現されるのは、Da は 存在 Sein を再現前させる存在 Sein であるということである。このことは次のように言うこともできる。すなわち再現前するということは、図像化すること、概念化すること、言語化することのすべてを包摂している。Da という哲学用語はしたがって心 Seele を表現している。人間とは、それに対して存在が二重になっている存在者である。人間は自らのなかにおのれの像を持つ。それ以上に、人間はただたんに自己像を自己のうちに持つだけでなく、世界のなかにさえもこうした代理の可能性を持ち込んでいる。人間は何かを現象させる。人間は世界を現象へもたらすような存在者である。そして何かが現前化されるこうした経緯をハイデガーは、人がそれを対象として見出すという意味ではなく、それが照明されるという意味で、つまり〈企投と解釈の運動 Bewegung des Entwerfens und Auslegens〉として呈示する。これによって遡及的にさらに明らかになるのは、なぜ理解することが無（ゼロ）から始まらないのかである。企画を起案する Entwerfen こと（企投）にはすでにそれに先立つ想い Vormeinung が前提されており、その想いにしたがって対象が考察されている。この先立つ想いはしかしすでに隠された意味を取り出すという先行する経緯から得られなければならない。しかしこの経緯にはさらにそれに先立つ企投を予想するといった具合である。

企投し（輪郭を描き）解釈することとしての理解するというこの実存範疇を発生的に解示しようと試みるならば、乳児の出生が、いわば外に飛び出ることによって実存するという概念の例示として援用することができよう。乳幼児の事例で実存するということを極めて具体的に捉えることが赦されるのは、実存を誕生の過程に当てはめてみればよい。つまり出産の過程はまさに子宮からの、母体からの、誕生という出現の特質を標示しているからである。実存《エクシステンツ》はたしかにすでに母体において始まっている。つまりそこでは、外に飛び出ることがあらかじめ用意されている。そのように見れば、誕生は外に出現することの極めてわかり易い表現となるであろう。ハイデガーはこれに加えて実存を〈被投性* Geworfenheit〉として特徴づける。理解を問題にする私たちの視点から見れば、このことは、乳児はその初めから理解することのなかに投げ込まれており、そして自分を取り巻く周辺世界の様子が分かってそれに慣れてくるに違いないということを意味する。ここでは理解することはゼロ状態で始まっているように見える。しかし理解は、まず、すでに生得の知覚運動による反応の原型を欠くことはなく、そして第二に、理解しようとする乳幼児の試行は、すでに周辺で幼児に関わる人たちが彼らの側から幼児に話しかけ、自分たちの理解を幼児に伝えるといった、関わりのある人たちの理解過程にどっぷりとつかっている。その周囲はその側ではすでにつねに理解している周囲世界である。その周囲は、出生のときに何が起こっているかを理解しようと試みる。周囲のものは出生のことについて説明を試み、乳児が理解へ立ち至るように手助けする。乳児は理解を深めることによって輪郭を描いて解釈する運動を身につける。理解する誰もがするように、乳児は先立つ想い Vormeinung を有している、あるいは応答を求めている世界へ問いかけている。応答は、やがて先立つ考えを確証することになるか、あるいはそれが期待はずれに終わるかのどちらかを確認することができる。真実であることの確証と期待はずれの失望というこの術語はこの場面では相応しい用語であるが、これはハイデガーが彼の師であるエトムント・フッサールの現象学から借用したものである。

ハイデガーは理解過程のモデルを二つの重要な構成要素に関して拡大するが、その構成要素を

＊「現存在は存在しているという事実を、……おのれの現のうちへのこの存在者の被投性と名づける。」M・ハイデガー、

『存在と時間』、原祐、渡辺二郎訳、前掲訳書、p.252.

私たちはこの場で紹介しよう。彼は、日々理解しようとするこの試みは、つねにすでにその場固有の感情状態《ベフィントリッヒカイト》（情態性）に依存しているのだ、と言う。ところで、感情状態というようなハイデガーの表現によって私たちは語源遊びをすることができる。ハイデガー自身こうした〈言語ゲーム〉を新たに導入した張本人である。その言語ゲームには私たちにまさしく言語連想なるものを想い起こさせるものがある。なぜならハイデガーはこの言語ゲームを極めて明確な哲学的根拠からそのようにしようと意図しているからである。それによれば感情状態は、私が世界にあってどのような状態にあるかのあり方であり、さらに彼は、それによって世界に対する感情の反応を、したがってあらゆる感情状態 Affektlage あるいはその気分にあることを考えている。O・F・ボルノウ＊は、気分によってこうした理解の手法をさらに発展させたが、その際彼は、どの程度まで理解過程は気分《シュティムング》によって決まるのかということ、さらに言えば、そうした理解過程はどの程度まで自分の方からも気分に影響を与えるか、を考究した。[7] ハイデガーにとって理解することは感情から自由であるのではなく、置かれた状況、気分、そして感情状態によってその特徴が際立ち、またそうしたものによって支えられている。

＊O・F・ボルノウ、『気分の本質』、藤縄千艸訳、筑摩叢書二〇〇、pp.13-17.

次にもう一つの極めて重要な第二の視点がここに加わる。すなわちそれは、もしある問いに対するある応答を私が理解して受け取ろうとするならば、私はすでにその問いによってあるものをあるものとして記号化しているという。こうした表示の機能は、理解事象に内在するのか、あるいは、その過程である何かが私にとって重要な意味あるものとなること、またある何かが私にとって意味創始 signifikant（能記的）となることが発生しているかである。問いかけ‐応答といった経過をへて私は一つの記号化へ至り着く、そしてその記号化を私は口に出して言う。理解することを実存論的に分析するこうした歩みは、ハイデガーにあってはしたがって矛盾なく語り Rede へと通じている。私たちが見たように、ハイデガーの『存在と時間』での理解概念は、実存の理解概念に先立って潜在している、あるいはむしろ実存の基盤となっているような地平で理解されなければならない。これこそまさに実存論的な分析の歩みである。その分析のなかで現存在のそこ Da から、企投と解釈の、また感情状態の、そして最後に表示と語りといった構造が矛盾なく帰結する。

実存哲学での理解概念の起源についてのこうした素描は、私たちが以下のような疑問を提起する地点に達していればそれでよしとしよう。その疑問点とは、こうした理解概念が旧来のままに停滞しているのはいかなる理由によってか、言い換えれば、そうした理解概念がポストモダンの問いかける現代の問題状況を取り込みえないでいるのはなぜか、といった問いかけである。第一の批判点は、ハイデガーの理解概念が実存することの辛苦を深く徹底して余すところなく捉えていないという事実から生じる。私たちがこれまでに明らかにしてきたことは、第一に、理解概念は、個人が自分自身の実存することを気遣うことで頂点に達するということ、そしてさらにこの気遣いは異なる二通りのものを含んでいるということであった。その一つは、自分自身が実存することは、その時間性、その過去性、さらにその死へのつながりに直面して、自己の本来的なるものとして成就するのか、あるいは不首尾に終わるのか、といった局面である。そのためにその問いかけは、人間の実存の生物学的基盤をなしている〈生きることの辛苦 Not des Lebens〉を通してさらに徹底しては捉えられていないし、またそうした基盤を死の恐怖を通して問いかけてはいるが、そこでは実存の基盤は生物学的質料的に保証されていない。第二には、こうした生きることの辛苦は、それが人間の個別性を、生活を共にする同胞という形の連帯へ繋ぐものであるとは理解されていない。いずれにせよ自分自身の願望や欲望は、他者の願望や欲望に依存するという形では理解されていない。

ハイデガーの理解概念の展開では、何よりも人間の文化的対象とのつき合いが優先され、人間が人間と交わることに重きがおかれていない。このことはハイデガーの用具的存在性 Zuhandenheit の分析をとってみれば明らかになる。用具的なるもの das Zuhandene とは、ハイデガーによれば、客体、つまり私が自然科学や技術のやり方で取り組む価値中立的事象ではない。用具的なるものとは私の（手許にあって）私の（行動）仕事を助けるものであり、それは行為に内的に関わるものである。なぜなら（人間の）手は言語の有意 Signifikant 記号という紐帯によって行為と結びつけられているからである。手許にある対象は、非事物 Nichtgegenstand であって、したがって文化対象である。ハイデガーにとっては、世界を理解する取り組みは、こうして文化的諸対象を優先してその中心課題とする。したがってあらゆる場合に体《ライプ》がすべての中心であってまた不可避的に理解の問題範囲に取り入れられる。これはちょうどメルロー・ポンティ*に見られるのと同似である。[8] しかし批判が成立するのは、ハイデガーは理解することをすべてに先んじて文化的対象への関係から展開し、その結果同胞は後景に押しやられているところである。同胞はひたすら文化的対象上に居合わせている。つまり、そこ da と共に居合わせるのである。理解に取り込まれるこうした間接的な仕方は、文化的対象の直接的な役割とは異なり情報理論では繰り返し批判されてきた。彼はたしかに同胞を理解の考慮に取り込んではいるが、しかしそれは一緒に mit という形でであって、言い換えれば、洞察の視線はまずもって事柄へ、手許にあって役立つものへ、文化対象へ向い、ようやくその後で同胞に向かう。その眼差しは、理解が直接同胞に目を向けるという意味では決して直面的に相対していない。眼差しの前に直接居合わせる《ゲーゲンヴァルト》のは生の痛みによって動機づけられてはいない。それでは対話という意味での真の相互性は生まれないのである。

＊メルロー・ポンティ、『知覚の現象学 1』、竹内芳郎・小木貞孝訳、みすず書房、第1部、身体、p.125f.

さらに立ち入った批判点が生じるのは、いずれにせよ初期のハイデガーでは語りが言語の次元に通じる実存範疇であるという点にある。したがって問題なのは、言語に内‐在 Innen-Sein しているということではなく、むしろ言語へ入り込んでくることである。このことは、語りは他の実存範疇のなかの一範疇であって、世界内存在 In-der Welt-Sein をあらわす包括的な実存範疇ではないということから明らかになる。実存（自覚的存在）はそのとき何かあるものを言葉にし、何かあるものを語りとして表現し、言葉による応対を開始する。このような脈絡のなかでさらに言語的存在の非本来的様相もまた語られたもの Ge-rede として論究される。このことは、ハイデガーのその後の展開過程では根底からの変化を見せる。それゆえに言語は〈存在の家 Haus des Seins〉になる。このような歩みはすでに理解についての旧来の次元からの超脱を示す。

つねにすでに言語で解しつつ、自らの心中を表現するという実存哲学的な現存在の解釈は、当然のことながら人間存在の存在発生的な次元に関しても多くの問題を提起する。ところで理解し‐解釈する（意味を引き出す）ものとしての現存在の実存的な説明（意味を示す）は生命の初期にも妥当するのか。乳児では、それは、言語以前の――いわば言葉にいたる中間段階での――表現形式なのか、あるいはそれは〈存在の家〉にすでに包摂されているものなのか、が問題となる。つまり問われているのは――いわば言語能力の面なのか言語形式の面なのか、である。実存主義的解釈では、乳児が初めて方位を探したり、体の動きで反応するのを見てそれを理解努力の発端と解釈するにちがいない、つまり、（世界からの）応答を求めている世界への問いかけとして捉えているにちがいない。こうした問いかけは、語の最も広い意味で言語による理解モデルの自己表現である。言うまでもなくそれらはまだ文字言語《ヴォルトシュプラッヘ》によって展開しているのではない。子供の活発な言語能力が現れてくるのは一歳の末になってからである。受動的な言語能力はこれに先立って現れており、およそ生後三ヵ月ぐらいから徐々に芽生えてくる。話すことが問題になると、身振り‐ものまねの身体言語ができる。しかし間違いないのは、こうした身体言語は成人の言語にまで及んで見られるものであり、その成人の言語は〈存在の家〉のように、幼い子供の表現活動を支え、包み込んでいる。このようにして、旧来の理解概念は人間が生い立つ頃の理解したり話したりする重要な位相《スペクテ》を哲学的に規定することができる。

確実なことはしかし、旧来の理解概念は、権力とその貫徹能力を手に入れようとする理解の過程での様々な議論を明らかにするまでには達していない。このことは理解するというハイデガーの旧来の概念枠に対する第三の批判点に該当する。

ハイデガーは権力関係および諸葛藤の分析を彼の理解モデルから次第に溶暗《フェードアウト》させる。むしろ権力関係や葛藤が現れると、そうしたものは型どおりに世界に対する人間の技術的な基本関係に結びつけて処理される。自然科学すなわち技術的考え方は、事物を手許にあるもの vorhanden として、つまり支配力を行使する主体にとっては意のままになる客体的なもの objektiv として把握することを含意する。逆に自然科学的‐技術的な認識を凌駕する意味《ジン》の理解は、事物をその実存的な関係性において把捉することに重点が置かれる。このようにして権力の生成発展は、体系上理解モデルから退けられる。こうした権力生成の尺度は当時まだ自然科学的‐技術的関係が形をなしていなかった早期ギリシャの存在概念から採られたものである。ハイデガーが理解することを〈来るべき存在 kommendes Sein〉に結びつけようとするとき、そのことから見えてくるのは、その規定は明らかに早期のギリシャ的な伝統から借用され、暗黙のうちにそれに立ち戻っているということである。

ハイデガーの理解概念は別の視点から見てもそれが旧来のものであり、制約されていることが明らかである。彼は、私たちが同胞や世界へ関係するもう一つ別の次元を理解しつつ採り込むことに関知していない。つまりその次元は現存在への関連づけという直接的意味とは相容れず、その関連づけを妨害し、さらにその関係の意味を逆に変えてしまう。このことは、権力関係を体系的になおざりにしていることに起因しているが、またハイデガーの理論が他者の真なる他者性を視野に取り入れていないこととも関連している。他者は、自我 das Ich と同じく共に現存在するもの Mitdasein として理解される。私 Ich の他者に対する関係モデルの特質は、見誤ることのないものであり、それどころか排除することのできないものである。旧来の理解概念は利己性の枠に囚われたままになっている。

そこで旧来の理解概念の範囲内でさらに私たちの考究をすすめると、H・G・ガダマーの『真理と方法[*] *Wharheit und Methode*』で展開されたこうした見方がまったく隅々にいたるまでハイデガーに基づいて構想されていることが明らかになる。[9] ガダマーが継承しているのは、私たちが現存在として自己を理解するためには、私たちはすでに生活実践で絶えず理解行為を行なわなければならないという考え方である。しかしながら彼はそこから理解地平を起ち上げているが、その地平はこの現存在を一つの科学的なコンテクストに投げ込み、それによって現存在は人間諸科学の意味での〈方法 Methode〉となっている。現存在は自然科学とは異なる意味で学問（科学）の地位を獲ることになる。言語学のあらゆる領野でガダマーは、解釈者 - テクストという構造をもつ作品に理解が成立すると見る。私たちは一人の解釈者がカエサルの作品『ガリア戦記 *De bello Gallico*』の解釈を試みているのを、思い浮かべるとしよう。ガダマーは解釈するという行為の流れをハイデガーとまったく同じように、企投し解釈する運動と考える。もちろん用いている術語は異なっている、たとえば、彼は企投する Entwerfen に替えて偏見構造 Vorurteilstruktur という私たちがテクストの解釈のために使用している言葉を用いており、さらに企投に変えて彼は実証することについて言及するが、それは私たちがテクストから受け取る応答のなかにこの確証を見出すことができるように仕向けている。

＊ H・G・ガダマー、『真理と方法II——哲学的解釈学の要綱』、轡田収・巻田悦郎訳、法政大学出版局、p.404f. ガダマーは、彼の解釈学の概念がハイデガーのそれに拠ることを次のように述べている。「ハイデガーによる人間の現存在の時間的分析論は、私の考えでは、理解というのは……、現存在の存在様式そのものであるということを見事に示している。本書ではこの意味で〈解釈学〉という概念を使っている。」『真理と方法I』、轡田収・麻生建・三島憲一・北川東子・我田広之・大石紀一郎訳、p.xii.

ところでガダマーにとって決定的なことは、この偏見構造は自然科学であれば認識をおびやかすような否定的な意味をもつが、人間諸科学においてはそうではなく意味を起ち上げる積極的な役割をもっている、と考えている点である。なぜならその偏見構造は、私たちがテクストへ投げかける問いを一定度含意しているからである。テクストはさらに、私たちに応答することを迫り、そして私たちに応答もする対話者である。こうしたガダマーのモデルはまさに言語学および人間諸科学の手順にそって整序されたものであり、解釈にあたって優先される相手、つまり解釈の受け手は、テクストであるが、当然のことながらテクストの位置には対話相手とその語りも入れ替わることができる。もし私たちがこの批判点に注意力を集中するならば、この批判点は理解概念を旧来のままのものとして登場させているのであるが、そのときは私たちは対話相手よりもテクストを優位の位置におくことができる。言うまでもなくガダマーは、理解の相手をただたんにテクストとしてだけでなく、対話の相手としても考えているが、しかし彼の分析は主としてひな型にならってやはりテクストに向けられて、対話の相手やその生の語りは二次的な段階で初めてテクストの位置に就く。このことは、書かれた文字を優位にして、語りを劣位におくという理解概念のゆがんだ状況を意味する。

第二の問題は、ガダマーが理解の循環性を際立たせている脈絡のなかに現れる。彼は極めて強い調子で理解することの循環構造を主張するが、同時にその循環構造は論理学者が批判する循環とはきっぱり区別されるものであるとする。論理学者は推論の過程で発生しうる誤りを精査し、そしていわば循環推理が誤りを含む推論であるとする。なぜなら循環推理は、推論の結果

(conclusio) を、前もって結論を引き出しているその前提原理 (Prämissen) のなかへ差し込んでいるために、認識の進展はまったく達成されることなくして、帰結が自らによって立証されるという論点先取 (petitio principii) になっているからである。循環というこうした論理的に欠陥を含んだ形式に対し、ガダマーは理解の流れには循環性が不可避であるという立場をとっており、その際後者つまり循環が不可避であるとする立場の方が、翻訳し意味を解する思考の営みに比べれば、むしろ推論の循環構造 (の欠点) を僅かしか示していないのだという。表現を換えれば、第一の場合では論理的あり方での誤謬推理が問題となり、第二の場合は思考の動きのあるいは方法Methodos の必然的な手順が問われていると言える。

ガダマーに対する私の第二の異論は彼の次のような視点に向けられる。すなわち、ガダマーは、この循環構造を捉えるにあたり、応答することよりは問いかけることの方に事実上の優位性が認められるという方法に拠っている。それは、私たちがレヴィナスの哲学を通して敏感になっている問題で、私が問いかけを優先させるときに生じるものである。というのはその問いかけは、意味を創出する主体としての私が私について問いかけ解釈する意味方向が私によって決められているということであり、さらに次の段階になって初めてテクストは、確証しあるいは修正するという意味で応答者として登場することができるということを意味しているからである。しかし問題は、私たちは問いかけの優位をいわば不問にして受け容れることができるのか、あるいは私たちは問いかけの優位そのものの前提を問うべきではないのか、にある。またそのとき私たちの問いかけは、その素性がはっきりしているとか、あるいはその起源に遡ることができるとか、あるいはその問いかけは、同胞から私たちに向けられ、私たちに要求として話しかけられ、したがってそもそも私たちがそこに立って問いかけることができる地平が開かれるといった行動に基づいていることが証明可能であると言えるのだろうか。

第三の批判点は、ガダマーのモデルに現れているが、過ぎ去ったものを理解するという素性（由来）の問題である。ガダマーが理解概念に着手するとき、彼にとっては過ぎ去ったことが理解することに及ぼすはたらきは、現在にあって未来へのまなざしによって開かれてくるものよりもより強力である。言うまでもなくこの批判が疑念を呈しているのは、過去をも含む時間構造が、内的な時間として、つまりまさに順序よく過去を現在に取り込み、現在を現在において実現し、現在の意味を先取りしてそれを未来へ拡げていく時間として、あらゆる理解営為のなかで決定的な役割を果たしているというそのことに対してではない。こうした内的な時間はしたがってまた過去についても確かに言える。こうした内的時間を携えて私は、他者に、テクストに、あるいは対話者に出会うのであるが、そうしたもの自体も自分の時間構造を携えており、その時間構造は、同じようにこうした三組の出会いの様相によって展開し、そこでは過去もまた同じように重要な役割を果たしている。その限りで理解することは、つねにまた自分の過去を担ぎ出し、他者の過去を慮り尊重し、両方を一緒に理解に取り込むということになる。しかしガダマーにあっては過去の縛りがより大きな重みをもっており、しかもそれは二重の関係になっている。このことについては、たとえば、以下のことを手がかりにして説明すれば明らかになるであろう、すなわち、古典言語学者Ｊ・Ｈ・フォスの解釈とラテン語の巨匠たちによるフォスについての注釈の意味内容とを例として援用し、それを現代の古典ラテン語文体の解釈者と較べてみれば分かることである。現代の解釈者は、二つの観点で依存関係のなかにある。第一の観点は、現代の解釈者による理解の試みと彼らの偏見構造は、それに先行する諸解釈と歴史的な繋がりのなかにあり、その限りでこうした理解の試みと偏見構造は、現代の解釈の試みや偏見構造に影響を及ぼす。解釈が解釈に及ぼすこうした作用は、ガダマーの影響史、つまりこうした古典の解釈者によって創出されており、また私はその影響から容易には逃れられないという影響史なる概念の第一の意義である。もう一つは、しかしこうした古典的な解釈手法は制約する強制力、拘束するはたらきをもっており、そのあり方を見ると、その力はこれまで批判に晒されながらも持ち堪えてきたし、したがってその効力は増大している、その限りで古典的な妥当性を獲てきている。現代の解釈もそれに則って確定されなければならないといった具合である。ガダマーが影響史という概念にさし込んだこれら両観点の価値が認められるならば、つまり、その一つは伝統内で成立する不可避の制約性であり、他の一つは、伝統を前にしてそれを正当化する責務と伝統に認められる妥当性の優位というこれらの両観点が認められるならば、ガダマーは理解には過去を扱うことが現在や未来の先取りといった理解の遂行よりはるかに重要であると考えていることが明らかになる。

ガダマーの理解モデルは、過去に重心を置いているという理由で〈旧い〉というこの批判は、当然のことながらハイデガーの理解モデルに対する批判の核心部分と軌を一にする。というのはガダマーにとっても妥当することは、対話者同士間で進む理解過程で展開される権力と自由というこの次元を、彼は広範囲にわたって握りつぶしてしまっているからである。したがってガダマーは、結局のところ理解できるのは共感と友情の絆によって自分の話し相手と結びつく人だけである、と想定する。こうした彼の観方からは、対話を整序する権力の手順、つまり伝達するにあたって何を許し、またそれは何を排除するかを規制する手順が脱落している。同時にさらに他者なるものの根底的な異他性と解釈者の表象能力を容易に破綻に導く可能性のある他者の別様性とがともに抜け落ちている。旧来の理解概念を厳しい試練の前に晒すこのテーマは、手もつけられぬまま理解概念のなかに伏在することになる。

　ガダマーの理解モデルに対するこうした批判によって私たちは、理解および合意について組織立ったさらに行き届いた考究の手懸りを手にするのであるが、それは、ミード*が開拓したものである。[10] ミードにとって理解することは、まず次のような次元に、すなわち、理解することが同胞の理解であり、他者の理解であり、そしてこうした理解が、事柄の理解、つまり文化対象の理解に優る位置を占めるという、そうした次元に、全く迷うことなく、立ち入ることである。したがってミードにとって重要なことは、理解することはつねに相互の情報交信の過程であり、言い換えれば、それはつねに助け合いと他者との関わりで生じる過程であるということである。かくして理解の概念は合意（意思疎通）の概念へ転移する。次いで、ミードは全く迷うことなく次のような一歩を踏み出す。つまり理解と合意は言語へまず初めに通じているのではなく、理解と合意はすでに一体となって融合しており、例外なく、不可避的に、言葉を必要としているという、したがって理解と合意は言葉のなかで融合が達成されるという、いや、それどころか言葉を介してのみそもそも理解や合意は実現可能になるというのである。理解と合意はかくして、ミードが言うところの、有意の（意味を起ちあげる）記号** signifikante Symbole を舞台に乗せることによってのみ実現されうる。さらにミードによって次のような第三の視点も効力を発してくる。すなわちその視点によれば、理解することはたんに語 Wörter に、つまり言葉に結びつくだけではなく、また実践や行為にも関わりをもち、そして私たちは、語のもつ行為への内的関係を追体験したそのとき初めて、よくそして正しく理解したと言えるというのである。この内的関係が修復されるのは、他方でまた、私たちが自分の行為を同胞の行為に結びつけるという行為関係の絡み合いと自分の行為との関連を認めることなしには、不可能なことである。根本においてつねに問題になっているのは、双方からの働きかけ Interaktion、また相互の絡み合い、そして互いの行動を双方から調和させるといった課題である。

＊G・H・ミード、『精神・自我・社会』、稲葉三千男他訳、現代社会学大系一〇、青木書店、p.75f. J・ハーバーマス、『コミュニケイション的行為の理論』山口節郎・藤澤賢一郎訳、未来社、第五章で、ミードが扱われている。
＊＊ミードは significant symbol（有意味シンボル＝意味を起ち上げる記号）を人間の思考とコミュニケーションの起源に位置づけている。ミードによれば、身振りの背後にあってそれが現している観念を、その身振りが他の個人に同じ観

念をもたせる場合、significant symbol（有意味シンボル）というものが得られる、そして身振りがこのような状況を生み出している場合、それはいわゆる「言語《ランゲージ》」となる、という。有意味シンボルは、一定の意味を立ち上げる（signify）。Symbol が意味を起ち上げる過程は身振りから有声身振り、そして有意味身振りあるいは有意味シンボルへの展開を辿る。この過程で有意味身振りは内面化される。私たちの社会的過程で他の人びとと営む外面的な身振りの会話を意識のなかに内面化することは思考の本質であり、こうした内面化された身振りが、significant symbol であると言う。前掲訳書、p.51f. さらに「人間の経験の発達において、言語のもつ決定的な重要性は、言語刺激がそれをきく人に作用するとおなじようにそれを話している人びとにも作用するという事実にある」という。同書、p.76.

そこで私たちの論究を次のような形で進めよう。初めにミードの理解概念を他者の‐役割を‐引き受ける to take the role of the other という彼の中心的理論から始めて一歩一歩論を展開していこう。*ミードの念頭にはコミュニケーションの場面が描かれるが、その場面は要するに私が他の人間と視線を交わすとか、受話器を取るとか、あるいは他人に話しかけるといったときつねに出来するものである。こうした初動の行為の場面では電撃的で無意識のうちに一連の関連づけが展開されるが、そしてその関連づけは、それはそれで無数の諸要素から組み上げられている。ここでミードは無意識について語るが、彼の念頭にある無意識とは、どのような事象の生起も意識的な思慮や決断を伴わなくとも簡単に起こるということだけである。その際彼が出発点とするのは、対話相手としての私からはじめ私の同胞へ、つまり他者へと流れる過程を採る。彼はその過程を自己（身）を‐他者（の立場）へ置き換える Sich-Versetzen in den anderen という三つの階梯として描述する。その三階梯なるものの起こりは、まず初めは、私が他者に目を向けて表象し、期待し、願望し、意図し、そして感じるといった、私の生体（身体器官）にその起源のあるそうした諸行動を出発点とする、すなわち、私がいわば私の目で見、私の耳で聞く等々といった、しかもそのことについて自我意識は伴わない諸行動から始まる。その運びの第二の過程では、私は試みに他者の立ち位置に身を置いて、この他者が表象し、期待し、感じ、意図し、希望していることを実行しようと努める。そうすると私はある程度他者のものの見方に立ち入って、彼の立場と彼の視座を手に入れる。こうした経過をへると、ある注目すべき事態が出来する、すなわちそれは一種の視線の逆転というもので、そこでは私は他者の目で見ることをし始め、それによって私は、他者がどのように私を見、感知し、表象し、また感じているかといった、外から自分自身を見る視座を身につける。

　それによって外から自分に視線を向けるという隔たりが生まれる。私はいまや離れて自分を見るというその眼差しを、より広い観点としての第三階梯の運びのなかで自分のなかへ取り込む。するとそれによって私には、私からのある距離を私自身のなかに獲得するという可能性が開かれ、さらに、私は、他者が私を外から見ているように、距離をおいて私自身を見ることによって、しかしそこで私は、私が私自身をどのように見るかは、私のなかにある隔たりとして見るのである。ミードの手法はこのようにして、ただたんにコミュニケーションの（私 - 他者 I-other という）外域だけでなく、役割 - 敢取[**] role-taking を遂行することによって、（私 - 自己 I-me という）内域をも開いている。それどころか彼は、他者への関係は自分自身への関係から切り離すことはできないのだと言う。視点の移り変わりの完全な三階梯はしたがって私‐自己‐他者 I-me-other といった図式、つまり完全なコミュニケーション運動の形象を包括している。こうした三階梯性を社会学の表現をかりれば次のように記述することができよう。すなわち、私が期待するのは、私が期待することを、君が期待することである、と。あるいは三階梯は、イギリスの現象学者であり精神医学者であるR・D・レイン***の言葉をもってすれば、私が表象するのは、私が表象していることを君が表象することである、とも言えよう。[11] このようにしてミードは、こうした視点の交替がほんの一瞬のうちに身の‐置き換え Sich-Versetzen というこの三階梯をともなって起こるということから始めるのである。

* 幼児の遊戯や未開人の儀式に見られる他者の役割採取について。G・H・ミード、前掲訳書、p.164f.
** 役割を採る role taking ということにはすでに積極性が含意されている。その意味で役割敢取でもある。
*** R・D・レイン、『自己と他者』、志貴春彦・笠原嘉訳、みすず書房、p.48f.

この最初の運びではしかしながら、コミュニケーションの動きは生体（身体器官）の側からのみ捉えられている。ミードは同時に、同じ種類の動きが相手側から始められており、また相手は彼の立場で視点の入れ替えを行っており、その際彼はまず自分の目で見て、その後で相手の立場に身を置き、そのことによって自分へ向けられた外からの視点を身につけ、こうした自分へ向けられた外からの視点を自己のなかへ取り込み、さらにそれによって自己への内なる視点を獲得するのだと言う。生体1から始まって生体2によって導かれた、この二つの運動は、内部で噛み合いそして互いに作用しあう。

こうした自己（身）の‐置き換えの構造を批判的に追跡すると、一つの問題に突き当たる。それは、こうした自己（身）の置き換えや感情移入（相手の立場で考える）といった試行や努力のすべてが真の他者（A）に到達するのか、あるいは、そうした試行と努力は結局は心的表象の域を出ないものなのか、あるいは主体の空想域に囚われたままに留まるのではないか、という問いである。このことは、生体1は思い違いをして別のことを想像し、この空想された視点を自分の内に取り込んでいるということを意味するであろう。視点の入れ替えというのは、いってみれば次のような思い込みをする可能性に晒されている。つまりそれは、私が思い描いていることを、君が思い描いているという表象からは、ある思い込みEinbildungが生じるという可能性である。そしてその思い込み方は、私が思い込んでいることを君は思い込んでいると、私が錯覚するといった類のものである。すべての理解努力と身の置き換えや感情移入の手法とはいずれも、それらは互いに気づかずにすれ違って、結局のところ感情移入者は自分の空想シナリオに囚われ、他者については空想を巡らすということに抵抗しきれない。ミードは、こうした誤解、虚言や欺瞞、不充分な協調態勢、さらには空想の虜になる可能性については十分承知している。しかし彼の考えるところによれば、人間のコミュニケーションが展開するところ（領域）ではいわば出会い・交わりの辻が生じ、そしてその辻では共同関係が、つまり言語使用の共通性や行為振る舞いの共通性という共同関係が成立するというのである。したがって私たちは一方で、それぞれがつくる固有の表象や空想は、どうしてもそれぞれの空想の網に縛られるという可能性を考えに入れておかなければならない。他方で、私たちが考慮に入れることのできる可能性は、合意による協調があり、出会いの辻があり、そこでは私たちの話すことと行動することが出会う共有域がおのずから形成されるということである。この時点で有意記号 signifikantes Symbol を操る思考は始まる。私たちが見てきたように、この思考は想像力の問題と取り組むことによって成り立ってゆく。私たちが自分たちの日常で空想世界に囚われることが回避されるべきだというならば、そこで求められるのは、関与する主体にとって有意である象徴世界であり、その限りで象徴世界は共有のものという特徴を示す。ラカンの大きなテーマである、成熟した理解にとっては想像的なるものと象徴的なるものとを区別することが不可避であるというかのテーマが、ここではミードによって先取りされている。[12*]

＊それに先んじてすでに、J・P・サルトル、『想像力の問題』、平井啓之訳、サルトル全集、第一二巻、人文書院、第四部、p.234f.

　しかしながら彼にとって特記すべきことは、言葉に含まれているこうした共通性はゼロ地点で始まるのではないということである。ミードの確信するところによれば、私たちはすでに、コミュニケーションの過程が進行する身振り‐ものまねによる意思疎通《アウスタウシュ》の次元に遡ることができ、またこのことは動物との間でも私たちが共有するものである。すでに動物の間ではジェスチャーによる意思疎通が行われており、それがコミュニケーションを可能にしている。言い換えれば、ある一頭の動物が他の動物に反応することができ、またそうした反応は相互間に同調がもたらされ一定の対応の仕方が採られている、またこうしたことは当然のことであるが、人間の原初においても当てはまり、たとえば、幼児は言葉を使うようになるはるか前から身振り・手振りで人間的交わりに参入し、それによって言葉のなかにも入り込んでいく。ミードは、このような本能的にあらかじめ刻みこまれた合意から、新たな合意モデルがより自由にしかもはるかに変化に富む仕方で創始され、確保される次元を取り出す。こうしたことは、有意記号の地平で初めて可能になるのである。

ミードは動物間の合意可能性と言葉を使っての合意可能性との間に、極めて深い溝の一線を画しているが、このことはたしかに未解決の問題である。彼はここで動物の学習域と、乳児が知的に育っていく文化的な環境との間にある峠道を軽視している。とはいえ決定的に重要なことは、彼が意味を担う記号のもとで考えているそのことである。ここで彼の考えは、身振り - ものまね的な表現形式のもとでは、有声身振りは特別の意味を帯びていること、またそれはまさにこの点で優れた位置を占めているということである。なぜなら有声身振りは、私が同時に私の同胞に頼って他者との関係を結ぶことができ、そしてその上に同じ経過をへて自分自身への繋がりを開くことができるだけでなく、それによって私は自分自身が話していることを同時に耳にすることができることを可能にするからである。このようにして重要なことは、音声身振りは他者に対して直接的な関係を作り出すが、それだけでなく自己自身に対しては間接的な関係をも生み出していること、そしてこうしたことはすべて同時的にいわば一挙に起こっているということである。話者は同胞に語りかけ、そしてその際自分自身が話していることを聴き取っている。他者にもまた自己自身にも同時にありうるこうした可能性は、有声身振りをジェスチャーの次元から切り離し、そしてその有声身振りに有意記号を十分に発達させ固着させる可能性を開く。たしかにたんなる声を出すという理由だけでは、私たちが間人間的に同一のことを思い描くことはいまだなお固まってはいない。共通性の架橋はしたがっていまだ創立されておらず、さらにもう一つ次のような要因が加わらなければならない。すなわち、それは、声とともにまぎれもなく一定の人間の行為が公示され、同胞に指し示され、その結果同胞はその声に同じ行為を結びつけることができるということである。話しそして行為することによって合致した答えが与えられ、さらにそのことで同胞がこうした声に、初めて聖体を拝領する者《コムニカント》のように、声に応じて同一の行動で反応するならば、そのときはミードにとっては私たちがこの声に同じ意味を結びつけているということ、言い換えれば、記号が有意であるということの正しさの証明が達成される。この時から記号は意味を運ぶもの、運搬者であり、人間の間に同一なるものとして受け取れる内容を標示するものとなる。

　このことは当然のことながら途方もない可能性を開く。というのは私たちはこの（意味を運ぶものを手にしてから）後は、実際の経験のすべてを前もって自分自身の身をもって体験し、私たちの行為によって試し、言い換えれば、実験することを敢行するといった必要はなくなり、今や私たちは、意味のこもった声を介して、意味を運ぶ記号を介して、文明（文化）史的にみて数百年、数千年にわたる経験を積載した意味内容を掴みとることができるからである。こうしていまや、私はハンマーという有意（意味を運ぶ）記号を介してハンマーの全文明（文化）史を辿ることができるとか、また私は役割を敢取する role taking* という形で文明（文化）史のなかに入り込み、全文明（文化）史を自分のなかに取り込むことができるといった可能性が生まれる。こうした経験は石器時代の人間にあって、また彼が、もの（対象）を破砕するために用いた手斧に端を発して、技術的に改良された近代の産物であるハンマーを作る道具製作者にまで及ぶ。こうした全文明史は、ハンマーというこの有意記号によって運ばれているのである。

＊ミードの場合、他者の役割を採るというのは、俳優が役を演じるといった洗練されたものではなく、幼児が遊戯でさまざまな役割を取り入れている原初的な過程に見られるものであると言う。「遊戯する子は、かれ自身がかれのなかにひきおこした役割をやってのける」。G・H・ミード、前掲訳書、p.171f. 他人の役割を採りいれることによって彼はコミュニケーション過程を支配できる、と言う。同書、p.268.

ミードはしかしながらたんに文化対象を内容とするこうした諸例を引き合いに出すだけでなく、行為（動作）や相互の行動のこうした間人間的過程に該当する諸例をも考慮に入れ論じている。何よりも優先して彼が選ぶ事例は、ゲームや競技などから拾ったいくつかの例示である。そのようにしてたとえば、サッカー、ハンドボール、バスケットボールといった競技、あるいは類似の競技をプレーする者は、その競技のメンバーが明確に決められた仕方で反応し競技を進行させるための一定の合図（記号）を必要とする。たとえばサッカーで〈コーナー Ecke〉と叫ぶ者があれば、これは、通常、競技者の一人がボールをとってそれをコーナーフラッグのところに置き、そこから敵方のペナルティエリアへ入る。競技者のこの行動は〈コーナー Ecke〉という意味を運ぶ記号《ジグニフィカンテジンボール》によって開始される。別の例をあげよう。〈センタリング Flanke〉という呼びかけは、守備側のチームの者にはボールを敵方のペナルティエリアに蹴り込むようにという要求の合図であり、同時にその呼びかけは攻撃側のチームのフォワードたちにとってはゴールを目指せという意味で受け取られる。しかし〈hopp〉や〈faul〉といった叫び声も、明確な一定の意味内容を含んでおり、その意味内容は競技者の間ではこうした合図《ジンボーレ》によって伝達される。こうして明らかになるのは、意味を運ぶ記号の問題は、言葉による合意が流通するコミュニケーション地平を確保するのに適しているということである。

しかしミードは、彼の理解概念をさらに明確に規定し完全なものに仕上げるために、先へ論考の歩みを進める。ミードは次のように考えることから始めている、すなわち、役割を-採ること role-taking、つまり、すでに述べた三階梯のなかでこうした自分の身を他者へ置き換えるということは、私が私の理解努力を傾けて注目しているある一定の他者の間でのみ起こるものではないということ、つまりそうした置き換えはただたんに個別の他者を別けて取り出してそうした他者と理解関係を起ち上げているのではないという考えから出発するのである——こうした特定の個別的他者との関係は、社会学者がフェイス・トゥ・フェイスのコミュニケーションと呼ぶ次元であろう。むしろミードが明らかにしているのは、個人的な他者へのこうした関わりがはじめて可能になるのは、私が同時にその他者を、あるグループ、ある階層、ある社会、ある文化などといった一般化されうる他者 generalized other として捉えているからである。私がこうした特殊な関係にある人物に関わる場合、このことの意味は、私はそうした人物に話しかけるのに、この大学の学生であるとか、ドイツ人であるとか、ヨーロッパ人で男性である等々といったコンテクストでのみ、その言葉をかけることができるということである。ある合意過程と一定の他者を念頭において役割を取り入れることには、同時的な役割の取り入れが包摂されている。すなわち、それは、上・下、主・従に位階化されたり、また互いに一体として組み込まれたり、また並列的に分離されて整序されたりしている多数のグループという一般化された他者への、同時的で三階梯の遠近法的な関係取りが含まれる。このようなグループの地平で個体は初めて個体として理解されうる。

こうした一般化された他者は、このグループのどの構成員も恭順しなければならない規則と行動様式を含意している。身 - を置き換えるという個人的な次元は二元的な張り合う関係形式を作るのに対し、一般化された他者という非個人的な次元は、暗黙のうちに示された規則や法律の形式での三項的関係を形成する。ここでは私たちが後にさらに集中的に論究することになるテーマの前奏が演じられている。

しかし理解努力のこうした二次元性はいまだその描像を完成させるにはいたっていない。その描像は、論理的にまだ不十分で、その上まだ人間の相互理解とコミュニケーションの全域を包括してはいない。というのはその描像には、依然として一番外側の地平への関連づけが欠けているのである。つまりその地平では（他者への）接触と関係そのものが考えられる。すなわち、私は誰であれすべての人に最後の審級では人類という地平で呼びかけ、また私はすべての人のなかに人類の代表者を見て取り、それによって私はどのようなグループをも越えた人類という立場を引き合いに出し、そしてそこではあらゆるコミュニケーションが成り立つと考えられる。こうした役割 - 採り role-taking を、ミードは普遍化された他者 universalized other とのコミュニケーションと呼んでいる。そしてこのコミュニケーションは、コミュニケーションについての考えられる限りの表象に究極の地平を分与するのだが、これはいわゆる仲裁を成立させる最終の第三なるものであって、この第三なるものにコミュニケーションは全面的に準拠することができるのであり、したがって理解問題の分析は、文化哲学的、言語哲学的な、さらに実践哲学によって起ち上げられる合意空間の領域を超え出て論理的なるものへの関係取りを有利にする。というのは、それがどのようにしてすべての人間に生得的なものであり、それがどのようにして結局は人間のコミュニケーションを可能にするのかという、思考 - と言語形式への関係づけが問題になるのは、本来は論理的なるものの領域であるからである。論理的なるものの地平はしたがってコミュニケーションを可能にする最後の地平であるとも言うことができる。

かくしてミードの理論は完結する。彼の理解‐と合意概念がその際立った輪郭を現すのは、まずは、他者の役割採取 to take the role of the other によって、そして次には、意味を運ぶ記号の概念へ関わりをもつことによって、つまり行為することや共に行為するなかで能記的記号の意味するところを実際的に確証することによって、そして最後には、役割‐採り role-taking の構造が、個別の他者に、一般化された他者に、そしてついには普遍化された他者に関わりをもつという三次元の階梯をへて見えてくる。加えておそらく付言されるべきは、彼のコミュニケーションモデルと理解モデルは、記号が相互に作用する領域を通過し、生物学的なるものから論理的なものへ移行することであるとミードが考えている点である。一方に生物学的なるものの極を、他方に論理的なるものの極を置き、その間をつないでコミュニケーションは一方には有意記号を用いて自然から進化してくる由来《ヘールクンフト》を想定し、他方には思考と言語からの論理的由来を予想する。

自然への関連づけとは、有意記号を用いてのコミュニケーションがつねにすでにジェスチャーや身振りや模倣を用いてのコミュニケーションの可能性に拠っているということを意味し、またさらにこうした可能性が、動物の世界では現に起こっているということである。こうした可能性はしかしまた人間に特有なるものへつながる架橋にもなっている。というのは、その架橋はすでに一種の原初言語、言語以前の言語を具現しているからである。このことは動物界にあっては本能的な行動に基づいている。つまり動物たちはそれによって、身振りや合図による表現を使って生体相互間に交わされる諸々の相互反応を示しながら一定の学習様態を構築する。それに対し人間界にあって身振りや合図を使っての合意は、つねにすでに言葉によって、すなわち意味を運ぶ記号に重ね合わされている。このことは、私が同胞に何かを伝えようとしてその場に相応しい言葉が見つからない場面を考えてみれば、明らかである。その場面で私は、同胞に私の考えていることを身振り‐手振りの動作で伝えようと試みる。しかしこの身振り‐手振りの表現は言葉による言表を伴うか、そうでなくとも、やはり原理的には言葉による表現の仕方に形を変えることのできるものである。言葉を見出すことの困難な場面というのは明確な語が欠けているときである。しかし欠けている言葉の探索それ自体は、身振り‐手振りやものまねの表現を使っての人間の合意がつねにすでに言葉の形をとるものであり、また言葉によって滑らかに動いていることを示す。このことは、幼児が世間に出てものまねや身振りを使ってコンタクトをとろうとする決定的な場面、たとえば新生児微笑としてよく知られる場面を見れば明らかであろう。そこでは乳児はまだ意味を運ぶ記号を使えるようにはなっていないが、しかし母親や他の養育者から話しかけられると、ものまね‐身振りの表現はこれによって言語的に置き換えて解釈される。「まあこの児は何というすばらしい宝」「まあ何というこの児の愛らしい頬笑み」と。こうした表現やそれに似た言葉使いが母親から投げかけられると、子供はその手振り‐身振りの表現に包まれ、母親の話しかけによって自分がすでに言語の空間に置かれているのを察知し、自分自身では経験的にはまだ十分には説明できない特殊な仕方で言葉のなかへ入り込んでいるのを後になってから知る。心理学が出発点として想定しているのは、（幼児の）受動的な言語能力の発育が、遅くとも生後三ヶ月に、おそらくはもっと早期に始まり、さらに積極的な言語能力の発育は、生後一年の終わりごろになると目立って現れてくるというものである。その時期は、子供が言語世界に入り込み、初めて言葉を拾い上げてそれを伝えるという、緊張する瞬間である。それ以前には声の遊戯であったものが、この期に意味を持つものとなり始める。

ミードの手法は、私たちをすでに理解概念の重要で不可欠な内容（中身）へ導いてくれる。その一つは遠近法的展望《ペルスペクティヴィスムス》による手法であって、これは理解概念にとって重要であり、また視点の始まりとほぼ機を一にして視点の交替と呼ばれる。次の一つは、有意記号という概念はすでに入念に練られた言語哲学を包摂していることである。とりわけ、実践の問題もかなり近くに迫っている。というのはすべての理解‐と合意努力にあってミードが問題にしているのは、行為の可能性を理解することであり、そして重要なのは、彼が次のような見解をもっていることである。すなわち、自分の行為可能性を判断することは、自分以外の他の行為者との行為関係を配慮することなしには成り立たないと考えている点である。言い換えれば、行為は前後関係のなかで成り立つものであり、行為連関という分野で起こるものであることを無視しては、その判断は不可能であると彼は考えている。行為のこうした相関性を彼は〈社会的行為〉なる術語で呼ぶ。こうして、ミードにあっては、理解概念の方位は、哲学的に見て、不可避的に、実践的な路線をとっていると言える。

ミードの理解概念は、それにもかかわらず――このようにすべてにわたって優れているにもかかわらず――伝統的な路線の内にとどまっているところもある。そう言えるのは、一つには、他者の他者性を分析するというテーマに重点が置かれているところに見られる。ここでは確かに彼の反論の鋭い矛先は、自分のものは取り込み、他者からは引き出すといった行為の批判に集中する。彼は、意味を運ぶ記号（有意記号）を用いずに、場当たり的な解釈と役割交換という空回りを主題にすることによって、意味理解をすすめる自己中心的見解 Subjektivität に鋭く問いかけている。その限りで、理解についての見解の重心は解釈するという主体的運動からはずれて意味を運ぶ記号の負荷能力へ、したがって言葉のもつ積載容量のほうへ移動してしまう。しかし言語の意味内容は、主体的世界との交差によって、つまり声の合図と行為とを使ってそれらを合致させることによって決められている。言い換えれば、意味内容は効率的に pragmatisch 把捉されている。主体の経験領域は、他者のそれのように、言葉の上での合意へ運ばれうるものではなく、特異体質的 idiosynkratisch なものとして、また統合には不向きなものとして現れるが、その経験領域はこうした理解手法からは外れ落ちてしまう。いやそれどころか主体の経験領域はまったく主題にされていないのである。というのは合致を確証することがミードの理論の極めて大きな関心事になっていることから、合致しない側面への関心は色あせ弱められ、あるいはむしろ、この理論ではその意味は低く評価されている。他者の異他性と異質性の側面は、したがってミードにとっては、人間がもっぱら個別的でそれぞれが特殊性をもった分散状態にあると捉えられるときであって、したがってそうした人間は社会的に疎外された、よそよそしく、そのために融合しえないものと見える。こうした他者、よそ者は、理解する主体にとっては重要な独自の意味次元でありうるということが、ミードの視界には入っていない。他者との極度の葛藤は彼の理解手法のなかに取り込むことができていない。

このことは次のような一連の問題と関連してくる。つまり、それは主体が相互に関わるなかで生じる権力の問題であるが、とりわけ主体が話し行為することに暗黙のうちに含まれていながら、それを自制抑止することの不可能な権力の問題は、全く主題になっていない。さらに言えば、ミードは、彼の理論のなかで、彼の全コミュニケーション理論の特徴を成す枢要な前提を立てている。それは、社会のあらゆる成員には協同への態勢があるという想定である。広大なコミュニケーション事象に参画する者として、彼らは原則的にはただ権力を拡大し、経済的にあるいは政治的にそれを貫徹しようとするが、そのことは、同じように他の成員の積極的な活動の発展と両立するものであろうという。なぜなら誰もが己の利益の獲得を達成できるのは、己の利益をひたすら他者との約束や協同によって実現しようと努めるときに限られるであろうからである。ミードはこのようにして、比較的平穏な社会――ただほどほどに葛藤を抱えている――を想定しており、したがってその社会は合意について疑念の生じることのない安定した基盤の上に構築される。このことから、彼は権力の問題を排除せざるをえなくなっている。なぜなら権力の問題は、こうした事由には関知せず、またそれは暴力的な性向を抱えているからである。合意することには疑いを投げかけ、それを破砕してしまう激しい葛藤はすべてこうしたミードの視程からは欠落してしまう。暴力はミードにとって、それが個別のものであれ、あるいは（疎外された）周辺集団のものであれ、とにかく社会の合意形成過程から取り除かれ、融合統一されないときに初めて主題となる。暴力が彼のコミュニケーションの思考で（それなりの）役割を果たすのは、それが社会の統合能力を問題視するときに限られる。他者の理解をただ戦略的な意図でのみ利用するといった、言い換えれば、どのようにしたら他者の理解を自分自身の権力強化に役立てることができるのかといった権力表出の分析は、主題にならない。このようにして他者の自由の侵害、操縦、また管理操作といった問題、要するに合意と連帯を破壊するといった問題は、中心的な理解問題になっていない。ミードは社会的葛藤がもたらす過酷なものの全体を捉えていないし、また暴力の問題に敢然と立ち向かってもいない。このことから帰結するのは、理解をテーマとする彼の分析は実践的哲学の問題としては限定的にのみ支持できるということである。そこで私たちは、続いて以下でこのテーマを徹底したやり方で引き受けなければならない。

ミードの理解概念からは、二つのテーマが私たちのより立ち入った分析のために前もって指示されている。第一の主題が該当するのは、理解過程に個人的な類の想念が流れ込むといった可能性である。その個人的な想念は他者の像を自分の空想で覆ってしまう結果、その他者性を取り出して示すことができなくなる。こうしたコミュニケーションの手法は、想像のなかに迷い込んで、記号による理解によって共通する局面を創りだすことができなくなる。この課題は私たちを次のような問いへ導く。それは、自分自身の表象や意志のどれ程のものが理解に取り込むことを許されるのか、またいかなる条件の下でなら自分の表象や意志は他者にまで波及し、そして他者を他我 alter ego とするのか、といった問いである――この問題はE・フッサールの現象学が格闘したものである。

もう一つの主題は、ミードによって提起されて以来未解決のままになっているが、それは、理解する本人が他の個人へ直接的に関わること、つまり二人の双方が参加するという関係が理解の際に中心的な位置を占めるものなのか、あるいは理解するということは、つねにどちらにも偏らない観察者という第三の位置へ通じる間接的な道を採るのか、またその道を採らなければならないのか、といった問いである。これはまた理解に潜在する倫理《エティカ》への問いかけでもある。その問いかけは、エティカは結局のところ対話によって他者の要求に身を晒さねばならないものなのか、したがって状況倫理 Situationsethik として出会う個人をその中心に据えなければならないのか、と問う。あるいは倫理は第三の位置を乗り越えて、次のような正義観に到達することができるのか、すなわちその正義観に拠れば、倫理は他の人間の要求から解放されているように自我 Ego の要求からも離脱し、慎重に考量する立場に立って当事者間で是認し得るような正当な権利要求を獲得するように努めることができるのか。私たちはこの問題をIII章で論究することになる。

II　自分のものの理解と他人のものの理解
解釈学と反解釈学を考究の射程に

続いて私たちは次のような論題に取り組もう。それは、理解することの根底にはある程度の自己中心性 Ichzentriertheit あるいは主観的傾向に囚われるという一面があるのではないか、またこの自己中心性は共に生きる人間として他者に近づこうとする意志とはどのような関係にあるのか、といった問いである。このことは、そもそも他なるものの異他性は何によって識別されるのかという問いを投げかけている。すなわち、理解する行動のなかで他者性を経験することはどのようにして可能になるのか。こうした課題をそのもっとも研ぎ澄まされた形で討議可能にするためには、私たちは二つの理論を遡っておく必要がある。その一つはこうした対立を極めて切れ味よく際立たせているエトムント・フッサールの現象学的理論であり、他方にはエマニュエル・レヴィナスのポスト構造主義の立場がある。フッサールの立場は基本的には二〇世紀の前半に練り上げられたものであり、レヴィナスのそれはその後半になって初めて仕上げられたものである。

私はその現象学の手法から始めることにするが、すでに〈現象学＊〉という命名が語っているように、そこで問題になっているのは、現象の学《エアシャイヌンスレーレ》、つまり存在の諸現象についての学[13]である。

フッサールは、またこの現象の学は存在の意味《ジン》についての学《レーレ》であること、そして問題は、存在が私たちに対してもっている意味を理解することにあるとも語っている。そのようにもし現象学的に論考を始めるとなると、このことが理解という問題に対して有利な点は、即座に理解の基点となる内容と対象への個人の関係が確立されるという点である。このことは、体験する主体が理解の手法で主役を担っているという理由で当を得ている。そのように見るとき、私が事象や、文化対象や、同胞への私の関係を明示的に持ち出さなければ、理解することは不可能なのである。こうしたことは、この私 Ich の志向性を通して、すなわち私の志向した諸々の行為を通しての生起である。

＊Ｅ・フッサール、「現象学と、諸学問の基礎」、渡辺二郎、千田義光訳、『イデーンIII　純粋現象学と現象学的哲学のための諸構想（イデーン）』第三巻、みすず書房、p.1f.

こうした行為には意味想定が含まれている。そのことによって私は他者と、つまりあらゆる世界の内実と出会う。私は意味を与える私として、一方で、私という空間性を担ぎ出さなければならない。それは私のここ《ヒーア》を示す一定の立ち位置から私が話している場所である。さらに他方で、私は私の時間性を担ぎ出さなければならない。それは、私の思考が私の生涯を通して完全に決まった時間的意味をもっている時間であり、また私の時間は他者の時間と重なって流れてもいるのである。私の時間性をこのように私の空間性に持ち‐込む‐ことは、これまた同様に私が私の肉体性の内と外で体験していることを意味し、そしてこのことは私と対峙する他者の肉体性に出会うことを意味している。空間性と時間性とは、言ってみれば、私の体《ライプ》が力を発揮し、私の体が他者の体と渉り合う様態である。理解することはこうした土壌のなかで育まれる。私の肉体性を持ち‐込む‐こと Ins-Spiel-Bringen によって私は当然のことながら必然的、不可避的に私の感情、私の情動、私の想像、また予想される私のすべての感覚を、私が思考したり話したりすることで総動員する。要するに私は文字通り私の自我 Ich の全体を稼動させる。

　これがフッサールの重視した立場であり、理解することはこうした直接の関係なしには、つまり己の主体性、己の体、己の感情、己の自我 Ich といったものの直接の稼動なしには考えられもしないという。フッサールは二つの次元を区別しているが、その違いが持ち込まれるのは、先ずは、世俗・経験的な諸要件に基づいて人称としての私、あるいはこうした一定の人物としての自我が持ち込まれることによる。しかし次に続いて、フッサールはこうした人称としての私 Ich の後に一歩あと戻りして、純粋自我への超越論的還元の歩みをすすめる。こうした明確な方法論的歩みによって、彼は人称的自我 Ich を超えて、人称的としての私を核‐自我 Kern-Ich へ還元するのである。彼はその自我を純粋自我と呼ぶが、その理由は、それは依然として精神的次元を包括しているだけの意識的に遂行された思考営為に過ぎないからだと言う。[*] フッサールは存在の意味を明確に論定している思索家であり、しかも彼は、人称としての私がもっている意味期待と意味表象という二つの次元でその意味の確定にあたっており、またさらに人称としての私の肉体的‐

世俗的内実を、精神的な内容しかもたず、そして最終の基点であり意味起源として考えられる純粋自我の内実へ還元することによってそれをなしているのである。[14]

＊Ｅ・フッサール、『デカルト的省察』、船橋弘訳、世界の名著五一、中央公論社、p.205f. およびフッサール、「構成についての現象学的諸研究」、立松弘孝、別所良美訳、『イデーンⅡ・1 純粋現象学と現象学的哲学のための諸構想（イデーン）』第二巻、みすず書房、p.114f.

人称としての私と純粋自我との差異が最善の形で明らかになるのは、人称としての私が、ミードの役割 - 採取 role-taking という有機的に organisch 定められた出発点と似た形で考えられるときである。役割を - 採ること role-taking は、肉体的に確定された個人的な観点が他者へ向けられるときに始まる。それ role-taking は、当初の私 - 視点 Ich-Perspektive が汝 - 視点 Du-Perspektive に関係づけられて緒につき、そしてそのとき私 - 視点は内と外へ向かって差異を示す。フッサールに言わせれば、人称としての私は、個々人の繋がりのなかでのみありうるものと考えられることになるだろう。文化や社会の領野は一つの遠近法的視点からの領野であって、そうしたパースペクティヴは肉体性を基礎として相互に結びつけられたものと考えられなければならない。＊ 肉体性はいわば伝達地平を形成しており、その地平で視点の交換が行われると考えられる。そして個人的な理解の空間にはパースペクティヴを欠いた観方といったものは存在しない。思考の展開することのような次元ではフッサールの理解概念はミードのそれに極めて近い。[15]

＊E・フッサール、「構成についての現象学的諸研究」、『イデーンII・1　純粋現象学と現象学的哲学のための諸構想』第二巻、前掲訳書、p.170f.

そこでフッサールは一歩踏み込んだ徹底化を提案する。というのは彼によれば、こうした意味構造は一つの内的な核、意味の運び手を欠いては考えることができない、つまりその運び手はいまやある個人の視線ではなく、一般的なものとして考えられなければならないというのである。そのようなものはもはや遠近法的視点によるのではなく、そうした視点のない、つまりもはや個人的な視線ではなく、非個人的な視線、ある意味では、誰もがそれを受け容れることのできる第三の視界であり、その限りでその視線は私 Ich である。彼の考えるところは、人称としての私は純粋自我あるいは理性 - 自我 Vernunft-Ich によって構成されるが、そうした理性 - 自我は自己関係《ゼルプストベツーク》を生み出し、その自己関係はいつかそのうちにすべてを凌駕して、すべては現実経験に、文化対象に、同胞に、そして自分の体にすら距離をとって接近する。自分自身の体の背後に立ち戻って、フッサールは自我《イッヒ》のこうした純粋な意味源泉を発見し、その源泉を、意味を積極的に基礎づける核とみなしている。こうして彼は意味核の能動的な構成能力（能作）を人称としての私に含まれる受動的な構成能力から切離す。人称としての私のなかでは、目前にある意味は、作られ、そして積極的に構成された意味と結びつく。このようにしてその意味には彼が受動的総合と呼ぶもの、つまり意味の受動的な成立が含まれる。これとは異なって、純粋な自我はもっぱら能動的な意味構成と考えられている。[16]＊

＊E・フッサール、『デカルト的省察』、前掲訳書、第四四節、p.278f.

多くのフッサール批判者と同じく私も支持したい見解は、フッサールが人称としての私から純粋自我へのこうした移行にともなって創始した問題が、彼の哲学のなかにたえずディレンマとして残存し、彼自身もなかなか満足のゆく解決に至ることができなかったという彼ら（批判者たち）の見解である。しかし哲学の問題としてこの問題が未解決であるのは、たんに〈欠損 Manko〉であるというだけでなく、同時に現代社会におけるディレンマの抱える人間理解がもたらす哲学的必然性でもあるというのが、私の見解である。こうした問題に対しては、つねに繰り返されるTh・W・アドルノの思考パターンを当てはめることができる。それは（たとえばフッサール）が誤ったことそのことに、彼の正しさがあったのだという図式である。彼がその問題を理論的に解決できなかった限りでは、彼は間違っていたのではあるが、しかし問題の理論的解決が不可能であったことが、同時に社会的にディレンマを抱えている状況の間接的証拠であるという点で、彼は正しかった。こうしてフッサールが当面する問題状況は、現代では同胞とのコミュニケーションに身をゆだねるべきなのか、あるいは本来の自己に引き戻るべきなのかという二者択一へ離ればなれに裂け目を作っている状況である。こうしてディレンマは、自我‐孤立 Ich-Einsamkeit とコミュニケーションへの態勢との間に生じ、またそのディレンマは、自我にこだわる自己主張による利己性《エゴイテート》と共同体への参画との間に起こる。したがってそれは、身体《ケルパー》と精神の分割の問題ともなり、結果として、私‐自身 Ich-Selbst のなかでの分裂ないし分断であるが、それは個々人の体験に則した位置確認と、純粋自我の間隔取りという、つまり純粋に客観的で思想上の純粋自我 reines Ich の自己関係との間で起こっている。

この問題は、ミードによってこれと同様の問題提起が別様の仕方ではあるが解決されていることからも、解明されうる。ミードの見解は、理解概念にとって必要不可欠なのは、I-me- 関係（私が‐私に‐関係する）という、言い換えれば、自己関係であって、その自己関係はたんに個人的次元をもつだけでなく、もう一つの次元も、すなわち一般化された他者から普遍的な他者へ跨り及ぶ次元も備えているという。したがって自己関係のなかにも、社会という地平で自己自身を理解することが含まれ、またそうした自己理解は人類という人間集団の地平での最終的な審級にも含まれているとミードは捉えている。こうして論理的なるものの領野が引き合いに出されるが、それは、カントによればまさに現実なるものの可能性の諸条件の基礎となる領野である。しかしこうした関連づけはミードでは、フッサールやカントとは別様に考えられている。フッサールにあって重要なのは、こうした自我 Ich は純粋自我として考えられている点である。言い換えれば、あらゆる個人的な諸関係を度外視して、つまりあらゆる個人的な体験を排除して、考えられているのである。その点でフッサールに認められるのは、近代の方法理念の刻印であり、デカルトの方法理念のそれであり、したがって〈明晰判明に clare et distincte〉を重視する知を発展させるという要請の残滓である。こうした知は数学的に確実な知でなければならないが、その知がこうした要求を充足するときに初めて、その知はみずからの役割を実行することができる。こうした（近代の方法理念の）要請を現実の意味経験という問題に援用するならば、抽象的で純粋な自我が考えられなければならないというそのことの意味は、一つの私を、あらゆる人称としての私の意味経験の上位にある論理的な核へ還元するということである。こうした分割切断は、そこでは避けることができないが、その結果自我を破砕ないし壊滅させてしまう。

それとは逆に、ミードの場合は個人的な私と、自己関係という抽象的自我との間には繋がりが保持されたままである。なぜならミードは人類的な自我 das menschheitliche Ich なるものを純粋には考えず、つねに個人的な私とその私の役割‐採取 role-taking という行動から、つまりつねに一般的な次元へ高められる視点から、考えているからである。論理《ロギーク》とは彼にとって個人的な理解の地平での一機能であって、それは決して純粋論理ではなく、それはつねにまたすでに個人的に理解され、解釈され、同胞間の情報として伝達される筋道《ロギーク》である。言い換えれば、それは理解し体験するという個人的なコンテクストによって触発される。

フッサールの課題にはもちろんある重要な関心事が含まれているが、それは言ってみれば、遠近法的な理解、つまり視点の交換を導入する理解であって、それは、たんに自我‐視点（Perspektive 1）を取り込んでいるだけでなく、汝‐視点（Perspektive 2としての）にも関連づけられている。そのために差異が引き起こされるが、それは私によって手が加わり作られるものにちがいない。こうした加工作業はしかしながら、第三の視点を引き合いに出すのでなければ実行不可能である。

ミードは、この視点が私《イッヒ》のなかで起ち上がるのは、距離をとることによってであること、つまり距離をとることによって私には他者への道と、私へ向けられる他者の視線のなかへ外から入って行く道が開かれたのだと指摘する。このことによって私は私自身に対してある距離をとって、私が私を見ているのと同様に、私が離れて私が見えるようにしてくれるという可能性が生まれてくる。すべてはいまや、私がどのようにしてこうした私の自己確認を掴み取っているのか、にかかっている。フッサールにとってこうした私の自己確認は客観化する視線であり、したがってそれはあたかも中立的な第三者が私を注視しているかのごとくである。純粋な自我 Ich は、欺くことなどありえない究極の意味起源であるこうした第三なるものであることを必要とする。その際フッサールは、私《イッヒ》の自己関係性の可能性に覆いをかけてしまう。それどころかその私 Ich は想像上の視点ではないかという異論に対して無防備であり、したがってその私の出所は、けっして純粋で、中立的で、精神的な私という特有の諸力からのものでは在りえない。

ミードにあっては第三なるものの位置は意味を創り出す記号 signifikante Symbole を使用することによってもっぱら身を護る。第三なるものは私《ダス・イッヒ》ではなくして、言語 Sprache である。言語的理解はつねにより一般的な他なるものへの関係を、つまりグループや仲間という他者への関係を誘発する。第三者はまた学問の共同体 scientific community でもありうる。ミードは、第三なるものという問題の立て方を言語の問題の立て方との関連で、主体に中心を置くフッサールの手法と区別している。私は、第三なるものの視線を私の私《イッヒ》の内に閉じ込めることはできない。その視線は私の理解を拡大し、一方向の展望の枠を超え出て、私が同胞に向けると同時に同胞が私に向けるという（双方向的な）パースペクティヴに持ち込む。理解することは、第三なるものの視線を、また仲間や社会や学問共同体の視線を共にすることを通して、ついには人類の視角にまで開かれ、そして個人的な次元は、蓄積され、客観化された情報伝達の関係という一般的な次元と結びつく。そしてこうしたことはすべて言語のなかで、より積極的にいえば、意味を運ぶ記号のやり取りのなかで起こっている。

それに反してフッサールで浮上してくるのは、私が私の自己的視点から世界と同胞に向けての個人的関係と、私の理解に一般的な視点を与える人間特有の視角との間に結びつきを作り上げることが彼にはできないという問題である。フッサールはこの思考途上で体を見失ってしまう。そのために彼は具体的な歴史的関係を見失っている。彼は一つの次元を飛び越えて他の次元へ移っている。彼が手を着けるのは、極めて具体的な、私的に（私として）参画している自我《イッヒ》と自我の理解努力とからである。その後で彼は純粋な理性の位置へ、つまりあらゆる歴史的諸関係、体、さらにすべての合意過程や理解の諸様相から距離をとる理性の位置へ身を変える。これが彼のディレンマの特徴をなす。それは彼が初めから理性問題として取り上げるほどにそれほどは大きなものではなく、またそれは、個人を超えたパースペクティヴであれあるいはより高次元のそれであれ、そうしたパースペクティヴがあらゆる理解過程で一役買っているのだと彼が指摘するほどに強いものではなくして、ただ彼がより高次元の理解視点と理性とを主体の内に閉じ込めてしまい、それらを情報伝達の関係のなかに置いていないというだけである。

私たちはここで、フッサールが主体に重心を置くことで理解概念を狭めている点を人間間の相互理解のために徹底してさらに立ち入って追跡しなければならない。そして、このことは、合意にいたる過程の追跡となる。フッサールとともに私たちがこの純粋自我を中心に、すなわち、私自身が理性的存在として私に関わるというこうした関係を中心に据えるならば、言い換えれば、もしその関係から人称としての私を引き離して、その理性存在としての私に体を結びつけるならば、そのときに私たちは人間間の相互性に関して次のような問題状況に入り込むことになる。すなわち、フッサールはそうした問題状況を感情移入の理論に基づいて解決しようとしたのである。彼の考えによれば、その問題は次のような順序で解決可能だという。すなわち、私たちはまず自分の特異領域の経験から出発しなければならない[17]＊と。そして私の特異領域は、私の体とこの体の関係領野にあって私にその責任がある文化対象にまつわるすべてのものとによって、根本的に書き換えられるのである。

＊E・フッサール、『デカルト的省察』、前掲訳書、第四九節、p.294f.

異他経験 Fremderfahrung の理論を一瞥するとき、しかしながら見えてくるのは次のような問題である。それは、私の体は世界と対峙するなかで別の力の中心に、つまり似たような諸力を発揮している別の身体《ケルパー》に突き当たる。そのために私は感情移入をしつつ次の手順を遂行しなければならない。すなわち、私の体《ライプ》は身体性という点では他の身体に非常によく似ていること、またこうした他の身体にも形成力をもった肉体性を認めなければならない。こうした経験連関をフッサールは〈身体対合 Körperpaarung〉と呼んでいる。これが意味するのは、私の体験のなかで、彼の身体と私の身体との間にある類比が起ち上がっているということである。私は望んでいるのか、あるいは、望んでいないのか。すなわち、私の生身《ライプ》の身体《ケルパー》と彼のそれとの間にはある類似現象（平行）がおのずと開けてくる。彼は私とまったく同じように悲しみ、彼は私と同じように喜び、彼は私と同じように不安を感じている。言ってみれば、私は私の表情を彼の表情と平行させている。表現行動の類似とは、私が他者の体に霊ある内的生 Seelenleben を、そこに含まれている自我 Ego もあわせて組み込んでいるという意味である。私はこうして私の自我 Ego ともう一つ別の他我 Alter Ego との間に橋渡しをする。私は私のあらゆる表象、意図、希望、期待を他者のそうしたものと平行させる。それによって利己性《エゴイテート》にはある種の二重化が起こる。すなわち自我 Ego - 他我 Alter Ego という二重化である。したがってそのことから生まれてくる問いは、こうした表現の理解を介して、すなわちこうした私自身の私を他者の自我へ投げ込むことによって、他者は手の届くところにくるのか、というものである。

　そしてフッサールはこの問いを大いなる哲学的真摯さをもって提起している。そこでは彼はつねに良心的であり、厳正である。たとえ彼がそのときその問題で袋小路に迷い込むことがあっても、彼は何も秘匿することはしない。こうした他者への感情移入の道が、〈本源的に経験可能

original erfahrbar〉なものでないことは、彼の言うように、彼には自明なことである。そのことはつねに共‐経験的に miterfahrbar のみ可能なことである。すなわち、他者の身体には自我‐アスペクト Ego-Aspekt をともなった体の心的‐霊的側面があるということである。私はつねに私の私 Ich のモデルで他者を理解し解釈しているということは、フッサールにとっては明らかなことである。他者はつねに私の分身であるが、しかしその他者は真実誰なのか。私は本来つねに感情移入のこうしたモデルによって他なる自我 alter Ego を経験しているのである。しかし私は他なる自我 alter Ego をも経験しているのか。別の言い方をすれば、私はつねに他の場所にある私 Ich を経験しており、私はその場所へすべての私の経験を、すなわち表現可能なすべてを、あらゆる表象を、あらゆる思考、発話といった、要するに私のものであるごとく自我を ein Ich wie meines 投げ入れているのである。そこに鉤がかかって動かない der Haken daran――そしてこのことがフッサールに対する多方面からの批判を招いたが、にもかかわらず彼はそのことを十分承知のうえであった。私が私自身の靴の物差しで測っているそれは、別の私である。分身として仕立てられているのは、同胞である自我 Ego である。それは他なる私《イッヒ》であるはずなのに、しかし私は私自身の私であるとかんぐってしまったのである。フッサール自身はその問題を極めて厳しい口調で次のように表現している。どの程度まで私は他‐我 Alter-Ego に手が届くのか、あるいはどの程度まで私は別の場所にあるその私だけに手が届くのか、また私は私の私を別の場所に見出しているのか、と問いかけている。

この時点でフランスの思想家たちの批判が始まるが、その思想家たちのなかでも第一に挙げられるのはJ・ラカンである。「鏡のなかの自分を見つめ、そこに自分自身の姿を再発見し、鏡に映る自分自身の姿にじっと見とれているのが私 das Ich である[18]」。しかし鏡像としての自我 Ego の作用効果は、真実の他者の発見からは遠ざかる結果となるのであり、その他者は徹底的に異他なるものとなる。このことは異他経験のこうした理論の成果であり、フッサールの言う、私たちは今や異他性の問題、他なる私からの徹底した乖離という問題と格闘しなければならないとするフッサールの手法の理論的帰結である。他者とは何者なのか。私について私はうわべは熟知している、そして他者へは持続的に感情移入を試みているが、しかし他者とは何者なのか。この点がフランスの批評家たちの踏み込んだ一歩である。こうした歩みを私たちは他者性の理論に関連付けて明らかにしていきたい。

まず手始めにE・レヴィナスの批判、つまり彼が彼の主著『全体性と無限*』*Totalitär und Unendlichkeit*』で繰り広げた批判を採り上げよう[19]。彼はもちろん大変親密なフッサール研究の専門家であり、彼は現象学を——一般にフランスの哲学者たちがそうであるように——極めて集中的に研究してきた。彼がフッサールに異議を唱えるとすれば以下のような批判になるであろう。すなわち、フッサールにとっては意味を起ち上げる私 Ich の概念、つまり、志向性という概念は、彼が他者を論究するときの核心となるものである。レヴィナスは一方では、他者を理解するこうした試みについては是認している。この試みは理論的な観点に立てば不可避的で拒むことの不可能なものである。私たちが他者に対して認識 - 理解しようとする立場をとるかぎり、私たちはどうしても志向的に他者に関わることは避けられないのである、言い換えれば、他者を自分なりの意味想定によって象らざるをえないのである。

＊E・レヴィナス、『全体性と無限――外部性についての試論』、合田正人訳、国文社、p.88f.

レヴィナスはしかしまたそれに対して反論もしている。すなわち、実践的観点からみれば意味を起ち上げる私 Ich の進む途次では他者の他者存在に到達することはできない、と言う。というのは――そのように彼は論じているのだが――意味解釈は、現存在の存在に対するハイデガーの基本的関係に相応した意味企投（描く）に依拠しており、そうした関係では私の要求が中心的な位置を占めているからである。＊レヴィナスは、理解するという解釈学的構図は、他者へ向かう途上で自己に再帰する私である、と反論する。その途上では自己へ再帰する私は鏡のなかにあるように現れる。こうした成り行きが目指しているのは、レヴィナスにしたがえば、他者を同定すること、すなわち、私と他者との間が合致していることを確認することにある。しかしこの同定化では他者存在は視界から外れてしまう。他者は私の鏡像として、別の場所にある私の自我 Ego として、私の生き写しとして現れる。同定することは、第二に、私が他者を画像のなかへ、すなわち全体表象のなかへ包みこむことである。このことにはすでに、自我 Ego による他者の他者性へ（不当に）干渉するという動きが含まれているが、その自我の干渉は、ただ私によって見られたもの、知覚されたもの、視界に捉えられたもの、想像されたもの、でっち上げられたものを他者に当てはめるということを意味している。もし私が他者を私にすばらしく相応しい人であると理解すれば、レヴィナスによれば、私は彼を喜び Genuss の対象、いわば私の快楽の対象とするのである。このことには当然のことながらつねに機能化、コントロール、権力といった一連の流れが含まれている。そのことをそのままに受け容れるならば、他者性を誤認するという歩みは暴力を発展させることと遠からずである。他者への関係は主 - 従 - 関係へ発展することがありうるのである。これは、私たちが後により立ち入って追究することになる問題である。したがって他者を誤認することあるいは他者を私が描いた他者の像に取り込むことは、他者を隷属させる発端となってしまう。他者を誤認することは、いわば他者を統制管理することであり、それは他者の自由を傷つけることを意味する。それゆえに全体性についての思索は、必然的に（真の意味で）総体的となるのである。

＊他者論をめぐるフッサール、ハイデガーに対するレヴィナスの批判的検討は、『全体性と無限』、前掲訳書、p.8f. 本書著者のいう反解釈学的視点の始点である。

私たちはそこで私たちの視点を三人の反解釈学者 Antihermeneutiker へと——私は彼らをそのように呼びたいのであるが——拡げることにしよう。というのは彼らが皆同じく揃って共有している見解は、理解することは同一化に向かい、それによって平均化し、差異には蓋をして見えなくし、したがって他者存在を、すなわち差異を相殺してしまうという考え方である。この三人すべてにとって問題となるのは、差異を発見するための方法は如何に、である。

ラカンは他者存在を、次のような差異に照らして明らかにしているが、その差異は彼が精神分析の内部で、すなわち、治療の上で対話を導入するという方法の範囲内で略述しているものである。彼は精神分析を二つに分けて、その一方は自我 das Ich がその中心的役割を担い、その自我の考え方によって解釈学的に分析を行なうという精神分析であり、そしてもう一方は、他者がその中心にあり、その他者にしたがって構造主義的に思考するというのである。解釈学的と言われる精神分析は、彼にとっては差異を覆い隠し、他者を偏見によって覆い、したがって操作的にはたらくものである。また彼は、あるところで聴衆に向かって、聴き手を理解しようとする人間には注意するようにと警告している。〈私は君をよく理解できる[20]〉ということが言えるのは、たとえば、悲しみに沈む誰かに、次のような感情移入の試みが許されるときである。すなわち、自分がかつて悲しみに沈んでいた自分自身の状況に考えが及ぶときであって、たとえばそれが友人とか親戚のものの死に出会う状況であれ、またどのような痛みであれそれに襲われているというそうした状況にあるとき、そしてまた、自分自身が感受したこうした悲しみだけを他者に投入する場面にあるときである。私は君をよく理解できるという、その意味は、私は、君が君の思うようにことが運んでいると想定しているというのと同じである。私は君にそのことの確約を迫っているのである。

反解釈学者にとって肝心なのは、他者にはことがそのように運んではいないという経験を暴きだすことである。ラカンの手法が目指しているのは、相違を明確にすること、また何ゆえに私das Ichは理解できないのかを詳らかにすることである。彼はその困難さを周知のΛなる抽象記号*によって表現している[21]。それに従えば、私たちは同胞への関係を、フッサールがその関係を自我Egoから他我Alter Egoへのものと考えているようには、思い描くことはできないのである。言い換えれば、志向性は他者へ視線を向けており、そしてその理解行動は他者によって元の所へ押し戻されるというのである。ラカンは、間‐人間的な理解を抽象記号Λ*として捉えることを提案している。初めに主体（sujet S）がある。その主体Sは、同胞（a）に対して志向的関係のようなある関係を作り出そうと試みる。その関係にはフッサールやゲシュタルト心理学者たちの考え方が含まれていると言えよう。しかしながら主体Sは、彼の像が他者からは受け容れられず、拒否されるという経験に出会う。主体が他者についての像を手に入れるかわりに、彼に明らかになるのは、主体が手に入れたものは、その写像（a'）であること、つまり、その像は主体が他者のなかへ投入したものであることが明らかになる。ラカン流に言えば、こうした主体は他者について自分の想像上のイメージ像を手に入れているということである。こうした跳ね返りによってとにかく他者の他者性は自由に解放される。というのはもし主体の誤像Phantasmenが解消するならば、私たちは消極的な方法で他者の実際の姿に近づくからである。こうした過程は、当然のことながらラカンにとっては、言語によってのみ起こりうることである。

この点を見るとミードの捉え方と共通するもののあることが確認されるであろう。ミードにあってまさに問題であったのは、次のような二つの可能性を区別することでもあった。その一つは、私が思い描いていることを、君が思い描いていると、私が思い描く場合か、あるいは、私が想い込んでいると君が思い込んでいることを、私が思い込んでいる場合か、そのどちらかである。ラカンにとっても問題となるのは、私が他者にすっぽり被せて前もって造っていた他者の像を描くことは、私には避けられない情況であるが、そこからどのようにして抜け出せるのかである。ラカンは、この問題に応えておそらく次のように言うであろう。私は先ずもって、こうした像は他者には効き目がなく跳ね返されて、それは私が他者の上に刷り込んだ私の空想像であるということを経験するに違いない、と。しかしこうした経験は、言葉による思想のやり取り Diskurs の

＊ラカンのシェーマL（Λ）の下図は、P・コフマン編『フロイト&ラカン辞典』、佐々木孝次監訳、弘文堂、p.212.

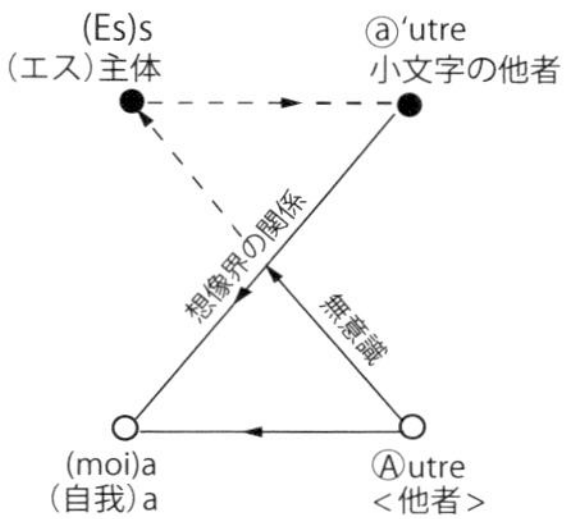

シェーマL
（ラカン『エクリ』）

なかでのみ産まれるもので、その対話は私自身のものと他者のものとを差異化し、私による概念の使用方法と他者によるそれとの違いを暴き出してくれる。したがって差異にこだわる理論家に当てはまるのは、言葉は他者が他なるものであることを明示する、ということである。

同様のやり方で、ジャック・デリダは日常言語および諸科学で私たちが使い慣れた意味づけ《ベドイトゥング》の脱構築を試みている。デリダは脱構築することは構築することの反対概念であると言う。[22*] 構築することは、いわば現実を把握することと考えられ、その現実把握によって主体はみずからの想定と志向とを現実の上にネット状に拡げ、こうした想定と思考をみずからの諸前提に基づいて検証するのである。こうした措置はしかし――デリダに言わせれば――、否定には蓋をし、矛盾は覆い隠し、差異は取り繕うというやり方となるであろう。ここでは主体の優位性とその想定の優位性は不撓不屈である。それとは区別してデリダは、現実にすっぽり被されたこうした諸概念や意味づけをそれらの意味の多様性によって変化をつけ、その結果最初の想定とは違った現実についての別の視界を切り開いてくれる全く別の意味づけを際立たせようともくろんでいるのである。こうしたやり方をデリダは、脱構築 Dekonstruktion と呼んでいる、なぜならそうしたやり方は矛盾、隠された内容、差異といった、要するに現実の他の側面を暴き出すからである。

＊J・デリダ、「差延」『哲学の余白』上、高橋允昭・藤本一勇訳、法政大学出版局、p.38f.

理解するとは、デリダにしたがえば、同一なるものを脱構築し、そして差異を開示しなければならないのである。こうしたやり方は、私たちは差異を（différance）あらゆる経験の根底に横たわる根源的な生起として考えなければならないという想定に基づいているのである。三つの観点で差異は描出されなければならない。その第一は論理学の要請に対しての観点、次に男性の象徴である男根 Phallus の要請に対しての観点、最後にヨーロッパ中心主義の、つまりヨーロッパ的思惟が優位であるという要請に対しての観点である。デリダに言わせれば、論理学による私たちの理解努力によって私たちは初めから、同一なるもの、矛盾を含まないもの、統一的なシステムに合致した現実のシステムはよいものであるという先入見に囚われていると言う。私たちは、矛盾を際立たせるのに有利になるようにこうした論理学の束縛を脱構築しなければならない。第二の視点は私たちの理解をすすめるなかで、私たちは男根中心になっている、言い換えれば、男性からの視点に固められて、女性的なるものの観方に対しては自由に開かれていないのである。このテーマは、後に私たちが理解と性差の連関を考究するとき、その関連で扱うことになろう。そこではまた再び次のような問いが浮上する。すなわち、理解することはもっぱら男女個別の性からのみ行われうるものなのか、あるいはそこには異なる他性の視点を一緒に取り入れる可能性があるのか、といった問いである。最後に、デリダが指摘する観点は、理解することは、あまりにも頻繁にしかも積極的にヨーロッパ流儀で学問的 - 文化的パースペクティヴ*を取り入れて、ヨーロッパの伝統から考え、異なる諸文化との違いの意味を問うことを抑制し過ぎているという点である。したがってそこでもまた他者を理解し、文化間の差異を思考し、またこうした異他性に耐え抜くという必要性が起こってくる。[23]

＊J・デリダ、『根源の彼方に──グラマトロジーについて』上、足立和浩訳、現代思潮社、p.23f

このようにしてまず第一に、理解する者と他者との間に溝が裂開される。反解釈学者たちにとって第一歩のところで重要なことは、こうした分壁を徹底して把握しておくことである。次の段階で、どの程度まで異他性は克服できるのかという問いが提起される。反解釈学者がそのとき採るべき道はさまざまである。ラカンにとって異他性は原理的に言語を通して克服できるものであり、その限りで、言語はすべてに妥当する法則の支配下にある。法則のこうした枠内で先ず初めに自己と他己が分離独立するのである。言語による記号化によって私が私の語と結びつけている意味は、他者がそれと結びつけている意味と重なるものかどうか、あるいはその両者は異なるものなのか、を確認できるのである。ここには再びミードの意味を運ぶ記号 signifikantes Symbol との類似関係が認められる。意味を運ぶシンボルは共通の性質と差異とが交差する可能性を表示している。このことはラカンにとってみれば、諸主体がそれぞれ他者でありながら自己の思想、感情を表明することのできる出発点となるであろう。

レヴィナスにもまた道と言えるものがあるのだろうか。語の積極的な意味での道、つまりメトドス〔方法〕、学問的な方法といったものをレヴィナスは排除したいようである。むろん誤解を排除するという消極的な道であればレヴィナスもそれを受け容れるであろう。他者への決定的な歩みは彼にとっては、理論的な領野から実践的なそれへ越境するところで成立するのである。レヴィナスは、こうした歩みは経験のより深い位相に通じているると言いたいのである、それは再帰的《レフレクシーフ》な現実経験から前再帰的な現実経験へというフッサールの歩みと似ており、また考えられる限りの経験からあらかじめ予想もできないような経験へというハイデガーの道に似てもいるのである。レヴィナスにとって重要なのは、私たちが体験内容を手に入れようと努めるかぎり、私たちは他者と出会うのに先立って行動しているということである。私たちが実践的要求と期待とで心が捕らえられているとき初めて、私たちは一種の原経験によって他者の要求に出会い、その要求は義務づけるもとになる。レヴィナスは極めて卓越した意味で実践哲学の思想家である。他者についての私たちの像を手に入れようとするあらゆる努力は、私がそれを正しく見ているかあるいはそうでないかという問いと結びつけられて、私たちは依然として強力に自分のものと理論的なるものとに縛られているというのである。重要なことは、実践的なるもの、つまり倫理的なるもの das Ethische への飛翔である。現実の他者が私と出会うのは、唯一他者から出てくる要求によってである。そしてこうした実践的に経験可能な要求が思いがけず私の前に現れるのは、顔 Antlitz（かんばせ）*としてである。

＊著者はレヴィナスの顔 visage なる概念に、二つのドイツ語を使い分けている。Gesicht 顔よりは Antlitz かんばせが頻用

されている。著者がもっぱら Gesicht ではなく Antlitz を用いているのは両概念に含意の差異を予想している。たとえば、レヴィナスによれば「あなたを見つめる眼さながら、みずからの徴しないし記号の切っ先に出来する意味するもの、それが顔なのである。」E・レヴィナス、『全体性と無限』、前掲訳書、p.271. また「諸事物は光のなかでシルエットないしプロフィルとして見られる。これに対して、顔は自分を意味づける。」同書、p.208.

ここでレヴィナスは容易には理解すべくもない概念を持ち込んでくる。私たちは、私が他者の顔（かんばせ）に出会うというとき、その顔《アントリッツ》とは何を意味するのかを疑ってかからねばならない。私がそこで経験しているのはどのような要求なのか。レヴィナスはこうした出会いを次のように記述している。すなわち、私は消極的には「君は私を殺してはならない」といった責任を負わされている、と。*24 私たちにとってまずまったく奇妙に見えるのは、他者の要求がこうした内容を含んでいるということである。ここでレヴィナスの思考は、ただちに根底的なるものに取りかかるが、そうした根底的なるものとは、私たちが文明化された世界にある通常の出会いを想像しても、私たちには予想もつかないものである。私たちにとって表層でつねに問題になるのは、私が他者を受け容れるのは他者が望んでいるか、あるいは期待していることによってである。しかしおそらく深層では、そもそも私が他者の身体と生命に敬意を懐いているのかが問われうることであろうが、このことはほとんど覆い隠されたままである。しかし人間間での出会いは、私たちが内戦や迫害といった人間の生存にかかわるような限界状況で遭遇するであろうような、まったく別様の外観を呈する可能性を背景にして出来するのである。そのような場面で突然明るみに出てくるのは、まったく根底的なあるものが深いところで問われているということである、すなわちその問いは、私たちは互いに撃ち合い、殺しあうものなのか、それとも、私たちは他者の生命を尊重するのか、を問いかけているのである。

＊「殺人よりも強きこの無限は他者の顔をつうじてすでにわれわれに抵抗しているのだが、この無限が他者の顔であり根源的表出であり、〈汝、殺人を犯す勿れ〉という最初の言葉なのである。」……E・レヴィナス、『全体性と無限』、前掲訳書、p.301.

こうした状況で同胞は顔《アントリッツ》として出現する、とレヴィナスは言う。そしてそうしたかんばせ《アントリッツ》は私に要求を突きつける。君は私を殺せない、と。もちろんその顔が私に告げているのは、君は私を間違いなく殺すこともできる、なぜなら君はその力も持っているし、また武器も持っているのだから、と。実際の場面ではつねに権力行使の可能性は存在する。しかしときに顔のかんばせは閉じられ物言わず、またときに要求は拒否される。私たちはときにヘーゲルのいう決死の闘争、また支配者と隷属者の闘い＊、あるいはサルトルのいう自由のための戦いという＊＊、それはサディスト的でマゾヒスト的である関係として現れる戦いの只なかにあるのである。[25] しかしときには、私が他者を客体としたり、あるいは他者に向けて自分を客体として差出すということがまさにそのごとく起こるし、また実際私とは誰であるのかを、他者はけっして分らないのである、なぜなら顔《アントリッツ》は隠れているからである。しかし他者の真の他者性とは、――これはレヴィナスのテーゼと言えるであろうが——ただ私に向けられる根底的な要求のなかでのみ姿をあらわすものである。その根底にある要求というのは、私の自由を尊重せよ、私の身体と生命に敬意を払えというのである。根本においてこのことの意味は、私は私が人間であることを根拠にして汝に対して正当な要求をしていることを承認せよというのである。

＊Ｇ・Ｗ・Ｆ・ヘーゲル、『精神現象学』、長谷川宏訳、作品社、p.194f.
＊＊Ｊ・Ｐ・サルトル、『存在と無II——現象学的存在論の試み』、松浪信三郎訳、サルトル全集　第十九巻、人文書院、p.382f.

しかし殺害の禁令がつねに他者の要求に拠っていると見るのは誇張に過ぎるのではないか。そこでは私たちは日常経験を脚色しドラマ化してはいないか。レヴィナスの念頭には、私たちの理解は、日常のレベルを達成したのであるが、そのレベルではこうした問題は生じないように見えるということを指摘することにあったのであろう。しかしレヴィナスの伝記上の経験を辿れば、身体と生命を脅かすことがいたるところにある世界に遡ることを、私たちは知っている。私たちの文化そのもののなかにさえ殺戮と殺害は消え去ってはいないのである。たとえ私たちがある文化的段階を達成しているとか、あるいはこうした問題が現実味をもたないような社会状態を達成したとしても、こうした問題はあらゆる個人的な関係や、またあらゆる社会的‐政治的な諸関係の深いところで依然として付いて回っているのである。つねに問題であるのは、こうした関係は他者の生命への深い畏敬の念に支えられているものなのか、あるいはその関係は他者の身体と生命を疑わしいものとして視ているのか、である。こうした身体と生命を疑問に付すという原理的ともいうべき疑‐問‐設定 In-Frage-Stellen は、宣言された明白な殺人や傷害は言うにおよばず心理的な危害や抑圧《テートウング》にまで疑いの手が及んでいくのである。それどころか一定の関連のもとにある心的状態では、私たちが心情《ゼーレン》の謀殺《モルト》といったような事態について語ることを私たちはよく知るところである。レヴィナスに言わせれば、理解が本物になるのは、根底からの是認か、あるいは根底からの否認かという問題が、私たちに明確に意識されるまさにその瞬間にあってであって、またこのことは生と死の次元、つまり身体的および心的な類の次元を包摂している、というのである。

しかし理解することに関していえば他者認識の理論的な側面は、必ずしも問題になっていないのではないか。そのとき要求の実践的側面はどのような意味を持つのか。当然のことながら、私たちはレヴィナスとともに理論的な側面について、すなわち他者とは本来何者であるのか、他者はどのような人間であるのか、という認識の問題について語ることはできる。こうした問題を明らかにするには、私が他者についてどのような像を思い描いているか、またその像は他者にぴったり当てはまっているのか、あるいは他者はまったく異別なものであるのか、さらに私たちは互いに合意に至ることができるのか、といった諸点を洗い出すことが必要になる。しかしこうした問いかけはフッサールの意味で、なお主体偏重的である。その問いは自我 Ego から出発しまた自我に回帰しているのである。重要なことはしかし他者のありのまま《レアリテート》を覚知することであり、そしてこうした他者のありのままの覚知は実践的にのみ捉えられる、すなわち他者である彼からどのような要求が出ており、その要求への私の応えはどのような類のものになるのかといった場面にあってである。すべては、私が他者を法外に高く評価するとか、法外に低くにしか評価しないとか、他者を傷つけるとか、悲しませるとか、痛めつけるとかといった私の応対にかかっている。このことは、最終的には彼を死に至らしめる態勢を招来する方向を辿るであろう。さもなくば私は彼の要求に心を開き、彼の要求に含まれる責務に沿って身を処する態勢にあるのである。他者を理解するに際して重要な問いは、したがって、私の身の処し方・態度が他者の自由への深い尊崇の念に支えられているのか、あるいはそうではなく私は他者をコントロールし、彼に抑圧を加え、傷つける、などなどを行っているのかである。私がひとたび他者の首を絞めたりまた彼に圧力を加えるといったことを始めると、こうした展開は時とともに、最後には私が彼を殺害する態勢にたち至るところまでエスカレートするのである。そうなると状況は一回だけで急転することが必要となる、つまりただ一度の変革だけを必要とするが、そのときは私はどのような抑制も、どのようなコントロールも失ってしまうのである。しかしそうした侵害の瞬間に、かんばせ《アントリッツ》はこころを閉ざし、その瞬間に同胞は客体となり、私のサディスティックな欲望の対象となり、また私は彼のマゾヒスティックな欲望の対象となる。間人間的な関係は激変するのである。

　私たちのこれまでの論攷を振り返っておこう。解釈学者の伝統的な理解概念は主体を起点にしているが、それは他者の他者性に重心を置く反解釈学者の理解概念に対峙している。したがってここで求められるのは、これまでの論攷を批判的に総括することであり、また批判によって誤りが除かれた理解はどのような基本的な条件を充たさなければならないのかについて、十分に吟味することとである。それにあたって、解釈学者だけでなく反解釈学者も受け入れを迫られるいくつかの本質的な点がある。明らかになっていることは――これまでの議論が明示してきたように――どちらの側も少しばかり枝葉末節の論議に走りすぎた嫌いがあり、その結果として解釈学者と反解釈学者の間の理解は、まずもって急がずに成熟しなければならない。反解釈学者が注目を喚起した核心をなす観点は、以下のような点である。すなわち、どのような理解にも必然的で避けることができないのは、すべての理解にはまた理解できないということの是認が必ず伴っていることとである。ある意味ではこうした理解の不可能性を是認することは、それが理解することを誘発するときはつねに、その初めに控えているのである。しかし同じように理解の不可能性は理解が終わる段階でも残っているのである、なぜならそれがうまく運んでも新たに理解の及びえなかったことを Nichtverstehen 呼び起こす何かが理解されたからである。

したがって、誰かが次のような仕方で、すなわち、「あなたは私の立場を思い描くことなどそもそもできないのです」、といった具合に、会話を始めるとしても、それはけっして無作法な振る舞いとはならない。こうした対話のとっかかりは、話の参加者の間に大きな溝があることを、それは無理解という大きな深みであることを覗かせている。そして対話者同士がその溝に架橋することができるかどうかは誰にも予知することはできない。他者のまったく異なる体験は、したがって対話のなかでその差異や解明がなされる好機として証示されるのである。疑いもなく解釈学者の間には、極めて多くの場合、それどころかほとんどすべての場面で、対話をもってすれば他者という異他性の問題は解決できるものと想い描く傾向がある。それに反して反解釈学者は他者の理解に関してはあまりにも懐疑的であるように見える。おそらく真実は中間にあるのだろう、つまり聖書が言っているように、「Stückwerk ist unsere Erkenntnis 私たちの認識は不完全である」*を受け容れることである。理解しないことは、理解することの始まる積極的な条件であり、またあるものを - 理解する Etwas-Verstehen とは、私はつねにすべてを理解していないということを意味しているのである。私はすべてを理解できるのではない。このことは解釈学者と反解釈学者のこうした論戦から導くことのできる第一番目の帰結である。

*コリント人への第一の手紙、13-9「……私たちの知るところは一部分であり、……」

しかし第二の点で注意深く眼を向けなければならないのは、解釈学者は反解釈学者が想定しているほどに強く自己拘泥的、自己没入的で、主体拘泥的であるのかという点である。「あなたたちを理解しようと欲している人々には用心なされ」というラカンの警告は、控えめに cum grano salis 受け取られるべきものである。というのはテクストないし言説の輪郭を描きまた解釈する際の理解循環は、反解釈学者がそれを解釈しているような閉じられた循環では決してないからである。その理解循環には、理解過程にとって構成的であって、しかし主体自身には由来していないあるものが採り込まれている。言い換えれば、それには言説ないしテクストの異他性の要因が取り込まれているのである。こうした異なる側面は——解釈学者からも問題《ザッヘ》として指示されているところであるが——、このことは、主体の意味想定を立証したりあるいは反証したりするのに適しているのである。その点で理解することで重要なのは偏見を批判することにある。ガダマーとともに理解することは偏見によって導かれるものであると規定するとしても、このことの意味は、だれも理屈なしに偏見の手口に乗ってしまっているというのではない。したがって問題は、主体が他者のなかに投げ入れ再び取り戻すという主体の投影に関わるのではない。対話の相手、つまりテクストに即して実証することは、解釈学的な循環の本質をなす要素であるが、その循環は相対するものに対しての自分の観方を護るかまたはそれに失望するかの両方の可能性に開いておくように努めるのである。

もちろん反解釈学者の異論に対して確実な根拠を与えるものが何かは、当然のことながら問題である。その問題は、テクストの異他性をこのように承認すること、また自分自身が偏見に囚われているというこうした感情、さらにまた確証することにも反駁することにも自由にこのように開かれてあるといったことが、——じつはこうした開けは主体によってまた主体がテクストや言説と交流するなかで如何様にもなるものであるが、——一挙にして倒壊する可能性があるということである。そうなると、じつに誤聴やテクストの誤読を生み出す可能性があり、さらには勘ぐりや誤認に、いやそれどころか終には自分勝手に意味を起ち上げることにまでなりうるのである。

そしてこうした意味の勝手な起ち上げの果てはたんに手が加わるにとどまらず力づくの強引な関係にまで発展するのである。したがって問題はこのようになる。すなわち、私たちが他者の他者性に対して開かれているということを私たちに保証するのは何か、という問いである。そのために私は、反解釈学者と解釈学者とを対峙させることで見分けのつくいくつかの範例となる道の見取り図を略述しておきたい。根本的には、他者の他者性に対応するには二つの選択的な手法がある。その一つはデリダとレヴィナスによって歩まれた道で、ハイデガー哲学の線に沿ったものである、他の一つは、ラカンによって提起された道であって、そこにはM・フーコー*哲学の諸要素も吸収統合されうるものである。[26]

＊M・フーコー、『言語表現の秩序』、中村雄二郎訳、河出書房新社、p.10f.

レヴィナスの道で一義的に重要なことは、理解の意義を求める主体の諸要求を、したがって潜在的には不当な介入となる主体による他者への干渉を、堰き止め、退去させることである。こうした問題が生じるのは、レヴィナスにあっては現象学の志向性の思考が、とりわけフッサールのそれが、同胞間の理解に到達するための方法として、理解の理論的側面に限定されて、理解の実践的な側面が退けられていることによる。そのフッサール的な志向的思考では、レヴィナスにとっての主体を通しての意味構成という考え方が支配的なのである。このことによって他者が前面に出てくることが許されるような地帯が確立されている、言い換えれば、そこで他者についての表象可能性が総括されているのである。このことは、他者の体験が自分の経験に即してモデル化されているということを意味している。同時に、こうした理解には権力成分が含まれる。主体は意味想定に基づいて他者の体験を支配している。このことは、フーコーの言う意味で、権力を行使し、統制しそして管理するということである、なぜなら他者のために不都合なことは括弧に括られ沈黙すべきものと決められているからである。

他者の根源的な経験へ通じるレヴィナスの道は、したがって思考可能なものや表象可能なものから、考えも及ばぬ先思考的なもの Unvordenkliche や想像もできないものへ飛翔することを求めている。すなわち、求められているのは、他者の身に起こっている事へ虚心に開かれることであって、それは倫理的な要求のなかにしか存在することはなく、その限りで誰にもこの出来事は開かれてあるのである。顔（かんばせ）にひらめく倫理的要求には、――私たちが見てきたように――しかし他者の他者性との出会いができるために日常の経験を飛び越えることが要求されているのである。まずレヴィナスが求めているのは、理解する際のあらゆる意味想定を背後に押しやることであるが、それは純粋要求をいかなる表象にも包摂されないで取り入れるのに有利なためである。しかし私の表象を完全に上回るような要求は、どのようにしたら達成できるというのか。第二に、レヴィナスは、責任を引き受けることを要請するが、それは最終的には他者の要求に対する責任であり、自分自身の要求に対する責任は完全に見合わせるといったものである。しかしどうしてこうした純粋に〈利他的な altruistische〉行為が、利他主義のどのような矛盾にも座礁することなしに、可能になると言えるのか。利他主義は、F・ニーチェが示したとおり、最終的には逆説的に利己主義ではないかと嫌疑をかけられねばならない破目になる。最後に、レヴィナスは、理解するというすべての能動性を完全に撤回することを要請する。それは他者の要求という最終的には啓示の性格 Offenbarungscharakuter を持っている出来事（振る舞い）をそのままに受け容れるのに有利なためである。このことは、こうした要求には宗教的に理解されるべきだという縛りが含まれているということを暗に意味している。しかしこの場合でも要求の内容が受け容れられるのは、こうした要求に出会っている主体の、努力、意図、そして欲求が存在する場合にかぎられるのである。

レヴィナスが提案している道を批判的に再考するにあたって難題となるのは、理解の基本的な関心事を正しく評価することである、言い換えれば、空想と正しい表象との違いを、また幻想的な誤認と他者との出会いとの違いを、正しく評価するということである。このことは、またデリダのとった道にも妥当する。デリダの道は、レヴィナスに比べて、彼が理解の道を倫理的なるものへ飛翔することで断ち切っていない点で、長所を持っている。おそらくデリダは、理解過程で主体や主体の意味想定が占めている優位性を、主体の構造をその意味内容によって吟味し、変容することによって掘り崩すことを勧めているのであろう。このことによって判明してくるのは、主体の構造は主体が思い込んでいたこととは別の意味内容を含んでいるということである。このように脱構築がなされるならば、意味は他者の他者性へ開かれることになろう。しかしこうした

開け Öffnung によってデリダが出来事の経験に対して要求しているのは、レヴィナスがそれを倫理的なものに求めたものと同じ経験である。つまるところ問題になっているのは、純粋で、もはや仲介の入りえない経験であり、他者が自己の他者存在にいわば自己を開示することである。ハイデガーであれば、存在の贈り物について語るところで、すなわち、この道は一種の〈啓示 Offenbarung〉を含意していると言うであろう。レヴィナスの出自は、たしかにユダヤ的な宗教と神学の世界にある。その彼であれば、こう言うであろう。結局のところ他者の他者性を承認できる自由を私に与えてくれるのは宗教的経験だけである、と。ただしこうした理解の道はM・ブーバーのとった道とは異なるものである。ブーバーは宗教的経験を対話の起源のなかに捜し求めているのであって、＊他者性の哲学のうちに求めてはいないのである。[27]

＊M・ブーバー、『我と汝・対話』、植田重雄訳、岩波書店、p.84f.

他者の他者性を実践的に指向する理解の過程でその真価を発揮させるもう一つ別の道がある、それは、ラカンの根本思想に基づくものである。私たちが前に描いた関係構図Λを想起しよう。ここでは行動は他者へ向かうが、それは期待を裏切られる失望の経験を通過するのである。旧来の理解によって適用された他者への直接的な関わりが、志向性という意味で、原理的な仕方で批判的な吟味や解明がなされるのは、志向することがうぬぼれ、投影による誤認、また空想による幻想的な錯覚から生じる可能性があるという異論が認められるときだけである。ここには、理解する主体への激しい嫌疑が潜んでいる、なぜならその主体は、志向とは別の志向を覆い隠すたんなる表層でしかあり得ないのではないかという疑いにさらされているからである。ラカンの手法にとって決定的に重要なのは、世界についての思い違いや想像による誤認は二元的な経験に内属するものであると想定している点である。私 das Ich が固有の内実である汝 Du に向かい合って、自分のものが他者のものと混ざり合い、主体が他の主体と取り違えられるといったことが起これ ばそのときはいつも、やはり結果として私のものであるのか、他者に属するものであるのかは、もはや区別不可能になるのである。結局こうした役割 - 採り role-taking にあたっては、意味を運ぶ記号 signifikante Symbole に立ち戻る可能性もなしに擬似的に理解をすすめるという企《エントヴルフ》ての形をとって、すべては他者へ投入されることができ、そして解釈にあたってはその企てから意味が探り出されるのである。したがってラカンの主張するところは、もしこうした思い違いが廃棄されるか、あるいは脱 - 思い違いが実現されるべきだというならば、このことは第三の立場を取り入れることによってのみ起こりうるであろう、というのである。この第三の位置に立つことによって初めて、私に対し汝に対し、そして空想による我・汝の組み合わせに対し隔たりを作り出すことが可能になり、自己 Ego と他己 Alter ego の異なる像の間を差異化し、その境界の輪郭を描くことが可能になるのである。このようにしてのみ結びつけつつ分離するということが可能になる。

こうした第三の立ち位置は対話者の間に起こることに対する証言者の立ち位置である。その証言者は語法上の人称代名詞第三人称を自分のものとして、それによってその立ち位置は、三人称という秩序を内含し、記号による表現形式を可能にする言語そのものを起用する《ツーリユックグライフエン》のである。三人称は言語なるもの Sprachlichkeit にとって建設的であり、ある程度その法則を含んでいる故に、三人称は私と汝の持分を明らかにする可能性ももっているのである。第三の視線によるこうした差異化の過程は、ラカンの根本的な打開策である。こうした立ち位置はさらに磨きがかけられて、この三角構造がさらに言語内在的な理性としてはっきり見えるところにまで達する。これによって同時に他者を理解するという私たちのテーマは、一つの新しい次元を獲得することになる。もし私たちがレヴィナスとデリダの道を一方の側に、そしてラカンの道を他方の側において、相互を対置して批判的に考量するとき、問題は次のようになる。すなわち、理解の問題の打開策は偏りのない第三の立場、つまり合理性と理性の路に沿って歩みをすすめるのか、あるいはそうではなく出来事の経験による路を、すなわち宗教的啓示という契機を含む他者の要求に献身するという路を歩むかのどちらかである。この論題の分析は次章で試みることになろう。

　私たちのこれまでの論攷が重きを置いた問いかけは、自分のものと異他なるものとの差異を明確にし、それによって他者を正当に評価しうるためには、他者理解はどのような行動を遂行しなければならないのかに向けられた。他者へ向けて行動しうるためには自己なるものを出発点とするという伝統的な解釈学の道がより相応しい道であるのか、あるいは、私たちは新たな理解手法となる別の視点へ、すなわち、そこから自己自身を理解することができるように、優先させるもう一つの手法へ、飛翔しなければならないのか。――レヴィナスはこれを強く勧めているのであるが——私たちが到達した段階は、こうした単純な運動方向のどれも、理解過程には相応しいものではないという立場である。おそらく他者へ開かれる道には——私たちが選んだ道であるが——ある行動が含まれている。そこでは他者との出会いのなかで自己自身の体験から生まれてくる空想は、それが私自身のものを他者のなかへ持ち込んでしまうために、間違いなく挫折することになるのである。こうした空想を弱めることが、したがって他者へ近づく第一歩であり、両者の間のもつれを解きほぐす試行なのである。こうした道はしかしながら——私たちが見てきたように——私のものと異他なるものとの両サイドを識別可能にし、それによって両者がまた相互に繋がりをもつことができる思想のやり取りによってことばを通して解決に至る道なのである。

III　正義という三元的位置からの他者理解か、あるいは汝の要求という二元的位置からの他者理解か

本章で続いて私たちが検討しまとめようとする課題は、他者理解は他者から出される要求の二元的な局面にどの範囲まで立ち入ることを必要とするのか、またその他者理解は、私たちがその要求から私たちの行為規範を手に入れるにはどれほどまでその要求に心を開くことが必要なのかという問題である。こうした関連で私たちは、すでに話題にしてきたレヴィナスの理論を引き合いに出す。そうでなければ他者理解は、二元的な状況を廃棄して、我と汝を超えて第三の位置に身を置くことが必要となる。こうした立ち位置は、自我 ego と他我 alter ego との要求を慎重に考量し、そしてその両方の要求に左右されることなく、したがって公正なる規範の獲得を可能にする。その事例として私たちはJ・ロールズの正義論の立場を引き合いに出すことになろう。その際私たちに見えてくるのは、ロールズの立場が他者の理解を第三の視点から展開することを優先しており、それによって正義の諸規範には裁判官のものの観方が理解のモデルとなるように仕立てている点である。

これまでの論攷で明らかになったことは、他者の理解はたんに他者を正しく把捉するという位

相だけを、したがって理論的なアスペクトだけを包摂しているのではないということである。すなわち、ここ（他者の理解）では、認識する者自身の関心の的は必然的に他者の他者存在へ飛び降りることを試みることなのであろう。他者を理解する際にはこうした理論的アスペクトだけが問題になっているのではなく、つねにすでにある実践的な次元が一役買っていることは、私たちが以下のような問いを、すなわち私は他者を、彼の在るがままに存在させることができるのか、あるいは、私は権力を行使して他者を支配しなければならないのか、という問いを立てるとき、はっきりするであろう。こうした実践的アスペクトは私たちにとってはレヴィナスと対決するときに明らかになる。レヴィナスは他者との出会いには倫理的な要求が含まれている、と主張する。彼はその要求を消極的には次のような形で述べている。〈君は私を殺さないであろう〉と。このことは言い換えれば、理解問題に取り組むことは、いわば理論的で - 無害なあるもの etwas Theoretisch-Harmloses ではなくして、それは徹底して - 実践的な何かである。問われるのは、権力であり、他者の支配であり、統制であり、管理であるのか、あるいは、他者を彼の固有存在 Eigensein のなかで自由にし、彼であらしめることができるのかという問題である。要求の消極的な側面には、レヴィナスがそれを記述したように、まさに次のような内容の積極的な側面が対応する。すなわちその側面とは、「人間である私を私の自由と私の尊厳のゆえに承認せよ」という要請である。このことから不可避的に導かれるのは、他者をただたんに認識するという問いだけでなく、他者を承認し、あるいは他者を他者自身としてあらしめる基準はあるのか、またいつそのようなことは成就するのか、という問いである。とりわけ声高に問われるのは、そのための正しい尺度はどこに存在するのか、である。そのためには私は二元的な状況に入り込んでいかざるをえないのか、私は他者の要求によって訴えかけられることを容認しなければならないのか、そして私はその要求に責任をもって参画し、ついにはこうした状況の経験に添うことになるのか、あるいは、私が努めなければならないのは、第三の立ち位置から自分と他者を公正に評価しているかどうかを私が判断できるように、その立ち位置に身を置くことによってその状況から距離をとるということであるのか。私たちが今受けて立つ問いは、他者理解の二元的状況の問いかけが優先するのか、あるいは三角測量的な関係形式を優先するのかである。一つは、具体的な状況のもとで発生する不意の出会い Betroffenheit（狼狽）が他者の要求に関して重要な位置を占める。あるいは、重要な位置を占めるのは、自分自身の視点からも他者の視点からも距離を置くことであって、それは第三の立場へ自己を置くことによって可能になる。ロールズの理論にとって重要なのは、それによって正義の基礎をなす考え方を発展させることが可能になる立ち位置に身を置くことである。しかしすでにその前に私たちは日常的な理解のなかでは様々な考え方を展開し、それを用いて私たちは他者への関係を調整している。しかもそれは、一面で私の - 立ち位置 Ich-Standpunkt を本来の自己中心的な立ち位置として前面に据える対応のとり方であって、そうした立場は自分の権力要求を堂々巡りし、その要求の貫徹を追求しているのである。しかしながらすでに私たちの日常での理解の地平にはそれとは異なる対応の仕方があるのを私たちは知っている。それは、こうした自己中心的《ゼルプストベッツオーゲン》な立場を一部廃棄して他者の立場との妥協を求めるという、したがってまた他者の立場を考慮に入れるという対応の仕方である。

こうした対応は、私たちがすでに日常採っているものであるが、それをロールズは〈公正*fairness〉と呼ぶ。[28] したがって彼にとって問題となるのは、私は、私が日常 fairness として感じているものについて根拠のある見解をそもそもいかにして手に入れることができるのか、それを探し出すことである。私が理解しようとするとき、私は利己的な立ち位置へ引き下がることはできず、またそのとき私は他者をも顧慮しなければならない。また私がその利己的な立ち位置を正当なものと評価しなければならないならば、私が採るべき対応は、私の権力要求と他者の権力要求とのあいだに和解をもたらす可能性を発展させることになる。日常私はそうした和解を Fairness あるいは fair play といった考えに基づいて試行している。そのための信頼できる拠りどころを得るためには、私はどこに fair play が成立するかについて根拠のある考えを発展させなければならない。このことはロールズにとっては次のような前提条件を必要とする。すなわち、私がまず第一にそして最も重要な前提として偏らない観察者の立ち位置を採るという条件である。したがってロールズは、他者との討論に参加する者に対し、私の - ないし汝の観点に縛られたそれぞれの立ち位置を撤回し、彼らが中立的で偏らない第三者の立場を採るのに好都合な立ち位置に身を置くことを要求する。このようにして明らかになるのは、ミードの理解モデルでとりわけ強調されていた視点、あるいはフッサールとレヴィナスが出発点とした視点、言い換えれば、理解するための個人的な責任敢取《アンガージュマン》、当事者であること、情緒的な共鳴、他者との対話による交りといったことが最重要な位置を占め、さらに思いやりのある（共感を通しての）理解を構成するといった視点は、ロールズによってはまさしく妨げになるものと考えられている。したがってロールズは、このことは中立化された視線のために、つまり中立的な立ち位置のためには撤回すべきであると提唱する。彼は、私たちに偏らない第三の立場に立つことを要請しているのである。

＊J・ロールズ、『正義論』、川本隆史・福間聡・神島裕子訳（改訂版）、紀伊國屋書店、p.16f.「正義の諸原理を……考える理路を〈公正としての正義〉と呼ぶことにしよう。」

こうした根本思想を彼は、無知のベール、および原初状態（original position）への自己‐投入 Sich-Hineinbegeben と彼の呼ぶ二つの組織立った方法論的手順によって実行している。[*29] そこから見えてくるのは、ロールズの正義論の展開途上で、私たちの理解問題は法《レヒト》と正義、（利益）社会と政治といった領野へさらに強力に導き入れられるということ、またこのことの意味は具体的には、裁判官あるいは仲裁裁判官のモデルにそって整序されるということである。ロールズにとって直観的に明らかなのは、もし私が日常の人間‐間で公正でありたいと思うならば、私は、それと併行して私の行為および私が参画している社会的な活動のいわば裁判による制御（コントロール）を遂行しなければならないのである。法と正義の象徴はしかし正義の女神 Justitia である。女神は、両端に皿をのせた秤を手に持って目には包帯を巻いている。[*] 後者は要するに無知のベールの隠喩《メタファー》である。正義の女神は定かな事象を見る必要はない、彼女はその事象の上に無知のベールを拡げなければならない、彼女には偏ることは赦されない、彼女は自我‐党派 ego-Partei にも他‐我‐党派 alter-ego-Partei にも偏って加担してはならない。ロールズは、たしかにこのようなメタファーを秩序だった形で無知のベールの要請のなかで言い換えようとする。これが言わんとするのは、誰もすべての学知や情報は篩いにかけて削除しなければならないということである。つまり、そうした学知や情報のすべては（利益）社会にあっての彼の個人的立場に該当するものであり、言い換えれば、その人の教養基盤に、彼が生まれもった能力に、彼の生活がそれによって左右される経歴（キャリア）の可能性に関わるもの、また彼が社会や国家において占めるであろう地位に該当するものである。こうした一定の方法で進行する手順は個々人の生活状況の具体的なあらゆる決まりごとを無視するように要求する。たとえば、自分の家族が旧来から帰属している党派はどこか、家族の経済的な関心は何か、どのくらいの資産を自由にできるのか、経済的に成功しているのかどうか、といった具体的な諸々の情報は度外視するようにという要求である。こうした諸情報のすべては排除されるべきで、それに続く考察にとってはどうでもよいものである。このような対応の仕方によれば、個人的でしたがって偏りのあるあらゆる視点は、中立化されるべきものとなる。そのようになれば、こうした社会の誰もが参入することのできる状況を達成することになる。誰もがそれぞれに自分自身の場所を採ることができるならば、そのときは事実、自分独自の視線、自分の判断や行為は個々人の間の差異に関して中立的になる。

＊ J・ロールズ、『正義論』、前掲訳書、p.75f.

中立的で偏見に囚われない社会の成員がそこで互いに交わるというこうした状態をロールズは原初状態と呼んでいる。原初状態とは、旧来の契約理論が社会の歴史的な初期状態として創案したかの状態ではない。それはむしろ手順を踏んだ‐作為的な抽象化を経たものであり、その抽象化はホッブスの契約理論のなかに見られるようなものである。言うならば、そこでは出会う者たちが居合わせる一つの知的に作られた制度組織《フェアファッスング》ともいうことができよう。こうした組織は個々人には関心を呼ばない類の状態であり、それは一般的な関心からのみ導かれる。したがって、その状態は〈普遍化された他者 universalisierten anderen〉の位置へ身を‐置くというミードのいう第三の地平で繰り広げられた状態として正当に記述されるものである。これはしかし、社会の成員を理性的な構成員へ転換する一つのやり方である。理解する個々の主体はある程度までは理性的主体へ還元（復位）されるものである。ロールズの問いは次のようになる。すなわち、社会のかかる成員は、このような状態にあって、彼がそれぞれの利益を知っていなければ、社会および国家での正当な行為の原則として何を選択するのであろうか、と。ロールズは周知のように二つの原則を手に入れるが、その原則の第一は、社会での各人の自由が平等に保障されるということを内容とする。こうした原初状態を構成している虚構の第三の視角のもとで、誰もが優先して何よりも第一に要求するであろうことは、各人の自由の実現が、この社会の他のすべての成員の自由の実現と同じく、平等でまた同じ尺度で可能になるのでなければならないということであろう。このことは〈ヘーゲル流に〉表現すれば、支配と隷従および生死をかけた闘いといったものを排除することである。如何なる者も、おのれの自由の実現を死の脅威に晒されている自分の生命を救うために犠牲にするといった危険に入り込もうとする者はいない、言い換えれば、自由のすべてを失うという危険を冒す者はおらず、誰もが万人にとって同等な自由の機会が保障されることの方を選ぶであろうというのである。何人も奴隷に身を落とす危険や、したがって従僕として、奴隷として生きることを強要する主に身を晒す自分を見るといった危険を求めることはなく、誰であれ同等な自由の原則を選ぶことに味方するであろう。

ロールズはそれに加えて、こうした原初状態にはさらに第二の原則が選ばれると主張する。彼はその原則を格差原理 Unterschiedsprinzip と呼ぶ。格差原理*とは、たしかに貧富の格差がこの社会にあることは誰も認めるであろう、しかしだからといって社会のなかにそうした進行する劣悪の状態といった危険を受け容れることをよしとする者は誰もいないであろう、そのようになれば当の者やその家族は身も生活も貧しさに脅かされることになる、それはいわば、誰もが生活に必要な最低ぎりぎりの瀬戸際にまで突き落とされてしまうということを意味している。したがってロールズは、貧困化のリスクを極小化するということを組み込んだ原則なら誰も受け容れるであろう、と確信する。このことからこの原則には、貧富の格差は、富める者の機会を改善することには同時に逆境にある者の機会も改善することが伴うように構成されるべきだという内容が含まれていなければならない。表現を換えれば、このような原則にしたがって人間が正しく行為するのは、彼らの行為が逆境に置かれている者の機会を改善するときである。これが第二の原則の基本的思想であるが、それについてロールズは、この原則は原初状態では誰からも選択されるであろう、と言う。主要な論拠としてロールズが引き合いに出すのは、なるほど誰も逆境と言えるような危険を冒すことはあろうが、たしかに危険を冒して逆境にある者たちに加わる者はいるであろうが、しかしどのような逆境も受け容れて自ら危険を冒す態勢にまで立ち入る者はいないであろうという。むしろ誰もが要求するであろう権利は、順境にある者たちの機会が改善されるならばそれによって、自分たちの運命も好転しなければならないというものである。このようにしてあらゆる行為は、逆境に置かれている者たちの状況を改善するという判断基準に照らして正当化されなければならない。

＊J・ロールズ、『正義論』、前掲訳書、p.90.

このような論拠に従ってゆくとき明らかになるのは、第三の視線に即して自分の位置を決める実践哲学のあらゆる立場は、超党派的な立ち位置を是認し、その立ち位置に基づいて理性に叶った考察を根拠づけていること、そしてその立場が必然的に多かれ少なかれロールズの展開する基本的特質に従っている正義論となるということである。この諸特質はもちろんロールズによって初めて発見されたのではなく、すでに近代の自然権理論の本質的な諸要素のなかに原像が認められる。ロールズはそれをただ現代化しただけであり、そこからそれを社会制度の公正な手続き理論に仕上げたのである。

私たちは、原理一辺倒の正義論へのロールズなりの道を批判的に問い質すのに先立ち、それとは異なる道を、つまり行為者の状況を介して権利要求 Inanspruchsnahme の理論に通じる道を素描しておきたい。こうした（思考の）流れが主張するのは、第三の視線にあっては人は誰も自分を見失うことは許されないであろうし、際立って理性一辺倒になることを目指して努力しなければならないこともなく、何をおいても「自分の行為が具体的な場面でそれに相応しいものとなっているかどうか」について問い質さなければならないということである。このことは、〈私〉は〈汝〉のもとに身を晒し、話しあう対話状況を真摯に受け止めなければならないということである。

私たちはここで哲学の伝統から二つの事例に沿って、すなわち、アリストテレスとレヴィナス[*]を取り上げて論をすすめる。アリストテレスの実践哲学を引き合いに出すとき、はじめに遡って明確にしなければならないのは、アリストテレスの実践哲学を矮小化して、それを具体的な状況にある個々人の、他者への要求という意味で理解することは決してできないということである。アリストテレスは一般的な関心にそって定位された正義論も展開しているが、それにはいまここでは論及しないことにする。ここでは、正義論と友情論という二つに分枝した実践哲学のなかで、私たちは友情（友愛・フィリア）論のみを話題にしよう[30]。友情論は個別の他者を念頭に置いて善なるものへの問いを提起する。どのようにしたら私は己の行為を、それが個々の他者に関して善であるような行為に適合させることができるのか。私はそこでは何に責めを負わされているのか。アリストテレスの理論が目指す核心的命題は、私は善なるものを自分のためにではなく、他者のために追求しなければならない、というものである。もし私が善なるものを私のために求めるとなると、そのとき私は自分にとって心地よきもの、あるいは有用なものを優先させることになろう。友情の場合、こうしたものは、私が友情から引き出すことのできる快楽の取得であり、また利得といったものとなろう。この点では私は結局のところ自分自身に関わってくることになる。それに反して、善なるものは利己的な期待を度外視する何かであり、他者のためにという基準を充足する何かである。このことは内容から言えば、好意《ヴォールヴォツレン》（εὔνοια）を意味する。

＊『ニコマコス倫理学』下、高田三郎訳、岩波書店、p.65f.

しかし好意 Eunoia とは何か。それは何に準拠してそのように言えるのか。好意のなかでは、個人的なるもの、利己中心的なるものは、どこまで前面にまかり出てくるのか。どのような条件の下でならその私的自己中心的なるものは他者の言い分に有利になるように身を引くのか。私にとっても、また他者にとっても善であるものを、他者を保護管理下におくこともなく、また他者に独断的な教義内容をもって洗脳を強要することもせずに、私はそもそもどうして認識するのか。とりわけ出会いの状況では何が善なるものなのか。こうした問いのすべてが後退してあまり目立たなくなるのは、レヴィナスが状況によって自分の立ち位置を採り、その状況を徹底させるという実践哲学の立ち位置を定式化するときである。彼はこれを二重の仕方で行う。彼はまずはじめの仕方では状況を異他経験というフッサール理論の視角のもとで徹底化を進め、自分の行為が己の立ち位置から、つまり私（己）の視角から導かれるのは避けられないのではあるまいかという疑いを、すべての自己に基づく確実性 Egobestimmtheit を締め出す方法論的な助け舟とするところにまで至る。彼はこれを為すにあたり、他者へ向けられた志向性の下での手法は、他者の他者性に出会うには相応しくないことを論証している。どのような理解努力も、それは必ずある認知の観点を内包しているが、それはレヴィナスにとってはこうした他者への認知的関係に基づいた志向的なものであり、またこのことは他者の意味解釈にあたっては私が決める《イッヒベシュティムト》ということを意味する。もしこの状況を克服しようとするならば、深泥にあって思考の及ばない太古の経験へ徹底して立ち戻ることが求められる。そこから結果として生じるのは、こうした哲学的目標を達成可能なものとすべき手順を踏んだ方法論的歩みである。第一には、根本において思考可能な経験を確定することである。なぜならそれは意味が明確にされているか、あるいは志向的な経験であるからである。第二には、思考の及ばない（先思考的な）経験という深泥の根源的な次元に立ち戻ることである。一方が認知的に確定されるのに、他方のそれは認知の及ばないものであるか、さもなければ純粋に倫理的 - 実践的な本性のものである可能性がある。方法論的に見れば、したがって、倫理的な意味で他者による要求という〈根 - 源的な〉経験の位層への開けが求められるのである。[*31]

＊E・レヴィナス、『全体性と無限』、前掲訳書、p.178f.

この最後の生活世界の経験地平は、自我 Ich のすべての理解可能性と志向的な指向性に潜在していながらしかもそれを凌駕する〈汝 Du〉という他者性を切り開くのであるが、この他者性は他者の顔《アントリッツ》のかもし出す（かんばせの）実践的に意図された訴えによって受け容れやすくなる。レヴィナスの哲学の全情意《パトス》は経験の起源へこのように回帰する動きのなかにある。しかし第二の観点でもレヴィナスの倫理の源泉 Ursprungsethik はアリストテレスの友情論の次元を超えている。倫理的な要求は人間から発出するが、しかしそうした人間は必ずしも私の〈隣人《ネヒステン》〉、あるいはひいきにしている友人である必要はないという。それは起こりうるあらゆる生活境遇におかれている人間にありえ、つまり危険や、迫害や、苦境などといった境遇にあって私に訴えかける人間であればありうる。

このことはきわめて多様な状況を想像させてくれる。そうした状況にあれば誰でも個人として私に訴えかけるし、そしてすべては、私がいまこのような状況でその訴えに応答し、それに適切に振舞うことが重要なことなのである。ここでどちらかと言えば日常の事例を取り上げて考えてみよう。私が、凍った池の上をスケート靴で滑っている子供が氷が割れて池に落ちたのを見ている。その瞬間――レヴィナスなら言うであろう――私はその子供に個人的な関係は何もない、たとえば知り合いであるとか、それに類するような関係は何もない、しかしそれにもかかわらず、その状況は私に非常に強い訴えを投げかけている、そのために、私はその状況から逃れることはできない。私にはほんの数秒間の、ためらいながら反応する時間しかない。それでも状況は変わらず進行する。そのとき行為の正当性の問いが提起される、そしてこうした問いに出会うのは、ただ一回だけ、しかも私の生涯で決してそれと同じことが繰り返されることのないこの状況にあってのことである。これこそは、レヴィナスがそれに即して彼の理論を展開したモデルである。その場面で私はあらゆる利己主義的な視点に立つことを思い留まることができるのか。そのとき私は私の利己の観点 Egoperspektive に打ち克つことができるのか。私は他者の要求に対して自由になれるのか。たとえば私はこんなふうに言うこともできよう。その場で起こっていることは私には何の関わりもない、あるいは私は泳ぐことができないのだ、などと。私はもちろん近くの電話ボックスへ走って救命救急センターへ電話をすることもできる。そのとき私は救出のために何か手を貸すことも行った、しかし私は濡れねずみになる必要はなかったし、また凍りついた水の中へ飛び込まねばならなかったのでもなかった。私はその際自分の身に危険なことには何一つ手を出さなかった。

そこでレヴィナスにとって問題は、如何なる意味で私は結局のところ私の利己の観点の虜になって、あたかも他者の要求を正当に評価しているかのように振舞っているのかを究明することである。しかし実際には私は何も危険を冒さず、自分の利己世界の外に踏み出ることもしていない、それは、私がどのような考えに立ってのことなのか。実践哲学はレヴィナスにとっては、彼の言っているように、利己の立ち位置、利己の目的、そして利己の満足追求を自制し克服することを求めている。しかし私が、私の想いや私の意図や、私の自己満足に縛られている限り、このことは、レヴィナスがかんばせ《アントリッツ》の現れと呼ぶその次の第一歩を私が踏み出すのを妨げる。私に語りかけるその顔（かんばせ）は、倫理的な訴えを含んでいる。レヴィナスはそれを否定的に次のように的確に言い表している。すなわち〈汝は私を殺せないであろう Du wirrst mich nicht töten〉と。君は私を殺すことはできる、というのは、君はその状況を逸することができるからである、君はほんの数秒間だけ躊躇する間があれば、その子供は溺れて彼の命は絶えてしまうのである。このようにして君は私を殺すことができる、たとえば救助の行動を怠ることによって君は私の命を犠牲にすることはできる、しかし私が君に差し向けている要求は、君は私を殺せない、というものである。このことは、レヴィナスによれば――私たちにとっては風変わりで奇妙であるが――私の拉致 Geiselnahme des Ichs と彼が呼ぶ第三の地点に通じる。〈私〉は他者の要求によっていわば人質のように拉致されるのである。私 das Ich はいまやもう逃れることができない、それは私たちの引き合いに出した例でいえば、救済努力に着手しなければならないのである。もちろんレヴィナスにとって明らかなことは、同胞の要請と期待のすべてが倫理的意味での要求なのではない。レヴィナスは、〈かんばせ Antlitz〉なる術語によって、多様な期待を表現できる人間の顔とは異なる倫理的に縛りをもった（顔が表わす）要求の輪郭を明確に表示しようと試みている。* しかし倫理的かんばせ（顔）の特徴と非倫理的な経験との違いを標すものは何なのか。倫理的な経験を他の諸経験から質的に区別する何かは、倫理的経験のなかに潜んでいるに違いない。レヴィナスはここで〈無限なるもの das Unendliche〉という、顔（かんばせ）の特質に包摂されている要因《モメント》を引き合いに出す。彼は顔（かんばせ）のなかに現われ出る啓示 Offenbarung についても語っている。しかし同時に彼は、この倫理的経験は客観的基準では充分に確証されていないと考える猜疑論者たちに対しては、信頼すべき経験に基づくように指示している。彼が拘束されている倫理的な要求を正当化する要因《モメント》は、判断の基準を根拠にすべきではなく、その要求の証を経験のなかにのみ見出すことができる。歴史的状況にあって倫理的なるものの経験の信憑性は、その信憑性の義務《フェアプリヒトゥング》の特質を基礎づけている。

＊ここでは、著者はレヴィナスの visage 顔を、一般的な顔 Gesicht と倫理的な縛りをもった顔 Antlitz（かんばせ）との差異を明確に指摘している。

続いて私たちは、双方の立ち位置に批判的に目を通して、それを他者との間の理解ある相互作用のために利用することにしよう。第一の点は原理原則一辺倒の立ち位置の批判に関わる。この立ち位置は近代哲学ではさまざまな形で主張され、とりわけ近代の自然法の伝統のなかで支持されたものである。カントの『人倫の形而上学 *Metaphysik der Sitten*』の立場がそれであり、また修正されて、ロールズおよびロールズ学派の正義論の立場となっている。[32]＊ その批判は、当然のことながら自己や他己に偏った立場を排除するという方法論的要請から着手し、超党派的立場に、つまり中立的な観察者の立場に有利になるように始めなければならない。このことはそのライトモティーフ（指導動機）としてつねにこうした理論の最前線に立っている。こうした偏らない立場を採ることは必要不可欠であり、また可能でもあると主張されており、しかもこのことは暗黙裡に党派的立場を克服しているという。ロールズは理性的な観察者あるいは理性的な社会の成員なるものを想定しており、そのような理性的な成員は己の個人的な欲望、つまり己の視角や自分自身の関心状況から生まれる成員の個人的な選好《プレフェレンツ》みは、それぞれ（彼）の属する社会内での特殊な地位身分から生じるものであることから度外視することができると考えている。その場面では、社会階層に特殊なあるいは階級に特殊な利害関心が意図され、それは職業政治的関心やまた家族の利害関心にも同じように向けられる。ロールズは、〈無知のベール Schleier des Nichtwissens〉を、こうした個人的なめぐり合わせに左右される個人的な観方や欲求にまで敷衍することを求める。当然のことながらロールズが同意することになるのは、自分自身の運命の理解と同胞の運命を理解することとは、正義の判断尺度を前提しているということ、そしてこの尺度は〈第三〉の視角にも見出されうるものであり、そこに取り込まれていなければならないということである。もっぱら二元的な観方と関係形式は解消し難い課題と絡み合っている。というのはこの観方と関係形式は関わりあう人びとの根本的な調和 Harmonie を前提してはいるが、とはいえ、その調和は、両者が互いに自由にまた自力でそれぞれ発展できるといった類のものではないからである。そうでないときは、その調和は自我が他我に対峙する殲滅的な戦いに通じ、またその結果として〈生死をかけた戦い〉に巻き込まれる殺戮の戦争にまで発展することになるからである。当然の帰結として、もっぱら二元的な生の形は二つのこと、すなわち不撓不屈の調和への希求と生死をかけた戦いという二つを含んでいる。なぜならこの生の形式は実現不可能なものだからである。したがって自我と他我を分化し、その間の関係を発展させるために必要なのは、〈第三の（視角）〉へと歩み、先ずもって対話者間に境界を定め、また両者の個別性を明確にすることを可能にする観方と関係形式である。このことから分けることと結びつけることを可能にする判断基準と、理解を方向づける可能性とが体験と理解のなかへ入り込む。この点で、正義論の動機には深遠な根拠が潜んでいるが、それはロールズの正義論の動機にも同じものがある。

＊Ｉ・カント、『人倫の形而上学』、前掲訳書、p.336f.　Ｊ・ロールズ、『正義論』、前掲訳書、p.338f.

しかし第三の立ち位置が展開されまた導入されるその方法は、解消し難い難題に突き当たる。〈無知のベール〉や〈原初状態 Urstand〉という定理《テオレーム》は、理解関係にとって不可欠であるものを見過ごしてしまっている。すなわち、自我の個人的なパースペクティヴや欲望、そして他我のまったく異なる観点や欲望を排除してしまっている。こうした次元に現れる多様性や特殊性はロールズによっては廃棄されている。このことは明らかに、ロールズが純粋な理性の立ち位置を基礎づけ、そして個人的なものの介入から正義の諸原理を擁護することを可能にするためには、支払わねばならないと確信する代価である。要するに、こうした抽象化と⁻演繹の運びは体験内容との繋がりを切断してしまう。彼は思考することを、理解することとの連関から切り離し形式的な諸原則と形式的な手順の世界へ持ち込んでしまう。原理によって考えることは、たしかにその論理的一貫性をもつかもしれないが、しかしそれでは考えることの内容のある重要なところを欠落して済ませてしまう。こうした問題点は、すべての正義論が抱える難題である。それは近代の意味で自然権論的なタイプの正義論は言うに及ばず、たとえそれがカントの意味での厳格に超越論的な方法とロールズのような原初状態という方法に従った解釈との間に相当な違いがあるにしても、そうしたすべての正義論は同じ問題を抱えている。

たしかに超越論的な還元の運びは、他者を理解するという繋がりから基本的な論理的次元への離脱ではある。しかしまたその還元の運び（離脱）はそれ自体としても理解の諸条件を解明するという点では啓発的である。明らかに理解することにとって必要なのは、ただたんに具体的・解釈学的な理解を実行するだけでなく、また論理的な（先験的）図式と実践的な諸原則を有効に働かせることも必要である。ラカンはそれ（実践的諸原理）を法規範の次元 Dimension des Gesetzes と呼ぶが、その法規範は、第三の視角によって持ち出され、支持されているものである。[33] それ自体として見れば、こうした法規範の構造は形式的で空虚である。それどころかその構造は、人に関わるにせよあるいは社会制度に関わるにせよ、他者と知り合いになり、また他者と互いに行動を共にするために理解しようと努める者には妨げとなる。この規範構造は人間を形式的な主体に置きかえてしまう。その法規範構造は、認識することを肝要としており、またそれは実践的に扱われなければならない意味構造を作為的に構造化することによって無効にしてしまう。要するに第三の場所からの理解というのは、参加している当の我（私たち）と汝（汝たち）をぼやかすことで交わりという人間的な次元の達成を仕損じてしまう。そのことによってどちらにも偏らない観察者は対話者に対して暴（権）力を行使する。理解するという繋がりから剥離されひとり離された理性は、起爆剤（火種）を自分のなかに隠しもつ。こうして理性は啓蒙の独裁へ転嫁することができる。このことはホルクハイマー‐アドルノが彼らの『啓蒙の弁証法 *Dialektik der Aufklärung*』で印象深く立証したところである。[34]*

＊Th・アドルノ、M・ホルクハイマー、『啓蒙の弁証法』、徳永恂訳、岩波書店、p.11.

原理上の正義あるいは手続き方法上の正義という立ち位置へのこうした還元が実践的‐解釈学的には実行不可能であるということが判明してくるのは、こうした理性が無知のベールを眼帯として眼に当てる（目暗まし）ときだけではなく、理性が眼帯の隙間を通して様子をうかがい、それを通して盗み見をしているそのようなときも見える。なぜなら理性は同時に中立的な立ち位置を視界に捉えようとし、加えて個人的な視点をも視界から逸らすことがないからである。その限りでこの抽象的な理性はその手続きの点で信用の置けないものである。なぜならば理性は個人的な動機による態度決定と中立性の要請との間で引き裂かれているからである。したがってニーチェのような生の哲学者たちは、こうした拠りどころを抽象的な理性に求めることには個人的な動機や不当利得の潜むことを難なく見抜く。そうした個人的動機や不当利得は彼にとってはある種の〈個人の備忘録〉であり、それについては時をおいて後に見出される諸々の証拠から〈しかるべく適当に遡って作られた zurückgemacht〉ものである。[35]＊ その備忘録はすべて理性的な諸論拠や諸原則といった著作者の作風を携えている。このような意味では抽象的な正義の諸原則や手続きは、他者理解の理論の光に照らしてみるとき、そこには矛盾がないと主張し通すことはできない。ここにいたって啓蒙主義の心理社会的根源の弱点を暴く啓蒙主義に対する批判が威力を発揮するのである。

＊Ｆ・ニーチェ、「善悪の彼岸」、吉村博次訳、『ニーチェ全集　第二巻（第II期）』、白水社、p.18f.

偏りのない観察者の立場に対する、また観察者の抽象的理性による理論的な正当化に対する批判は、しかしながら、他者の理解が第三の立場への関連づけの手を省くことができるということを意味しているのではない。そして第三なるものの上に法規範や人権などが登場してくる。そうなると私は、自分や他者を理解するにあたって、こうした一般化された他者を人類のレベルで捉えられた他者まで含めて取り込まなければ、自分も他者もどちらも理解することができないということになろう。同時にしかし私は、私が具体的な個人《ペルゾーン》としてはこうした第三者の視角にはけっして現れ出ることはなく、またそうした具体的な個人と同一のものではないことを知っているのである。第三者の視角は必要不可欠である。なぜならその視角は人権およびこうした人権を正当化する根拠を含意しているからである。しかしまたこの視角は、ある一定の人間集団や党派によって解釈され、支持され、さらにそうした人たちの個別的な解釈を呈示する。そこにはつねに第三者の立ち位置を代行する者の筆跡が認められる。それはニーチェが語った通りである。私たちは、哲学者のいずれも、何らかの個人的な備忘録を背後に隠しもっていることを知っている。このことは隠しおおせるものではない。ここでごく自然に浮かび上がってくるのは、リオタールが彼の主著『文の抗争* *Widerstreit*』で示した彼の人権の解釈との関連である。党派を超えて中立的な立ち位置を採るとは、人権の解釈を大きな物語の意味で捉えるということであろう[36]。この物語はそのときどきに全体《トートウム》とか、人類《メンシュハイト》、歴史などという上位の立ち位置を後ろ盾にしている。かかる大きな物語の代表者たちといえば、リオタール、ヘーゲルあるいはマルクスがそうであり、彼らはそのときどきにある上位の立ち位置をとって、たとえば、歴史を人類の歴史 Gattungsgeschichte として、あるいは理性の歴史 Vernunftgeschichte として捉えたのである。こうした批判は私たちが抽象的な理性の立ち位置に疑念を呈するのと軌を一にするものである。

＊原著名は、*Le différend*：『文の抗争』、陸井四郎他訳、法政大学出版局

このことはしかしながら、私たちは、状況倫理の主張者の見解を自分のものとしなければならないということなのか。彼らの見解は理解や行為を具体的な状況の要請に即して査定するという。私たちがこれを実行するとなれば、そこには計り知れない障害が立ちはだかる。そのとき私たち

は、実際、複数の相対立する見解に当面して行き詰まる。その対立は理解を他者の個人的意見へ解体してしまうからである。各個人の見解や観方を尊重することは、言うまでもなくこの立場の強みである。それは、私たちが個人的な体験へ入り込むことを、そして極度に特殊で詳細な情報説明が獲られる情緒的な陳述へ入っていくことを求めている。体験、感情そして言語による表現は、特殊なあるものを他者に理解させる情報伝達のメディアである。そうなると、精神分析が明示したように、私たちは、個人的に情感されたもの、空想、独自の語り口などをまともに十分には受けとることができない。そうしたことどもは、他者に関与し、他者と関わりをもち、そしてつねに他者のある重要な視点を伝達している。しかしそうしたことは、同時に私の内在する立ち位置の表現ではなく、したがって私の内在の立場に対してはまったく相対的ではないのか。そうしたこと（情感、空想、語り）は自己自身のものを他者のなかへ持ち込めとそそのかしているのではないか。

このようにして他者の他者性に縛られず自由になるためには、自己視角の制約を克服することが必要ではないか。このことは、状況主義者が是が非でも自分のものにしたい関心事である。理解することおよび行為することはけっして意のままになるはずはない。たとえ対話の参加者の視角から判断することが重要であっても、それにもかかわらず、自己の観方に隠伏している諸々の制約や想像内容を克服するという問題は、手付かずのままである。目指すところといえば、それは他者の他者性に即して尺度を決めることにある。アリストテレスにあっては、状況的な観点は友情関係に限定される。ここで重要なことは、如何なる友人がこの状況では善であるのかを探し出すことである。友情が前提として要求するのは特殊の尺度であって、それは正義という世間一般の尺度と一律には設定することができない。しかしロールズの道とは逆の方向を採っているレヴィナスにあっても、中立的な観察、偏らない判断と挙証の地平から、生活世界の根源的な経験次元へ通じる道を行く思考の動きが認められる。この運びは、哲学的に反省され、またじっくり検討した上で実行され、あらゆる省察の経験基盤に反省の目をむけるに至る。手順を踏んだ方法論的な歩みは、反省から前‐反省的なるものへ、主題なるものから前‐主題的なるものへ通じる――フッサールならそう言うであろう。こうした哲学の情熱は思考の及ばない始原への回帰行程である。レヴィナスはこうして私《イッヒ》と他者の、経験連関へ身‐を巻き込むSich-einlassenことを要請する。彼は具体的な状況を捉えようとして、状況のなかへまた状況に対して驚愕《ベトロッフェンハイト》し参画《アンガージュマン》することを求めている、――そこでの対応の仕方は実存哲学者たちに比肩しうるものである。

その次の運びで彼は確かにフッサールを超えて歩みを進める。フッサールは、レヴィナスの目から見ると、他者への関係を自我Egoの志向性の側から分析しており、その分析のやり方は、私が他者を私のパースペクティヴから体験し、感じ、値踏みし、さらに行動しつつ彼と交わるというものである。レヴィナスは、私《イッヒ》からの意味づけを優先したり、また実践的な出会《ベトロッフェンハイト》いのとまどいよりも理解の認知的部分を優先することに批判を向けている。したがって第二の運びでは彼は、実践的なるものによって理論的なるものを克服し、他者の要求に自己を晒す Sich-aussetzen ことによって志向的な意味づけを乗り越えることを求める。このことは、彼にとっては理解することを超え出て理解不可能な他者 Andere へ飛翔すること、そして認識行動から実践的な要請に耳を傾けることへ飛躍することを前提として求めている。このことによって彼には根源的な経験の次元が開かれるが、それは、フッサールやハイデガーが哲学的に意図していたものよりもより根源的である。すなわち、それは経験と思惟との根源的次元としての倫理的なるものである。

行為することは、行為の基準をどのようにして他者の要求のなかに見出すことができるのか。かんばせの表情《エアシャイネン》は――私たちがすでに見てきたように――レヴィナスにとっては（社会的な）義務の尺度をあらかじめ定めている。その際かんばせというのは、汝 Du の、つまり対話相手の顔 Gesicht や表現としてではなく、他者の顔にひらめく道徳的《ジットリッヒ》な要求として、したがってそれはその顔を超えて、むしろ義務づける力／権力として顔の奥に現れ出る要求と考えられるものである。このようにして他者とのあらゆる討論（対決）の基準点 - と方位標識とは、ただたんに自我から押しのけられるだけでなく、さらにその上に汝からも押しのけられて、汝 Du を超えている存在当為的な（あるべき）それ Es となる。こうした超越の次元をレヴィナスは啓示 Offenbarung の出来と捉えている。*[37] こうした信《ゲグラウブテ》に基づく開示を背景にしてのみ行為の尺度は存在すると考えられる。

＊E・レヴィナス、『存在の彼方へ』、合田正人訳、講談社、p.223f & p.311f.

私たちの批判的問いかけは、こうした倫理的経験の仲裁可能性を目指す。まずはじめに遭遇する難関は倫理的なるものへの飛躍の際に生じる。この倫理的なるものは、理解しつつ認識しまた認識しつつ理解するという次元の上位にあるべきものである。理解することを飛び越えるとなると、それは理解することの岸辺に帰りつくことができるのにそれをせずに、理解不可能なものへ飛び込むことを意味する。そうなると理解不可能なことは、まさに理解しようとする努力と衝突することがありうるであろう。ここでは理解努力は、理解することからはまったく捉えどころもない経験の彼方へ突き離されることになる。

第二の難関は、かんばせが実行される際に出来する。それはどのような類の難題であるのか。我 - 汝 - 関係が引き起こすであろう状況での純粋な驚愕（出会いのうろたえ）では、いつ私の利己主義が節度を越えるのか、あるいはいつ私の利他主義が度を超えるのか、それを私にははっきりさせることができない。もしレヴィナスにあって顔 Gesicht とかんばせ Antlitz との違いが取り去られるなら、そのとき彼のテーゼは以下のように言うことができよう。すなわち、正当な行為は全面的に同胞に、つまり同胞の要求に順応しなければならない、と。するとしかしその行為は、利他主義の果てしのない権利主張（要求）となって、その利他主義はそれどころかおそらく正当な行為の基準とはなりえないであろう。というのはとめどのない利己主義が正当な行為の尺度を呈示できないのと同じように、度を越えた利他主義も正当な行為の尺度としてはふさわしいものではありえないからである。それに加えて私たちは、遅くともニーチェ以来であるが、度を越えた利他主義は基本的には限りなく利己的なるものであることを知っている。利他的な者は、周知のように、自分の利他主義から利己的な満足感を引き出している。純粋な二項関係はしたがって、正当な行為を方向づけるいかなる可能性も、またそのためのいかなる尺度も私に提供してはくれない。むろんレヴィナス自身もこうした考え方をとっている。というのは倫理的なるものはこうした二項関係とは異なる第三の契機を含んでいるからである。かんばせには法規範の次元が現れており、その法規範に基づいてもっぱらその義務づける特質とか拘束力 obligatio は基礎づけられている。たしかにその次元は宗教的な色合いをおびており、またただ純粋な義務（責め）としてのみ経験することのできるものであり、認識されることはありえない。第三の、あるいは法規範の次元の特質は証明しつくされえないものである。それ故にその特質は尺度として拒むことのできない立ち位置のようなものである。すなわち、私はそれを後ろ盾とすることができなければならないが、それにもかかわらず、私はそれを確知することができないといった立ち位置である。しかしまさにこうした理由からこの経験は、思惟による解明を必要とするのであり、またこのことは、他者の理解にとって第三なるものを引き合いに出すことが理論的に不可欠であることを証明している。

私たちがいまや最後の歩みを進めるなかで、正義という倫理の意味と、状況のなかで他者の要求に出会ってうろたえる場面での倫理の意味とを相互に比較考量して、他者を理解するという解釈学を実りあるものにしようとするとき、見えてくるのは、両者の見解の差異、したがって理解可能性という点での両者の違いが完全には解消されていないということである。それにもかかわらず私たちが見て取るのは、双方の向かう方向は、つまり一つは正義へ、もう一方は他者の要求へ向かうという定位は、完全には乖離したものではないということである。

それに加えて、たしかにアリストテレスの倫理を想起することが役に立つ。そこでは正義と友情とが相互にどのような関係にあるのかという問いも浮上してくる。アリストテレスの論証は次のような具合に進む。すなわち、友情で重きをなしているのは好意であるが、その好意は他者への慈しみを計るきわめて特殊な尺度を必要としており、したがって好意は正義のあらゆる視点をはるかに凌駕するものとなる。それにもかかわらず公正なることは、友情的なるものにいささかも矛盾する何かではなく、それはある意味で友情のなかにすでに含まれて高い位値を占めている。逆にアリストテレスは正義に関して、正義はすべての人間を同等な仕方で扱う思考態度であり、この点で正義は本来友情と正反対のものであるとする論拠を呈示する。しかし必ずしもすべての事例やあらゆる状況が同等に扱われるわけではないからには、もし状況を正当に評価したいのであれば、私たちは正義の厳格な視点とは一線を画しておかなければならない。そのためには、状況へ身‐を置く Sich-Versetzen 能力が、すなわち、それぞれ個別の事態を斟酌する能力が求められる。つまり、その能力は、正義の厳格な原則をその（正義）状況への適合性を考慮して変化させるのにふさわしいものである。こうした視点をアリストテレスは適正なこと Billichkeit の視点と呼ぶ[38]（品位[*] ἐπιείκεια）。こうして私たちに見えてくるのは、すでにアリストテレスの倫理にとって正義と友情とは厳しい対立にあるのではなく、適切に理解された正義は最小限の友愛をともなう共感を、したがって状況に対する態度と先見的な判断力 Augenmass を含んでおり、またそれとは反対に友情は当然のことながら正義‐観念と正義‐態度とを自明のこととして基礎に置き、そのためにそれ（正義）を特段の好意的な仕方で高く位置づけることになる。

＊アリストテレス、『ニコマコス倫理学』、朴一功訳、西洋古典叢書、京都大学学術出版会、p.244f.

双方の見解が歩み寄るさらなる可能性が生まれてくるのは、私たちがミードの理解概念へ立ち戻ってみるときである。ミードの見解によれば、意思を疎通させそして理解するという最初の含意は、一種の役割を採ること role taking であって、それはまずなによりもまったく個人的な仕方で実行される。言い換えれば、理解するという私の努力によって私にいわば面と向かって face to face 相対している一個人としての他者と関わりをもつという仕方である。その場合には、身を‐預けるという（自己‐投入）過程は不可避的に三階梯を踏むことになる。その過程で私は私独自の視角から、つまり私の想いと期待とから出発し、そして自分の身を相手の立ち位置に置きいれる。その過程で私の視角は変化する。私は突如外から私へ向かう視程《ペルスペクティーヴェ》を獲得する。それによって私は二種のパースペクティヴを、その一つは内側から他者への、そしてもう一つは外から私へ向けられるパースペクティヴを、獲ることになる。第三の歩みで私は、外から私へ向かって戻ってくるこのパースペクティヴを自分のなかへ取り容れることができ、そしてそれによって私は私自身のなかにどちらとも言えない間 Abständigkeit を、つまり私〔I〕なる一人称の私から目的格の私 [me] への間の間を獲るのである。そして、こうした空白はある意味ではいましがたあげた二つのパースペクティヴの上に第三のパースペクティヴを可能にし、その結果 I-me-other という完全な構図が出来上がるのである。このようにしてミードは役割採取 role taking を、私が面と向かって相対している個人としての他者に当てはめて理解したのである。

私たちがただしここで顔（Angesicht=face）なる概念を話題に取り上げるなら、レヴィナスとの関係が重要性を帯びて前面に立ち現れるように見える。むろん私たちが想起するのは、レヴィナスが、かんばせについて顔にひらめく何かとして語っていることである。それに対してミードの理解概念にあってはむしろ交わりが、つまり顔から顔への役割採取が、vis à vis が、重要になっており、レヴィナスの意味での倫理的要求の意味はそれほどに重要ではない。こうした vis à vis は、当然のことながら他者を顧慮する個人的な狼狽（出会い・うろたえ）のあらゆる視点を包摂している。たとえその出会いが心温まる友情の様相のもとにあるものであれ、あるいはまた出会いが苦しみや危険、あるいは葛藤、闘い、論争といった様相のもとにある場合であってもである。ミードの理解モデルにはこうした状況に応じた構成要素がまちがいなく含まれる。彼にとって重要なのは、具体的な歴史的状況のもとで個人的に体験された同胞との関係であり、また出会いの様相と状況に責任をもって関与する可能性も重要である。さらにより広い視点に立ってみても、ミードの理解概念は私たちの問題にとって関心を誘うものである。ミードもまた、理解の利己中心的循環からどのようにしたら私たちは解放され、同胞への真なる関与と参画を達成することができるようになるのかという問いを提起して格闘している。というのはミードは、私たちが役割採取の運動に乗り出すのはうわべだけであって、実際は自分の気儘な幻想循環に捕縛されているという危うさを認識してもいるからである。

ここで主調をなしているのは、レヴィナスのような状況主義者と意見が一致することである。というのは彼もまた、どのようにしたら私たちは他者を理解する際に自我 Ego の意味想定から、また自分たちの意向（もくろみ）から自由になることができるのかといった問題と格闘しているからである。解明すべき問題はしたがって、如何にしてありのままに他者本来の経験に到達することができるかを問うことにある。レヴィナスの解決策は、他者のかんばせから発せられる要求に対して私たちは開かれた態度をとらなければならないということにあった。このことは言い換えれば、他者の顔《アントリッツ》との遭遇には他者の顔から発せられる、言って見れば、「汝は私を殺してはならない Du wirst mich nicht töten」という〈より高度の〉要求の経験次元が含まれている。このことは、レヴィナスは自我から他我へというたんなる想像による身の‐置き換えによって生じる危うさを認識していることを意味する。自我《エゴ》はその空想《ファンタジー》を他我へ投げ入れているのか、あるいは他我についての経験は自我のなかへ一緒に取り込まれているものなのか、といった問題の解明は、個人的な他者との意見交換《アウスアイナンデルゼッツング》という二元的遭遇の地平だけでは解決も解明も不可能である。個人的な関係やまた間人間的な出来事へ乗り出すことがきわめて重要であればあるだけ、またこうした二元的な関係に深く沈潜する《ジッヒフエアティーフエン》ことでは、私の理解が本当に他者を捉えているかどうかの解明が達成されるとは言い難い。

類似した様相を示す問題はロールズの正義論においても浮上している。その点では、彼の正義論が依拠し、後ろ盾にしているのは、私たちが日常、どのように正義についての要請を聞き知っているのかが問われる経験の地平である。ロールズは経験のこうした次元の特質を、私たちの熟慮の上での正義の判断であると述べ、そして内容に関してはそれを公正《フェアネッツ》という概念によって統括する。他者との個人的な出会いの状況は、私たちから他者に対してFairnessを要求することであろう。Fairnessの思想には一種の調停が、つまり己自身の要求と他者の要求との間の一種の平衡状態が考えられている。しかしこうした調停が具体的な経験のなかで現実に成功裏に運べるかどうかを、私はどのようにして解決に至りつくことができるのか。ここには同胞に対する過剰な利己主義や利己幻想がはたらいているのではないか、あるいは他者のなかに自分を見失って、他者のために自己を放棄するという過剰な姿勢がはたらいていることを、私はどのように説明できるのか。したがってロールズの考えでは、根源的な正義の意味とFairnessについてのこうした開かれた問いは、正義という倫理学的な理論の地平でのみ解決されるべきである、という。その点ではレヴィナスの考えは（ロールズとは）別様であり、思考の及ばない経験の地平でもその問題は解決可能であると解しているが、ただしそれは、こうした経験地平では顔と顔の単なる対面と、その顔を凌駕するかんばせというより高度な宗教的次元を具現する第三の契機とが区別されるときに限られる。したがって経験する者がこうした宗教的次元に（積極的に）参加しているかぎりでは、かんばせの動因は、彼らの義務（節操）によって、状況はどのように理解され、またそうした状況で為されるべきは何かといった疑念を一掃してしまうであろう。同胞を理解する可能性の全力点は、したがってこうした信に値する宗教的経験へ移動する。

　ここにいたってレヴィナスの理論は、たしかに一つの開かれたそして批判に耐えうる位置を占めることになった。他者理解が問題であるとき、私たちが信頼できる（確実な）経験に拠りどころを強く求めなければならなくなればなるほど、また私たちは、私たちの感情が真に他者に到達し他者との意思疎通を進めることにますます強力に努めるのであるが、それでもやはり二元的な次元にあってはこうしたことの信憑性の解明は必ずしも達成可能ではない。当然のことながらこうした状況にあっては、自我 Ego と他我 Alter Ego の二元的出会いという経験の構成要素のすべてを度外視して、第三の厳格にして合理的な理論に参加するというロールズの正義論の提言は、彼の理論が偏りのない観察者また中立的な判定者としての第三の立ち位置を明確にしている点では誘惑的に見える。ただしそのことによって、私たちは、人間同胞間の出来事に直接参画するというあらゆる利点をやりすごしそれを見捨ててしまうことになるであろう。したがって、私たちが第一と第二の人称の立ち位置と引き換えに中立的な第三の立ち位置を手に入れるという他者理解の問題の解決策を取り込むことができない。そうなると第三の立ち位置を他者理解に取り入れるというどのような可能性があるであろうか。

ミードが私たちに示す第一の道は、それに沿って進めば第三の位置は役割採取のために有効に役立てられるという道である。ミードでは、それは意味を運ぶ記号 signifikante Symbole、あるいは言語を導入することで実現する。私の‐立ち位置 Ich-Standpunkt と汝の‐立ち位置からとの双方の情報発信者が、意味を運ぶ記号を後ろ盾にすることにより、彼らのその時その時のパースペクティヴによる理解は他者の理解と調整をとりあって意見の一致に至ることが可能になる。一致を得られないアスペクトはそれに反して、たんなる主観的幻想的で非合理的なものとして理解することから排除される。こうした視点を先鋭化しているのはラカンの理論であるが、その点で、ラカンの理論が明らかにしているのは、他者への理解行動は、つねに同時に自己自身の幻想と投影像を撤回するという必然性を含んでいるということである。他者への私の関係はつねに仮想上の他者への関係であって、したがって他者についてのこの自我‐像 Ego-Bild は不十分なもの、不的確なもの、などとしてやむなく取り消すという必然性が生じる。まさしくこうした過程はしかし、大きな他なるもの《グロッセンアンデレン》に関して、つまり言語に内在する法則に関して起こることである。第二の視点は私たちの問いを解明するために援用されなければならない。この視点を私たちは再度ミードの情報理論からも読み取ることができる。その理論の言わんとするのは、私たちは、私たちが同胞への関わりをもつことによって、つまり私たちの役割採取ということで、ただたんに個々の他者とのみコンタクトをもつのではなく——これは、状況主義者たちが視野に納めている有力な視点であるが——、私たちはつねにすでに一般化された他者 generalized other を包み込んだグループである現実（人々）と関わっているということである。このことは言い換えれば、あらゆる交信努力によって、つまり他者に身を - 置く（他者の - 身になる）あらゆる努力によって、私たちは典型的なグループ - 他者 Gruppen-Anderen に、つまり誰もがグループのなかで占めることのできる位置に自分の身を置くということである。

こうした一般化された他者は、グループの行動を構成するあらゆる規則を含む。これこそまさにミードが私たちに示していることであり、それは個々の他者への関係は、同時にこうした一般化された他者への関わりなしにはまったく不可能である。そのことによって明らかになるのは、どのような仕方で第三なるものの位置が理解に取り入れられうるのか、またどのようにしてその位置が言葉に包摂されるのか、ということである。その位置は、一つにはもちろん、第一人称の意味で、つまり私（一人称）、そして汝（二人称）、彼、彼女、それ（三人称）の意味で、三階層を成している人称代名詞の構造に含まれる。しかしさらにそれ以上にこの第三なるものはただたんに人称の第三なるものという意味で理解されるだけでなく、グループ - 第三の、つまり社会的な第三なるものという意味で理解されており、それどころかさらに人間全体に及ぶ第三なるものとして理解される。言語はこのようにして第三なるものの立ち位置へ、つまりいくつかの階梯をなしてついには人類という第三の階層にまで及ぶと考えられる第三なる立ち位置への関係どりを包みこむ。このことの意味は、個々の他者を理解するという私たちの問題に関して、また倫理の問題に関して、個々の他者へ関わること、つまり他者から発せられる倫理的な要求を受け容れることは、倫理的な要求への同時的な関係どりなしにはまったく不可能であるという。というのは倫理的要求は、第三なるものから出て、あらゆる人間に妥当する正義の次元に該当するものだからである。

ここにいたっても私たちの問題の真意はまだ完全には汲みつくされていない。第三の位置の要求には、より広い見地から見ると、計り知れない倫理的な重要性がある。その重要性が喚起する問いは、言ってみれば次のようなものである。すなわち、私たちが他者を理解する間人間的な諸関係のなかで起こりうる暴力行使にまで達するような権利要求は、どこまで発展するのかという問いである。ところで倫理的な要求には、――私たちがレヴィナスから知るように――たしかに権力要求は当然上位に位置づけられうるものであることが含まれるが、しかし他者を殺害することまで許されるような暴力の行使は倫理的経験によって排除されている。むしろ倫理的経験は他者の自由を保護し尊重することを含意する。したがって正義倫理に対比して状況倫理の意味《ベドイトウング》するところを十分に考量することは、状況倫理によってどこまで自由の要求を護ることが、したがって人間の尊厳と人間としての人間の権利とをどこまで擁護することが保障されるのか、そしてまたどこまで暴力の増長を抑えることができるのかという問いにつねに帰着合流することになる。レヴィナスの考えは、他者を通して要求されるという具体的な状況にはこうした暴力の排除と人間の尊厳を擁護するという要求が存在しているという。私たちがすでに見てきたことであるが、このことは、信頼すべき経験に基づいて他者のなかの大きな他者が義務づける力として認知されるという条件の下ではじめて、正しいと言える。宗教的信仰のみがこうした信憑性を保障することができる。哲学的な学知《ヴィッセン》にとっては、このことは言うまでもなくなんら満足すべき解決とはならない。そこで求められるのは、最後の審級にあって人間（人類）の立場で採りうる第三の立ち位置を後ろ盾にすることである。その立場（第三のもの）はラカンの考えに沿って言えば、正義を創出する定律 Gesetz の具現である。しかしながら私たちは、ロールズと違って法《ダス・ゲゼッツ》なるものを、原理の学知 Prinzipienwissen とか、手続き規則といった形では捉えてはいない。もしそうした手続き規則によれば正義の問題は、偏らない自主的な観察者の立場から解決可能になってしまうであろう。その限りで、私たちは決して第三者ではない。むしろ第三の立ち位置は、私たちの言葉による理解努力に一枚かんでおり、そのときどきの状況に応じて恒常的に用いられることを必要とする。他者を理解することは二元的関わりと言葉による第三なるものとの関わりが一つになっていることにある。状況のもとで正しい行為の価値判断をすることは正義問題の解明によっては解決されえないのである。

このような考究から帰結するのは、私たちは他者理解の問題の解決にあたって、私たちが理解過程の外に出て、何ものにも依存しない第三者という理念的な立場に身を置くことでは、理論的にもまた実践的にもその問題の解決にたどり着くことはできないということである。にもかかわらずしかし私たちは、第三の視角を理解しつつ取り込むことが必要である。というのは自分自身の側から他者を理解し‐解釈するという二元的なやり方での運びは、同一視し、総体化して捉え、自分のものと捉える思考に巻き込まれ身動きができなくなるからである。この点はレヴィナスがすでに指摘している。こうした解釈学の状況は、もし解釈学の当面する危機《クリーゼ》が解消されうるものであるなら、他者性に潜む理論を通して解釈学を批判的に問い質すことによって、解釈学の概念とその構想を新たに思考し、そして新たに捉えなおすことを私たちに強く迫るのである。

こうした新しい構想は以下にまとめる諸前提のもとに構築されなければならない。

1

理解するという旧来の（伝統的な）解釈学的な基本構図が成立するのは、解釈者が他者の言表ないしテクストを取り上げてその意味を想定し、その意味想定が真であると実証されるか、あるいは、その想定は変えられなければならないといった場面にあってである。ハイデガー‐ガダマーのこうした解釈学的構図《フィグール》の特徴は、企投し（輪郭を描き）解釈する運びにある。他者性の理論に基づけば、その構図が不十分であることは明らかである。なぜならその構図は、解釈者がこうした理解過程で自我‐想定 Ego-Annahme として取り込むものだけを間違いないものと認定して主題化し、さらにそれは、こうした想定がとっつきにくいとか、いぶかしいとか、他なるもの Anderes であるとして排除するものを主題として取り上げていないからである。解釈学の旧来からの理解構図にはこうした傾向あるいは一面性というものがある。というのは、その構図自身が自我の意味想定に照準をあわせ、その後で他者について自己のものに吸収統合できるものが何であり、何ができないのかを吟味するといった手続きをとるからである。こうした理由からこのモデルは、他者を私事化《フェルアインナームング》して受容し、間接的にのみ自己なるものを〈他者化するVeranderung〉モデルである。[39]

2

この構想は、自分自身の観方と他者についてのその観方の脱‐思い違いEnt-täuschungとを投入するという課題を取り込むことによって、理解の問題を体系的に拡張する手法である。私たちは、思い違いが幻滅（失望Enttäuschung）となる前にこうした思い違いを除去する道を発見すべきではないか。実践の場面でみれば、こうしたことは、生活経験のなかで人間が思い違いに落ち込んでいる場面で起こっていることである。しかしおそらく、生活のなかに苦々しい経験がつくられる以前に、思い違いが組織的に理解過程へ取り入れられる可能性はあるであろう。そのためには、思い違いを脱‐思い違いに導くことを可能にする識別基準を組み入れなければならない。想像による表象世界、あるいは心理的に表現された投影図を取り消していくこうした歩みを、ラカンは彼の手法に取り入れた。しかもラカンは理解の運動を他者への直線的な活動とは、いわば自我から他我へという運動であるとは考えず、運動へであるとする。その出発（起）点はフッサールの感情移入理論の意味で他者へ感情移入するという志向的方向であるか、あるいは同一化というレヴィナスの考える意味での他者の同一性を確認するという方向であるかである。ラカンは、他者への誤った憶測上のこうした運動は言語能力《シュプラッヘ》によって退けられること、またその動きは他者の他者性に当たってはね返されることを明らかにしている。志向的な方向はその向きを反転して、他者についてもつ私の写像を主体としての私に投げ返すのである。その写像は言ってみれば実在の他者を再現前（表現）するには適していないことが明らかになる。それに代えて明確になるのは、私は像そのものであって実在の他者ではない、ということである。その運動はこのようにしてシェーマΛ（の形）を描く。そのシェーマΛが完成されるのは、言葉という大きな他なるものを後ろ盾にして思い違いの脱‐思い違いが可能になったときである。その大きな他者は、他者なるもの Andersheit の座席を確保する者であり、保証人である。それに直接する理解努力はすでに次のような経験によってもたらされる。すなわち、私はこうした想定によって思い違いをした、そのために私は実在の真の他者には到達できないのだ、という経験知である。この経験はいわばそれに直続する理解努力に入り込み、それゆえに、私たちの理解は他者へ不断に接近する道となる。これとともにラカンにあって浮上する問題は、他者の他者性が理解することのなかで最後まで解決に至りえない要因となっているということである。このような考え方が賛同されるのは、他者性が最後の審級においても結審に達しえず、他者はつねに秘密に包まれており、秘密が解読されることは、他の個人の利害にあまりにも深く関わるために不可能である、といった条件が充たされる場合である。それにしてもいくらかはさらに漸進し、解明を獲て、相互性に近づくということはすでに考えられている。

3

重要な論点の所在は次のような場面にある。すなわち、そこではコミュニケーションがつねに主体の近寄りと〈脱 - 思い違い Ent-täushung〉を求める道としてのみ、つまりつねに消極的に留まる道として描かれているあいだは、メダルの一面のみに目がとまり、そのメダルは他者に関して主体の内精神的 innerpsychische 解明作業の道を描写してはいるが、近寄る運動の相互依存性を描写していない。そこでは他者と私の間の無意識的なコミュニケーションは視野に捉えられていない。私たちは一例として、際だって礼儀正しい、きわめて愛想のよい作法を身につけた、態度はきわめて控え目でたいへん遠慮がちで、その上自分の要求は後回しにしがちで、おそらくへつらいなのか、あるいはおそらく少しばかり卑屈な一面もあるそういった人間との出会いを取り上げて考えてみよう。対話の場面ではこうした光景は失望を誘い、いわばよそよそしい別の側面が目について、そこでは当の者は、控えめな（消極的に）物腰や遠慮がちの行動のために神経をいらだたせて自分の立場を敢えて強引に押し付けようとしている。狭量で、傷つきやすく、そのくせ自分の権利要求には譲ることのない非妥協的な人間の他の一面が、すなわち、非暴力という消極的な暴力が、覗き見えてくる。

ラカンの思考では、この例示は、私が他者との平和で調和ある相互性 Miteinander という想像上の想念に胡坐をかいている様を意味することになるであろう。こうした情景素描は、しかしながら他者の観方ではなく、愚直な理想化による、戦いつつ - 暴力を否定するといった私の観方なのである。こうした思い違いを撤回することが他者理解を深めることになる。というのは、他者は頑強に拒否し、そして間接的には権力欲求の別の側面をもっているからである。ラカンにとっては直近の理解行動がこうした他者の素描像で始まるが、その理解行動は、その側では、再びあらたに失望を誘うにちがいないような思い違いを取り込んでしまう。このような仕方で他者は、近寄るという消極的な歩みによってしか描くことのできない不可思議《ミュステーリウム》であり続ける。

4

ラカンが完遂不可能とするその歩みは、主体がもともと自分からは排除していたこうした他者の別の側面を、私に向けての本当の、無意識のメッセージであると捉える歩みであり、そのメッセージによって彼が伝えているのはこうである。すなわち、汝には認められず排除された私についての素描像の側面は汝自身のもう一つの別の側面であるのだ。汝自身は、すすんで自分は平和を愛する人間であると思い、暴力的な側面などないと否定している。しかし汝自身は（じつは）他者のこうした否定された別の一面なのである、と。こうした双方からの無意識的な意味付与によるいわば相互主体的な類の推論を、ラカンの理解概念は認めていない。したがって同胞は不可思議《ミュステーリウム》となる。しかし同胞の他者性は決してこうした全くの不可思議ではない。同胞が彼の自我《ゼルプスト》の別の側面にもとづいて私たちに発信しているのは、私というのはこうした他者である、ということである。こうした帰納的推理はラカンの理解モデルの情報理論による必然的な拡大である。

5

他者という次元をめぐって繰り広げられたこうしたモデルは、決してたんなる理論的な意味だけではなく、優れて実践的な問題に関わる。というのは、その実践の問題は、私たちは同胞との解決不可能な権力闘争に巻き込まれるか、あるいはこの権力の諍いを私たちは解きほぐすことに成功するのか、のどちらかだからである。こうした縺れは、自我の表象が他我へ波及し、自分のものは取り込み、さらに他なるものは排除するといった場面で生じる。ここで私たちはミッシェル・フーコーに淵源する理解概念に洞察の目を向けなければならない。*ここで扱われているのは、論考 *Diskurs* ではつねに権力要求の分析が問題となり、また欲望や、さらに他者への願望の分析もまた問題となるという思想である。こうしたこと（権力要求など）には排他的な自己主張に偏る危険が内在している。その危険は、自分の要求は囲い込み、他者の要求は排除するという手順がそこから生じるより奥深い拠りどころとなる[40]。この根拠は、私は自分自身の意図 Wollen を他者のそれに逆らって貫徹することはできないのでは、という不安から生まれる。理解することは実践的に生を克服成就する Lebensbewältigung ことである。こうした不安から逃れるために、私は他者の願望を犠牲にすることで私の願望を救済しようとする。このようにして私は私をとりまく状況を見渡すことができ、それを掌握し、支配管理し、さらにそれを操作し、そして手中に収めることができる。それに反して、もし私が余所者に身を晒すことを赦すことにでもなれば、私は傷つきやすい弱点を突かれざるをえないことになろう。他者を排除することによって私は身を護るが、その際私は私のこうした（弱い）側面をきっぱり退けて、こう言う。この余所者は敵意があり私の味方ではない、と。根本から問われているのは、まったき実践的な問いであり、言ってみれば、私は他者への関係をどのように創出するのかという問題である。自分のなかに閉じこもることは、つねに、私は自分の権力保持を気遣ってその不安から敵をでっち上げているということである。このようにして私は他者に私のものの観方を押し付けている。こうした取り込み - と排除という経緯はしたがってつねに侵害、管理、操作、そしてむき出しのあるいは巧妙に仕組まれた暴力と結びついている。

＊M・フーコー、『言語表現の秩序』、中村雄二郎訳、河出書房新社、p.13f.

　こうした次元をめぐって理解モデルを拡大することは、次のような問題を提起する。すなわち、私は他者という現実から何を受け容れることができ、また何を排除するのか。このモデルを拡大することで露になるのは、このことは他者を知るにいたるといった理論的な経緯ではなく、実践的なものなりゆきであって、その過程では何が自分自身のものと認知され、また何が異他なるものとして除外されるのかを見分ける過程なのである。こうした排外行為は、それが他者という他在Anderssein を、他在という固有の次元として主体あるいは自己《ゼルプスト》のうちに受け容れることができないときは、暴力を暗に含意している。というのは、暴力は逆暴力を誘発し、暴力をエスカレートさせる円環（の動き）を誘導する。そのように見ると、理解の問題には、他者への関係を暴力沙汰で解決するか、あるいは他者を認め評価する関係をつくるか、を解くための鍵が隠されている。すなわち、この第五にあげた理解問題のアスペクトは、以下のように公式化される。すなわち、汝の敵を私に示しなさい、そうすれば私は汝が誰であるかを汝に告げよう、と。このような構想をもって私たちは性差関係、経済活動、さらに政治行動といった具体的内容のテーマに立ち入って論究をすすめようと思う。

IV　男女の性差関係にみられる理解の諸葛藤

本章で私たちは男女の性差関係に取り組み、その際に他者の理解という私たちの手法を使用することにしよう。というのは私たちが物心ついて男・女として異なっていることに気づくと、間もなくそこに溝ともいえるものが掘りひらかれてくる。こうした溝は永いことどうやら外見上は土砂でふさがれ、それがしきたりとなって性差の関係は制御されてきた。その関係は上位関係から解釈され変容されてきた。そうしてギリシャの家（oikos）ではその関係は、支配の関係として解釈され、男と女は家では男性優位の下で役割が定められていた。似たようなことはローマの家族 familia にも見られ、ローマの徳 virtus Romana によって男性の優位が解釈され構造が決められていた。キリスト教的な中世では男女の役割は創世の指図 Schöpfungsauftrag によって占示され、キリスト教的に理解された男性の女性支配として確立されていた。十八、十九世紀の〈市民世界 bürgerliche Welt〉になってさえこうした旧来の考え方は生き延び、市民的な小家族の特徴をなしている。個性と自己決定という原則や女性の職業界への参入が拡大されるにともない、男女同権という新しい考えが台頭してくると、その考え方は男性に特権を認める旧来の見解を揺るがすことになった。逆説的ではあるが、職業界での男女平等の要求は、男女性差の深部に横たわる差異をあらためて問題化した。

したがって、現代では男であることと女であることを分ける溝は、実感され認識されるようになったが、そのことによってその溝は、性差に特有な体験の仕方、感情、性についての考え方、話し方、さらには異性に関する性差特有の、ステレオタイプをあばき出す。差異と差別の意識は、したがって次のような問いを深めることになる。すなわち、男性として女性の他者存在を理解することは可能であるのか、あるいは他者存在は、差別を根拠にして排除（除外）され、管理され、制圧され、したがって他者存在は自己なるものにとって脅威であるという理由で、力ずくで抑えつけられなければならないのか、という問いである。この問いはこうして、性差の戦いは不可避なのか、とりわけ、それは解決できるものなのか、あるいはそうではないのか、を問うことになる。サルトルの言葉を借りて言えば、その問いは、男性であれ女性であれその視線（判断力）は、己が主体でありうるためには、やむなく他者を対象として扱わなければならないのか、と問うのである。日常の言葉では、このことは、まなざしは〈睨み殺さなければ töten müssen ならない〉のか、あるいはそれぞれの視線は喰いちがうことがありうるのか、またそれは互いに他と関係を採りつけることができるのか、といった問いとなる。メルロー・ポンティの言葉によれば、この視線は原理的に共存し koexistieren、相互に視線を交わすことができるのか、ということになる。

性差なるものの意味を明らかにするために、ともかくメルロー・ポンティが彼の『知覚の現象学*『Phänomenologie der Wahrnehmung』で主張するのは、性差は人生のある限られた経験領域にあって、一定の期間、あるいは限られた枠のなかで現れ、その後はもはや現れることのないといった何かではないという。[41] したがってそうした何かは、いわば一時的に生命の性の灯りがともされ、しばらくして後再びその灯りが消されるといったものとは理解されない。おそらくメルロー・ポンティの主張は、性に関わるものは人間的なるもののあらゆる経験のコンテクストのなかに遍在する Omnipräsenz というのである。しかしもし性差というものが決して〈特定領域の在り方 regionale Seinsweise〉でないとすればそのとき、容易に考えられるのは、ここでは性的な動機づけの力に決定的な役割があることを認め、それを人生の最終の審級と位置づける理論が成り立つという推測である。そうなると根本においてあらゆる駆動力 Antriebskräfte は性的な本性に属するということになろう。こうした見解はしばらくの間フロイトの精神分析理論に攻撃的に向けられていた非難であるが、このことはむしろ正当な認識に反して（故意のところがあった）いた。というのはフロイトの理論は決して一元論的な衝動説を提起したのでないことが周知のこととなったからである。その一元的な理論はおそらくW・ライヒの〈オルゴン Orgon〉[42]**の神秘的な理論と結びつくものである。ともあれメルロー・ポンティは、彼の見解に従って、性に関わるものが唯一の駆動力であるなどということは、けっして意味のあることではないと呈示する。性に関わるものは、一面では〈遍在する allgegenwärtig〉ものでありながら、他面では多くの駆動力のうちの唯一に過ぎないものであるといったことが、しかしどのようにして結びつけられるのか。メルロー・

ポンティはこの問題を解き明かし、それによって性に関わるものの意味を逆説的な言い回しで判定するに至る。それによれば、人間の生活には性的に規定されないような動機は存在しないであろうということになる。しかし同じようにまた性的にしか規定されないような動機も存在しないという。こうした主張は、性的な動機づけはあらゆる理解過程にあって同時的に併行してはたらいているということを含意する。しかしそれはどのように併行してはたらくのか。私たちの異性理解とはどのような類のものか。私たちの戦うことと折り合うことSich-Auseinandersetzenとはどのような種類のものか。

＊メルロー・ポンティ、『知覚の現象学 1』、竹内芳郎・小木貞孝訳、みすず書房、p.161f.
＊＊W・ライヒ（精神分析家、1897～1957）については『哲学・思想辞典』植木恂、岩波書店 参照

もし私たちが己の性と異なる性との問題に根本的に取り組むなら、私たちは疑いもなく私たちの体《ライプ》を引き合いに出し、さらに私たちの誕生からのあるいは誕生前の胎内であらかじめ与えられた身体装置にも関わりをもつ。この点で性差は生物学的な条件に制約される。ハイデガーの考え方にそって言えば、実存へ〈投げこまれている Geworfenheit〉と言うこともできよう。しかしながらただちに浮上する問題は、こうした生物としての生存条件（性 sex）とはどのような種類のものか、この条件は何に依っているのか、またそれはどのように固定的であるのか、あるいはどのように多様に解釈可能なものなのかといった問いである。というのはここにはすでにイデオ

ロギー的な解釈（判断）への路線変更の転轍が前もって設けられているからである。

医学の知見から私たちは、性差の形成がゲノムに依存していること、したがって人間の遺伝装置に、さらに内分泌的伝達物質、いわゆるホルモンに依存していることを知っている。もし私たちが、そもそもどのようにしてこうした生物学的な装置の生成を表象しているかを疑問に付すならば、そのときたいていの場合素朴な仮定が姿を見せるが、その仮定によれば、女性的および男性的染色体の道は、女の子かあるいは男の子の徴標という意味でその目的に合った細胞形成に直接通じているものであるという。二つの平行して走っている軌道というこうした考え方は、二系統に厳格に分離されていて、その両性の差異は架橋不可能であると捉える心理社会学的な見解を裏付ける。しかし私たちが医学的な胎生学の知見に、たとえばT・W・サドラーの見解[*43]のような今日の研究水準にある知見に耳を傾ければ、そのとき私たちが直ちに確認することになるのは、子宮内の細胞の成長過程と細胞の分裂はけっして直線的に女性あるいは男性へ至るのではなく、そこではその展開は完全にもつれ合った道程をたどり始め、それはあちらへ‐そしてこちらへと振り子のように性差の間を揺れ動く変化に富む道を採り込んでいるということである。胎児はあるときは、女の子へ向かって変化しているように見えるが、またあるときは翻って男の子へ向かう動きをするように見え、やがて再びさらに変わって女の子へ向かう動きを採るといった具合である。したがってこうした胎内での発育過程では幾重もの変形 Umgestaltung が起こっている。そうした造形が変転する様子は、女児となるのか、あるいは男児となるのかといった動きのなかで自然が手探りしつつ試行しているように見える。こうした何重もの変転では、いわば行ったり来たりを繰りかえす（水車小屋の）動きに大いなる意味が認められる。そうした動きの過程で最終的にペニスと陰嚢という外形を現すかあるいはヴァギナの形で内側へ形を成すという結末に至る。この成り行きは、たしかに性差を形づくることを目指す細胞分裂の根底にあるプログラムから生起するが、しかしこのプログラムはまた自然が性差の他の性への動きをほのめかすこともある二つの可能性を試行しているという意味では開かれてもある。したがって発生のプログラムは完全に固定した両天秤を賭けた複線的なものでもなく、そうかといってまた全く不確かな単線的であるのでもない。このことは性差の関係を解明するにあたって重要な医学的な準則 Vorgabe である。というのは性差は完全に相対してカプセルに入れられ、被包されているのでもなく、また当てもなく漠然と一元的に捉えられるものでもなく、別の可能性を発芽のあり方 Ansatzweise で自己のなかに包摂した特殊化として、いわゆる男・女のどちらにも行けるように架橋された発生として考えられるという解釈は許される。

＊T・W・サドラー、『ラングマン人体発生学』、安田峯生訳、第一〇版（原書第一一版）、メディカル・サイエンス・インターナショナル、p.259f.

しかし男児であれ女児であれ、できあがった生物的産物も、それでもなお成人年齢に達するまでの間は男‐存在あるいは女‐存在に静止状態で固定されているわけではない。私たちは、神経伝達物質 Botenstoffe を変化させるとよりあとになってからの年齢でも振り子の動きが起こりうることを知っている。たとえば少年《ユンゲン》に強力なエストロゲン（発情ホルモン）を投与すると少年の身体は女性的な方向へ変化する作用が起こり、また逆の現象も起こる。このようにして成人の身体も、もしそのように望むなら、性に関してはどちらにも換わる。したがって私たちが、性差という生物学的なるものへの関係を哲学的に評価するとき、こうした生物学的な土台の上に性心理学的展開の足場を置きそれを雌雄両性《ビゼクシユエール》（両性具有）として明記しているフロイトのテーゼは、大いに弁護されるものがある。心的な（精神的な）両性具有（雌雄両性）というテーゼは、彼の場合もちろん矛盾なく相互に相容れないいくつかの異なる着想とは競合している。しかし、彼は『続・精神分析入門講義[*] *Neue Folge der Vorlesungen zur Einführung in die Psychoanalyse*』についての講義のなかで、私たちは自分たちの性的特質を十分に把握しているのかどうかを討議に付しているが、私たちがそのこと（自分たちの性的特質）を十分に把握するといえるのは、私たちが生物学的なものを引き合いに出し、たしかに生物学的なるものには女性になるか男性になるかの可能性は優勢的ではあるが、しかし同様に逆方向に迷い込んでしまう可能性も弱優勢的には subdominant ある程度含まれるというように捉えるときはじめて可能なことであるという。[44*] フロイトは心理学的な帰結をそこからは部分的にしか引き出さなかった。彼は性心理学的な発達を論述するなかでは、結局のところ雌雄同性という考え方を正当に評価していなかったので、その点で彼はこのことをただ男性的なるものの視角からのみ記述し、女性的なるものの特質を〈闇の大陸 dunklen

Kontinent〉であると描述した。このことは多くの難題を招来する結果となり、その結果女性《フラウ》の同権は促進されるよりはむしろ疎外されることになった。

＊S・フロイト、「続・精神分析入門講義」、道籏泰三訳、『フロイト全集　第二一巻』、岩波書店、p.145f.

性差なるものを理解するに当たって私たちは生物学的な準則（コード）を、したがって私たちの身体的な宿命をなおざりにすることはできない。たしかに私たちは誰も、自分の性的特質（性別）にどのように責任を負うかについて知ろうとはしているが、しかしそれをその特質の根源から分かっているのではない。というのは、女性の器官が女性の自己体験の内容を言葉で表せないのと同じく、またこのことは男性の器官にあっても自己感情への関係では言葉では表現できないことから明らかだからである。したがって私たちのこの問題は、自分の身体、感情や行動体験にも、男児としての体験にも、女児としての体験にも、さらに性的同一性への目覚めの体験にも妥当するものとなる。しかしとりわけ疑問となる点は、私たちは男性的なパースペクティヴから出発することで女性的なパースペクティヴが別様なものであることを追体験することができるものなのか、あるいはまた私たちには自然の成り行きとして自己固有のものが埋め込まれており、男性的な想念をもって女性的なそれにまで広がり、それによって異なる性を抑圧しているのではないかということである。性差関係の解決すべき問題には、愛によって喜び Lust を感受するという権能が性の双方に与えられるべきであろう。性の体験が目指すのは、私たちが自分自身の性的特質を担ぎ出し、また他者の性的特質にも深い理解をもって応じることができるのか、その結果、そのことから愛することによって喜びを感受するという道を拓くことができるのかということである。互いにともに歩み行く道は存在するのか、あるいはどちらも自分だけの道を歩むのか。その道は並行してかたわらをすれ違いに通り過ぎるのか、あるいは双方が双方から進行を妨害し合う道なのか。一方の性的特質が他の異なる性の特質を破壊することになるとはどのようにして可能なのか、またそれぞれが自分自身の性の特質を破壊するといったことはどのようにして可能なのか。性別 Sexualität による暴力的な紛糾は解消可能なのか。愛は喜びによって見出されるものと目的を定式化することは、逆の可能性を慎重に排除することを意味する。というのはこうした道を歩むことで愛することが見出されるのか、あるいはその他になお他の諸前提が充足されなければならないのかが重要な問いとなるからである。この概念（愛）は、比較的新しいフランスの哲学においてはとりわけ避けて通れないものとなっている欲望（désir）*という概念の核心をなす意味を取り入れている。[45] その概念の意味するところは、私は自分の喜びを手に入れるには、たしかに己のための愛を表に出さないでおきさえすればできることであるが、しかしその結果他者との闘争や他者との暴力による対決という犠牲を払うことになる。しかしもし私が喜びとその感受性 Sinnlichkeit を、こうした破壊的な結末には至らずに、言い換えれば、愛において愛によって手に入れようとするなら、そのとき私は、他者に関わるために、他者が彼の立場で願望をひっさげて私の願望に応答するようにしなければならない。主体が他者にこのように依拠しているという観方は、欲望は他者の欲望するところを必要とし、その欲望によってのみ満足をえるのだというヘーゲルの見解のなかにすでに含まれる。**[46]

私たちがここで採り上げる欲望の哲学的概念は、このようにして性差を顧慮して他者の次元を担ぎ出すことになる。すなわち、私が自分を性差のある生き物であると知る仕方は、たんに体《ライプ》という性差をもつ装置の身体的準則に依るだけでなく、さらにもう一つのやり方にも拠っている、すなわち、同胞したがって他者は、彼らがどのように欲望を体の内に書き込んだか、また彼らが体を傷つけ、悪用し、苦しめたかを検討する方法にも依っている。性差をもつ生き物としての独自のめぐり合わせは、ここでは他者との出会いという宿命に深くして内的に依存していることを示す。

＊Ｊ・Ｐ・サルトル、『存在と無 Ｉ』、前掲訳書、p.383f.
＊＊Ｇ・Ｗ・Ｆ・ヘーゲル、『精神現象学』、前掲訳書、p.156f.

しかしながら欲望というこの概念は何を意味しているのか。それにはどのような意味内容があるのか。その概念はすべてに優先して他者へ向けられている主体の要請によって決まるのか、あるいはそれはすでに他者によって訴えられていることを想定しているのか。ここで私たちは再びレヴィナスによって発案された議論を受け継ぐことになる。私たちがことを始めるにあたってそれに基づき、またすべての理解概念がそれを基に始まるはずの身体性の地平では、当然のこととして妥当するのは、他者の要請が自己自身の要請に先行しているということである。というのは私たちの誰もは、他者が答えることのできた以前に、他者の実存の内に呼び込まれたからである。それでもなお自己固有の体《ライブ》は、同胞と関わりをもつ体験の仕方や要求を作成し、同胞から応答を得ようと願う。

このことは当然のことながら性差の自己経験に、つまり男として、あるいは女としての自己経験にも当てはまる。ここでも当てはまるのは、欲望をもつ生き物（人間）は、想念、願望、要求、容認、責務、そして贈与（物）が同胞によって作られ、それぞれの性差が決められているという点である。しかし欲望をもつ生き物は、その定めから抜け出て独自の体験の仕方、要求、愛の願望、官能‐と喜びの期待を発展させ、そうした期待をもって生きる物は他者へ訴えかけ、また生きる物はそれに対して他者からの反応を望む。たしかに肉体性の地平ではレヴィナスの三対の層、つまり肉体性＝損傷性＝死から成る階層が重要である。[*47] したがって性差の自己経験は傷つきやすいものである。そこでの問題は、男性的あるいは女性的として他者によって認められたいという主体の要求は、自明のことであり、またそれが権力要求を含むというのも正当なことである。すなわち、こうした主体の生の表現には権力的なるものがあると認められるべきである。同時にしかし体をもつ生き物には、自己固有の性差的‐肉体的な強みは他者の体に干渉し他者の体を傷つけるという危険が宿っている。権力はここで暴力にかわる。そしてそれと同時に性差が起因の抑圧や、傷害や、怒りや、復讐といった破壊的過程を引き起こし、そしてその過程は結局は破壊と自己破滅に帰着する。しかし、この破壊的な過程は他者だけを襲うということではない。加害は自己損傷という次元をも包摂している。そして他者の性的同一性、喜びと官能性、愛することと愛されることを破壊してしまう流れには、それどころかつねに逆行して自己破滅的傾向が同時に動いている。すなわち、自己自身の性差と官能性を抑殺することである。ここでは性に関わることの理解は、また性の異なる相手との戦いをも含意する。すなわち、まったき性差の関係は他者を排除するという形で戦いに巻き込まれるという可能性である。男性的なるものを自己主張することは、女性的なるものに抗い、また女性的なるものを自己主張することは男性的なるものに抗うことによって成り立つのである。

＊E・レヴィナス、『存在の彼方へ』、前掲訳書、p.170f. B・ヴァルデンフェルス、『フランスの現象学』、佐藤真理人監訳、法政大学出版局、p.236f.; レヴィナスの〈第一哲学としての倫理〉についてヴァルデンフェルスは、「倫理的責任性から、理性の理性性が生じてくるのであり、理性性の普遍妥当性と和解力が生じてきているのである。…… このことが…… レヴィナスが倫理学を、存在論のおまけ、哲学的人間学あるいは言語哲学へのおまけとみなすのではなく、第一哲学とみなすのかということの、根拠なのである」と指摘する。同書、p.284f.

性に関わること das Sexuelle は、性なるもの Sexualität を双方から破壊するという全体的な様相を呈した性差間の闘いとして生起する。その闘いというのは、自分の喜びを手に入れることができるのは、私が汝を何らかの形で手段化するときだけであるということを意味する。すなわち、私が自分のために喜びをもちかえるときであり、私がそれを自分のために手に入れるときであり、私がそれを暴力によって達成しようとするときに限られる。したがって性に関わることを理解するというのは、つねに自己なるものが他なるものに対峙するという相互性によって、あるいはそうした対峙のなかで自己を主張することによって、喜びと愛とを見出すという可能性を理解することである。そのとき避けることのできない事態は、私たちが破壊と破滅という問題の前に立たされることである。つまりその破壊と破滅は自我 ego から他我 alter ego への関係に介入し、双方のどちらか一方が意識的であれあるいは無意識的であれそれにかかわりなく他方の性を破壊しようとする行為のなかでその正体を現す。性に関わることには、つねに私が自分の喜びを達成するために他者を利用し、悪用するという形で性の特質を理解する可能性が含まれる。そのようにして悪用の問題、すなわち、近親相姦などという問題の全体が話題となる。たとえば、私は私の快を他者を苦しめることによってのみ見出すことができるのだといったことが論じられる。それは、サディズムとマゾヒズムの全テーマであり、また私は他者をその愛する能力の故に破壊しなければならないといった想念である。つまり身体のどこかを損傷することによるか、あるいは心理的な去勢によって、破壊せざるをえないといった想念である。その際私は、他者の愛する能力を否認することになり、そこでは私は他者を深く傷つけその性的能力を大きく奪ってしまうことから、他者は自分の愛する能力に対し深い疑いに囚われ、その疑いから二度と逃れられなくなる。そこでは有名な罵りの言葉が働く。それは両親が吐き出す悪態であるが、その罵りは子供の生を暗い影で覆う形で子供に長くへばりつく。その決め付けるような罵詈は、〈弱虫野郎 Du

Schlappschwanz〉〈不感症の山羊（女）だ du frigide Ziege〉〈男になれないぞ du wirst einmal keinen Mann kriegen〉といった類のもので、それは、ある一定の傷つきやすい状況で語られると、自己‐自身のなかで‐実現する預言 sich-selbst-erfuellende-Prophetie として働きうるし、愛する能力の剥奪をもたらす。

これまでに私たちが明らかにしてきたのは、まず第一に、性差性のテーマに関して生物学的な装置という視点《アスペクト》を引き合いに出し、そのアスペクトはそれほどに静的でユニセックス的なものと理解されるべきではなく、両性的アスペクトを包摂しているという点である。そして第二に私たちは、愛することで喜びを見出すことを目的とする性の体験を引き合いに出す。この性的体験は、すでに自分の身体的条件を全く決まった仕方で、しかも同胞間の経験というコンテクストで解釈している。こうした経験には、第三に、社会的な枠組みのなかでの性差の役割配分と性差の機能とが包摂されている。性差というテーマは、たんなる生物の学 Biologikum でもなく、また人間間の体験の一テーマであるだけでなく、それは社会と国家の、しかも社会と国家を通して解釈するというテーマでもある。このことは、性差というテーマが生物学的な装置（sex）に還元されるべきものではなく、そこには社会的文化的な意味づけ（gender）*も含まれていると言うとき、フェミニズムの議論のなかで考えられる。[48]**

*生物学上の雌雄と区別される、社会的文化的に形成された性差

＊＊J・バトラー、『ジェンダー・トラブル――フェミニズムとアイデンティティの攪乱』、竹村和子訳、青土社

その際に私たちが取り組むべきテーマは、愛、夫婦、家族が社会や国家や宗教を通してどのように解釈されるのか、配偶者の役割はどのように理解され、またそれに加えて異性愛ないし同性愛の問題がどのように扱われているかも問われる。たとえば社会的な変化がある役割を果たし、そのために同性愛が解放され承認される方向に進展するとか、あるいは異性間の愛の幅が狭まるといった方向をとるのか、そして最後には男女性差と労働の関係はどのように捉えられているかといったテーマである。私たちが性差的なものを問題射程に据えるなら、私たちはそれによって配偶者との間に居心地のよい間のある世界を引き合いに出すのではなく、私たちは、労働世界が私たちに何を可能にし、あるいはそれを阻むものは何か、また労働世界は私たちが性に関わるものや家族の実現のためのどのような具体化の余地を私たちにもたらすのか、といった問題にも関わる。そのとき高度に問題を孕んだ問いが投げかけられる。すなわち、性差関係の形成は近代の労働世界にあってそもそも家族の形をとってなおも可能であるのか、そしてもしそうであるなら、どのような形をとってなのか[＊49]。私たちは三組に一組が離婚となり、また独身者の割合がそうこうする間に上昇し、離婚の割合と競合するまでに拡大している動向のあることを確かに認識している。私たちの社会には単身‐文化が優勢になっているように見える一貫した動向が存在する。問題は、社会的関係はいまもなお、夫婦のような性差的関係の形成に十分に貢献する余地を与え

るのに相応しいのかである。精神療法の領域では心的葛藤が増加しつつある。すなわち、私は労働の世界で成功裏に自分の地位を確保するのか、あるいは、私は細やかな夫婦関係や家庭を育むのか、といった心の葛藤である。こうした心的葛藤は、さまざまな職域の端はしで深刻さを増し、二者択一の選択を迫られるほどに深刻化している。

＊S・フロイト、「文化の中の居心地悪さ　Das Unbehagen in der Kultur」嶺秀樹・高田珠樹訳、『フロイト全集　第二〇巻』、岩波書店、p.464f.

性差なるものを理解するとは、最近の労働世界が私たちに突きつける諸々の要求の制約下で、私たちにとって性差の諸関係の発展を可能にするものは如何なるものであるかを理解するということでもある。そのとき家族はどのような外観を呈するのか。その家族は、男性だけが働いていたときと同じく、旧態の様相を呈すのか。共働きの家族では家族の姿はどのように組み替えられるのか。このような関連でしばしば浮上してくるのが〈家族の救済〉という保守的な常套句である。しかし救済が求められるところには、明らかに何か危機の事態が存在しなければならない。性差関係のテーマと不可分に結びついて語られるのは、社会関係と労働というテーマであり、さらにそれを超えて政治参加という、したがって政治的な生活への参加という問題と結びついている問いである。こうした三つのテーマは、相互に切り離されないものである。これは、こうした形の哲学、とりわけヘーゲルの法哲学で彫琢された洞察である。[*50] ヘーゲルは、こうした三つのテーマ領野のからみあいを当時の学問水準に基づいてそれらが不可分なものであると説明している。

＊G・W・F・ヘーゲル、『法の哲学』、藤野渉・赤澤正敏訳、世界の名著三五、中央公論社、p.308f.

もちろん現代の性差関係の問題を理解するためにはこうした社会的な基準（コード）だけを考慮することではまだ不足である。というのはそのコードではどの方法をとるにせよ男性の優位性は承認されてしまっているからである。そのコードは、いってみれば、他者に対する既知の地平に基づいて性差関係を規定している。それによってはしかし実存の次元の深みをくみ取ることはできない、したがってとりわけ思案や意志が男としてまた女としての主体的な体験を規定するような経験の深みも、またそうした体験に前思考的なものとしてあらかじめ隠されてあるような諸経験もくみ取ることができない。そうした経験はこのようなもの、すなわち、上位関係と下位関係から生まれる傷であり傷痕であって、その闘いが後に残したものである。レヴィナスはその傷と傷跡をトラウマなる概念によって標示しようとしている。現今の分析にとって重要なことは、体に深く刻み込まれた痕跡であって、それは男から女への、また女から男への関係に追想できないような形で〈付きまとっている verfolgen〉。要するに、それは現在に取りもどされることも、また止揚されることもできない損傷の次元である。これこそはレヴィナスの見方がヘーゲルの楽観的‐観念論的な見方と根本的に相違するところである。

他者への欲望を理解するために身体性とその損傷性とを真摯に受け止めると、さらにこの概念の別の次元が確認される。それは、死すべきものと死という次元である。このようにして他者の欲望というテーマは死の次元と結びつく。喜びを感受することと愛することは、いってみれば、取り戻すことのできない事態の出来をつねに予期するなかで生起する。すなわち、死すべき生あるもの（人間）は、怒り、復讐、憎しみ、自己憎悪から生じる暴力的な策略によって、死に身をゆだねることができるか、あるいは死を一度は受け容れなければならないことを予期して生きるかである。

しかしもし死が性差をもって生存するもの Existenz の可能性と限界とを定めているというなら、そこで提起されるのは、他者への欲望は達成可能なものであるのかという問いである。疑いもなく欲望に当てはまるのは、それが終わりを知らないものであること、さらに有限性というこの概念がレヴィナスのいう生存するものを象徴する表章 Insignien に含まれているということである。しかし同じようにA・コジェーヴからサルトルを超えてラカンとレヴィナスに至るこうした概念のフランス的伝統に見られるのは、欲望という張り詰めた弓の弦には、人間の欲求の無限性とも呼べるような何かが含まれているという指摘である。したがってそのある何かには人間学的原則が特別な仕方《マッセ》で妥当する。その原則は、有限な体験、感情、行為が無限なる期待、限りない努力という緊張領野で起こるものであると、H・プレスナーが的確に述べたところである。[51] したがって欲望は、他者との間での有限な問いかけ‐応答ゲームでは見事に対応できても、にもかかわらずそれが無限の要求となると、首尾よく果たされることがない。このことは人間の実存の〈悲劇性Tragik〉ともいうべきものを含意している。それは、ギリシャ悲劇の作者からサルトルそしてラカンにまで及ぶ多くの思想家たちによって感知されたものである。サルトルにとってはこの終わりなき要求は、完全でありたいという願望を実現させたいとする相手を他者のうちに見出すという考えのなかに顕れる。そうなると人間の欲望はある程度有限性という制約を克服することになって、そこでは人間の欲望はそれ自身の存在の根拠（自己原因 causa sui）となり、それによって欲望と存在が一つのものになろう。性差から生まれる欲望は、神的なるものにおいてのみ完成（を見る）される。こうした有限なるものの要求は、十分には充たされないものであることから、欲望の概念には避けられない悲劇性が含まれる。そしてその悲劇がはじめて性差関係の理解に欲望の重要性を付与するのである。

続いて私たちは性差関係のなかの抑圧の問題を、経済的 - 社会的諸条件の側面から取り上げ、それと並行して、男と女の心理的な関係にメスをいれ、その心理的関係が性差関係に抑圧をもたらすのはどのようにしてかを明確にしていこうと思う。それによって私たちは、次のような考え方に反論を加えることになろう。すなわちそれは、性差関係にみられるこうした抑圧をあまりに強力にモラル化して、そこから、サルトルの〈自己欺瞞 mauvaise fois〉という意味で、不誠実と呼べるような何かを作り出しているとする見解である。[*52] そこから導かれるのは、次のような道徳的な訴えであろう。すなわち、もし誰もが善意があって、問題をはっきりと認識しようとする意思があるならば、彼らはもはや諍いを起こして互いに抑圧しあうようなことはないであろう、と。

この類のモラル化する思考は、過度な単純化によってものを捉えている。というのは性差間の抑圧は何千年も永きにわたりひとの手を経た経緯であり、またそれは複雑に絡み合った仕方で政治的、社会経済的そして心理的関係が内的に縺れ合っている過程だからである。

＊J・P・サルトル、『存在と無 I』、前掲訳書、p.162f.

もし私たちが社会経済的な諸前提の側面を二つの段階で具体例によって明確にすれば、そのとき見えてくるのは、ヨーロッパの伝統にあって経済的な状況は、それが女性を悪条件と抑圧の状態へ導いてきたのだと、解釈されるであろうということである。このことを私は二つの事例だけによって裏付けておきたい。第一の考察は、古典期の最盛期に始まって、アリストテレスの政治論に繋がるものである。これはまさに古典古代から近代の初期に至り、そして最終的にはフランス革命にまで及ぶヨーロッパの歴史の二千年もの間を精神的に決定してきたのである。よく知られているように、アリストテレスの政治論には決定的ないくつかの基本的な考え方がある。すなわち、共同体（κοινῶνιαι）は家（οἶκος）と国家（πολις）の二形態から構成されているという点である。そのための根拠をアリストテレスは、日常的な関係から自給自足の関係（αὐταρκία）にまたがる需要（χρεια）の段階に分けて述べている。需要の仕組みは、有機体にみられるのと同じように考えられており、それは目的に向かってひたむきに努力するものとして組織され、支配関係のなかで組み立てられると考えられている（αρχεια）。[53*] 有機的構造は、政治学の第一巻が示しているように、[**]支配の諸構造によって家という実例で具体的に説明されている。その際私たちは、家族についての基本的な観念を修正してかからなければならない。つまり家族という観念には近代的な社会関係が色濃く刻印され、そのために古典古代の家の像を歪めてしまうからである。家とはいってみれば、旧いヨーロッパの社会にあっては、生きるために必要なものがそこで製造され入手される場所である。家というのは経済的な生産の場所であり、あるいは別の言い方をすれば、経済活動はすなわち家内経済 Hauswirtschaft なのである。

＊アリストテレス、『政治学』、牛田徳子訳、西洋古典叢書、京都大学学術出版会、p.15.
＊＊アリストテレス、『政治学』、前掲訳書、pp.3-46.

しかしどのようにして家の生業生活は組み立てられるのか。アリストテレスは家のなかでの人間関係と事柄の事実関係とを区別する。最初の人間関係は主人と奴隷、両親と子供、男と女といった関係として組織されている。私たちの関心を惹くのは、男と女の関係がどのように組織されているかである。アリストテレスは男の位置を規定して、男性は生計の資の獲得（κτησειν）を担当し、女性の位置はそれを管理する（φυλαττειν）権限によっていると規定している。すなわち、当時の経済的展開の状況では調達されなければならない収益は家に結びついている。そしてこれは有機体の形態でのみ組織することができるというのが、唯一可能な考え方である。心理学的に見れば、これは有機体の頭脳であり、また手や足でなければならない。頭脳の機能は主導する理性にある。そしてここでアリストテレスは、心理学的な違いに触れて、それが女性の抑圧を条件づけているとする。女性も理性は備えもってはいるが、しかしそれは主導的でなく、また制御的ではない。制度論に置き換えることによって、アリストテレスはたしかに男 - 女関係を徹底して民主的なものであると説いてはいるが、しかしそこで民主的という意味は政権の交代が考えられるほどに徹底したものとは言えないのである。おそらくそれが民主制であると言えるとしても、しかしその制度では統治権の役割は男性に生得のものとして、したがって不可変の役割として賦与されている。このことからその後二千年もの間女性の抑圧は引き続いており、民主的な制度はある程度まで別の価値選択をすることができたにもかかわらず、しかし学理はそれに沿って方向転換をしていない。

私たちが（社会経済的な）問題の側面を具体的に説明できる第二の時点は、十九世紀にある。それによって私たちは問題の所在を具体的に説明できる。ヘーゲルの『法の哲学 *Grundlinien der Philosophie des Rechts*』の出版は一八二一年の日付である。[*54] そこでヘーゲルが問題にしているのは、人倫的な関係を哲学的・概念的に規定して、しかもそれに加えて、どのようにして彼がその人倫的関係を事実的・歴史的に取り出し、またその当為 **Sollen** とはどのような相違があるかといった点についてである。しかし人倫的存在と人倫的当為は、人倫性 **Sittlichkeit**（あるいは倫理）という固有の領域で分析されなければならず、それ自体としては、ヘーゲルは家という直接的な人倫と、市民社会という間接的な人倫と、さらに調停を経て成立した国家という間接的な人倫との違いを区別している。そこで家族というテーマに注目するなら、一六〇〇年と一八〇〇年の間に根本的にある変化が起こっていて、その変化は、哲学の術語のなかに反映され、その結果家（οἶκος）は家族という概念に置き換えられていることが認められるのである。しかし問題として扱われているのは、依然として同一の事態ではないのか。それとも、何か決定的な変化が起こっているのか。文献の上ではしばしば注意を喚起されてきた深刻な変化が現れてくるのは、収益の機能が家から引き離され、市民社会とよばれ、労働と経済の範囲を書き換えることになる独自の領野へと発展したことにある。それとともに実際の姿としてあった〈旧きヨーロッパの家 das alteuropäische Haus〉は消滅したのである。なぜなら、その家はその収益技術と人間関係である主人‐奴隷の構造を喪失しているからである。

＊G・W・F・ヘーゲル、『法の哲学』、前掲訳書、pp.371-385.

市民社会では労働関係に参画する人間は、労働者であるかさもなければ企業家である。フランス革命では市民社会が政治的に権力の座へのし上がる。こうした生産の仕組みは、いまや手工業企業体に、また工場に起こっていることで、これは商取引の領域にも連鎖している。こうして独自の経済法則に従う市場が開花する。それ故にヘーゲルにあっては、家はもはや家ではなく、それは家族となり、国家はもはや都市とは結びつかず、国家は近代の民族国家となっているというのである。家でまだ家族に残されているのは、ただ夫‐妻（男‐女）そして両親‐子供（親‐

子）といった仕組みだけである。小家族が大家族から生成し、小家族は市民社会の労働世界に対して、また国家という政治的圏域に対して緊張関係に立ち入る。こうした家族内での人倫的関係は、市民社会やまた国家と対比するときどのような外観を呈するのか、またそこから性差関係はどのように規定されるのか。ヘーゲルの手法はこうである。すなわち、性差関係はもはや収益の組織（機構）によって決められるのではなく、どのような場合でもそれは一義的にではなく、生の論理から種の関係 Gattungsverhältnis として規定され、そしてその種の関係は何はさておきまず感情にはっきり現れる。感情が基盤になることから、男性は女性と同じくらいゆたかに感じ、愛を感じるという点で男女は同じであるということである。双方の愛からは人倫的な関係が生まれ、その関係はこの点で性差が同位であることを条件づけている。そのために家族の第二の根源もまた何ら変わるところはない。すなわち、それは夫婦や家族のための合理的な決定による肯定や決断であるが、それには感情によって到達しなければならない。性差関係を規定する際に現れる怪しい点は、家族が市民社会と関係するなかにも見られ、また労働世界がいわゆる私利指向的主体を必要とするといった点でもある。そしてこうした経済的主体は、家族というものを男という心象に納めてしまっている。こうした主体についてF・シラーの言葉はよく知られているところである。「男は敵意ある娑婆に立ち入り、身を賭して、敢然と幸せを狩り獲らなければならない」[55＊]と。シラーはこのようにして家族を市民社会のなかに据え、男は家族財産を獲得し、そしてそれを家族に還流する者であると言う。そして言い換えれば、家族が予想しなければならないのは社会的諸関係であるが、そこでは平等や同等の愛が赦されるのではなく、誰もが自立して、自分の関心利益を追求しなければならないのだということである。男性は経済世界ではこうした位置にあることに責任をもつことから、当然のことながら家族内での地位には偏重が生まれる。このことはたとえば、すでに男性は経済世界で耐え抜くことができる諸条件を用意しなければならず、またその地位は彼が家族に持ち込む金額によって決まるというのである。

＊F・シラーの詩、「鐘の歌 Das Lied von der Glocke」からの引用。「男が敵意ある世間へ／乗出してき、／活動し努力し、／耕作し創造し、／抜け目なく掠ぎとり／賭け事をなし、冒険を試み、／幸運を物にせねばならない。」『シラー選集 1 詩・小説』新関良三編、冨山房、p.101f.

このようにして倫理的な意味ではヘーゲルは、すでに男女が同位であることを求めている。しかし経済世界への偏った帰属配分を根拠にして、男性はお金を自由に処分する権力があることからより強き者であり、さらにこのことのために女性の地位に男性の影響力が及ぶという。ヘーゲルが性差関係に対して言っていることは、当然のことながらK・マルクスからの激しい批判に遭遇する。マルクスはヘーゲルに対し、性差関係と社会についてのヘーゲルの構想はブルジョア家族にのみ当てはまるもので、しかしプロレタリア（無産労働者階級）の家族には当てはまらないと異議を申し立てている。[56＊] プロレタリア階級の間では、情緒あるセンティメンタルな恋愛といった自由行動がゆるされる余裕ある生活を男女がおくることのできる状態にはないと言う。なぜなら彼らプロレタリアの窮乏はあまりにも大きく、男たち、女たち、そして子供たちまでぎりぎりに生き抜くために労働しなければならないからである。ここで彼は一九世紀の社会的貧困 Pauperismus を取り上げている。そうした貧困状態では家族には、食べ、飲みそして眠ることで労働する力の回復を確保する働き Funktion しか残されていない。マルクスの批判の核心はこのような主張にある。すなわち、ブルジョア家族のモデルはプロレタリア階級には当てはまらないということ、またプロレタリア階級は、しかし他面で、ブルジョア家族の感情文化からもまったく同様に疎外されているという露骨な情感をどうしても呈示せざるをえないというのである。

＊K・マルクス、「一八四四年の経済学・哲学手稿」、『マルクス＝エンゲルス全集　第四〇巻』、マルクス初期著作集、大内兵衛・細川嘉六監訳、大月書店、p.455-456.

その間に女性の社会的地位のこうしたモデルもまた入れ替わり、それによって女性はブルジョア市民社会の労働生活へ組み込まれ、等しく職業に就いている。こうした経済状況の変化は、対等の地位を求める要求に財政上の基盤を与えることになり、そして私の見るところ、女性に女性解放運動をまずもって可能にした。それと同時に先鋭化したのは、男性はその後も依然として彼の経済的な位置の特権を享受しているし、それが当然のことながら女性の歴史的な劣位にある地位を延命しているという批判である。とはいえそのことは、経済的な同等の位置づけが性差闘争の状況を終息に導くであろうといった見解に与することは、結論の急ぎすぎということであろう。経済的に対等の地位を獲ることがその（性差闘争の終息の）ための前提条件として如何に必要不可欠であろうとも、経済的な対等の地位獲得が感情のもつれを解消することも、また数世紀にもわたる抑圧によって体と心に刻み込まれたコミュニケーションの溝を埋め尽くすこともない。もし性差の闘いは女性が経済的弱者の位置にあることに起因すると見なすことになれば、それは疑いもなくあまりにも原因を単一化して考えられていることになろう。事実、重要なことは、政治的、経済的、心理的な展開が共演していることにある。とりわけ男と女の関係の定めは、経済的なるものの解釈によって決められていた。だからといってその解釈は必ずしもそのような結果に落ち着かなければならなかったというのではない。このことはアリストテレスがどのようにその関係を民主的として解釈するかで揺らいでいるところに現れている。しかし彼は男・女両性が統治に参加することは認めなかった。おそらくそこには、家内でのこうした収益技術を組織化するための異なる解釈があったのであろう、多分それは市民社会で女性と男性が労働過程に参加するというのとは異なる解釈であったのであろう。

私たちが続いて考究したいと考えているのは、社会での男女についての不平等な位置づけをもとにして男と女のなかにさまざまな見解の変動がどのように組み立てられてきたか、またどのように男性的なるものの欲望が女性的なるものの欲望とは異なるものとして発展したかという問題である。その過程で不当な干渉や暴力の行使は他者に対する表象世界に深刻なトラウマを残したのであって、そしてそのトラウマの歴史的影響は今日の性差の関係にも濃い影を落としている。私たちは女性的なるものに対する男性的なパースペクティヴの例証として、フロイトが彼の

『続・精神分析入門講義 *Neue* (*Folge der*) *Vorlesungen zur Einführung in die Psychoanalyse*』で〈女性らしさ Weiblichkeit〉に関する講義のなかで呈示した見解を取り上げて考究しようと思う。[*57] フロイトはそれにあたって、性差を対等に扱う治療と同等でなく別けて治療に当たるのとの間を行きつ戻りつ交替させている。すでに入り口のところで彼自身男性的なパースペクティヴに足場を置き、そうした男のパースペクティヴには理論的才能があると優先的に認めている。男性にとって言えることは、言ってみれば、女性は彼女が他者であるということから、女らしさという謎の具現者であるというのである。したがって男性は必然的に理論的にあれこれ思い悩む者となる。女性自身について、私たちが女性らしさを主題として理論的な労を加えても、そこからは骨折り損以外に何も期待できないであろう。というのは「女性は謎そのものだ sie sind selbst das Raetsel」からである。

＊S・フロイト、「続・精神分析入門講義」、道籏泰三訳、『フロイト全集　第二一巻』、岩波書店、p.145f.

それに反してフロイトによれば解剖学は、性差を同等に取り扱うことを喚起している。というのは解剖学によれば、性差の機能は、「間違いなく同一の（生物的）原基 Anlage から二つの異なる形態へ発展したのだ」と説いているからだという。さらに対立する性の原基への萌しは、人間の器官がたとえ成長が止まった状態にあっても、すべての人間の内に見出されるものである。そして性差の決定はそもそも相対的なものであると言える。なぜならどのような個体であっても男性的なるものと女性的なるものとの関係は揺れ動いているからである。フロイトは、個体に体質的な二つの性差のあることを証明するために、こうして三つの当を得た論拠を持ち出している。他の性の器官への萌しは、それが〈成長が止まった状態〉にあるときだけに現れるという解釈は、自分の性を過大評価し、他の性を過小評価するという方に向かっているという。

雌雄同体という視点は、そうなると心的な面にも適用されるものなのか。体験したり感じたりすることには生きることへの第二の視角としての異なる性が一緒に含まれているものなのか。フロイトは、男性の性差パースペクティヴは能動的なものであり、女性的な性差パースペクティヴは受動的であるというのは、思考の短絡であるとして賛同を拒否している。しかしそのあとで性差の精神的な発達によって攻撃性が発達するのを分析する際に、またやはり男性的なるものは能動的‐攻撃的であり、女性的なるものは受動的‐忍従的であるとする解釈が部分的に修正した形ではあるが再び頭をもたげる。彼がたどり着いたプログラム通りの言明では、「女性 Weib に体質的にあらかじめ書き込まれ、そして社会的に背負わされた女性の攻撃抑圧は、強力なマゾヒスティックな情動 Regungen の形成を容易ならしめている」というのである。そしてそこではさらに力を込めて、「被虐性愛 Masochismus とは、世に言う、真に女性らしいものである」という表現がみえる。ここでは、男性的なるものを上位におき女性的なるものを従位におく秩序を包みこんで、承認するといったフロイトのパースペクティヴが設定されている。〈体質的にあらかじめ与えられている〉ということの意味はおそらく、生物学的なコード（準則）として性（sex）のなかに入り込んでいるということ、また人間と動物では性的生活での能動的な衝動の分け前は雄に、それに反して雌には受動的な衝動の分け前が割り当てられているという。〈社会的に背負わされた〉という表現の意味は、女性の心的な発達は、〈受身的な受容を学習する〉という方向に歩みをすすめている。なぜならば、このことはまた社会的にも期待されまた求められてもいる態度であるからだという。

吟味すべく残るのは、ただたんに生物学的解釈だけでなく、また社会的なそれにも堅牢な先入見が含まれているのではないかという点である。そしてフロイトはすでにいくつかの批判があることは承知している。その批判は、彼の時代に教養に見合ったそして社会的に対等の地位を求めて女性が最初に奮起したことで証明されたのであり、またそうした批判は、初めて女性分析医の活動を育成することを通して、次のような話し合いが始まったときにも公になったものである。その話し合いでの批判の内容は、「私たち、男性分析医は、女性らしさに対して懐いていた確信的な、深く根を張った先入見を克服することができていなかった、それはいまや私たちの研究の偏向性が責めを受けるべきことである」、と。彼（フロイト）が女性の性の発育の問題として確認しているのは、「ここでもまた生得の体質というのは逆立ちさせることなしには機能しないであろう」ということである。生物学的な準則（コード）と社会的な期待とは、双方から亀裂の口を開けている、つまり衝動の性向は社会による家畜化（訓化）には逆らう。こうした性向（原基）Anlage のフロイトによる記述は、いずれにせよ矛盾を孕んでいる。それは、一方で彼は少女Mädchen は攻撃性が薄弱であると見ており、そのために少女は青年に比べて〈より多くのやさしさ〉を求めてより依存的でより従順になると言い、他方で彼（フロイト）は、女性の早期の発達段階では男性に較べて攻撃性はまったく遅れをとってはいないとも見ている。こうした矛盾は、フロイト自身一面では女性の性の位置づけに関しては旧来の偏見によりかかっており、また他面で彼は、どちらかと言えば偏見に囚われないで観察する方向への窓を開くこともできていて、そのために彼独自の想定にも矛盾した主張を認めることになっている。なかでも彼は、生物学的として主張される見解の先入見に執着するあまり、その結果として女性の性的な衝動性向はそれほど攻撃的ではなくむしろ受動的 - 従順なものであると位置づけられるものだとした。彼はいまだ、たとえばD・W・ウィニコットの見解にまでは達していない。その結果として、攻撃はたんに可動性の Motolitäts- および膨張要求の裏側であり、そうした要求は――男性であろうが女性であろうが――あらゆる生きるものの属性として与えられているものであるとする。言い換えれば、生きることはひたすら発育しようとするということであるという見解になる。[58]* そしてこうした衝動 Drang は――いずれ論証されることであるが――男性にも女性にも属性として与えられてあるもので、きわめて多様な社会でのめぐり合わせによって経験されるものである。

＊D・W・ウィニコット、「第4章　情緒発達との関連でみた攻撃性」『児童分析から精神分析へ――ウィニコット臨床論文集Ⅱ』、北山修監訳、岩崎学術出版社、pp.69-91.

フロイトがところで女性なるものを男性的観点で捉えるところにすっかり入り込んでいると言

えるのは、幼い少女が発育して彼女が正常の「女性に成るのを普通以上に困難で複雑なものである（と）」彼が認めるときである。彼の二つの主要な論拠が言わんとするのは、少女は発育過程で少年よりも多い二つの課題を達成しなければならない、ということである。第一の課題は対象を選択する際の転換である。はじめのうち、少年も少女も同じく母親に結びついている。前エディプス期に母親と結びつくというこの概念は、母親に対する子供の、早期の育児‐関係と愛情関係を意味している。そしてこのことは少女にも少年にも当てはまる。しかしその後さらに発育すると、そのことは、少女が母親から離れ独り立ちし父親へ歩み寄り、父親がエディプス的局面で愛情の対象となるように仕向ける。少年に必要なのは、それに反して、——そのようにフロイトは言う——早期の母親との結びつきから完全に解放されないことである。というのは最初期のエディプス的発達過程では少年は母親との結びつきを再び彼の愛願望の対象とするようになるからである。

フロイトが少女に帰している第二の課題は、同時に転換 Wechsel に該当するものであるが、しかしこの場合は快を感じる身体の領域での入れ替わりである。こうした解釈を理解するためには、フロイトによる性心理的 psychosexuell な発達の局面モデルを追跡しなければならない。幼い少女は、食物摂取に専念する口唇期の局面でも、また排泄過程のコントロールに集中している肛門期の局面でも、幼い少年と基本的に異なるところはない。幼い少女は「少なくとも幼い少年とまったく同じように攻撃的であり、おそらく理解能力においても活発で知力も優れているのである」。フロイトはここでは、女性が男性に較べて知能の働きでは素質に恵まれていないといった偏見に反論しているだけでなく、いやそれどころか彼は、女性の発育が突出していることをまさに肯定している。このことはまた生活体験が性器官の発見にも集中している男根期の局面の初期状況にも当てはまる。フロイトは次のように断言している。「私たちはいまや、少女 Mädchen は少年であると認めなければならない」のだ、と。少年が彼のペニスが快をもたらすことに気づいている一方、女性は同様にこうしたことをクリトリスに見出している。そこでフロイトは、男・女の両性はいまだ Vagina の開口に気づいてはいないので、男・女の両性はそれぞれにペニスを持っているという空想に囚われているのだ、と想定している。したがってフロイトは、少女もまた幼い男児と同じように感じるのであろうと推論する。というのは、ペニスは性差的な快楽の代弁者 Repräsentant であってそれ（ペニス）を持つものだけがこうした快の分け前にも与かれるからだと言う。性差の器官に関心を示すこうした時期に、フロイトによれば、いまや少女には母親はペニスを持っていないのだという、発見が到来する。したがって母親というのはそれが欠けているところに特徴がある、いやそれどころかそれに加えて Vagina の開口部にはペニスの強奪による傷が現れているといった発見である。こうした失望のために、少女は性的に無能な母親から離反して性的に能力のある父親に傾いてゆくということが起こる。そのきっかけは、ペニスを持つものへ向けられる羨望である。

このようにして私たちは、多くの議論を通して、また激しく論争されたペニス羨望 Penisneid（嫉妬）というフロイトの定理の場に立ち会う。少女は、ペニス羨望の背後に潜むこうした願望、つまりペニスを持ちたいという願望を、積極的に充足することはできないので、女性はペニスを受動的な仕方で授かることができるために、いわば学習によって考えを変えなければならない。このことはフロイトにとっては、女性はクリトリスからVaginaへと快の感受の向きを逆に変向することも学ばなければならない。この点でフロイトに対してすでにボーヴォワールは激しく反論した。ボーヴォワールは、女性は彼女たちの本来の快の源泉に居続けることは許されないので、快を求める男性に順応すべきなのだという言い分のなかに男性の要求があることを見抜いていたのである。[59]*

＊S・D・ボーヴォワール、『第二の性〈II〉体験』、中島公子・加藤康子訳、新潮社、p.16f.

遅くともこの時点で疑わしくなるのは、フロイトは実のところ少女の内面的な体験をどうやらそれとは別様の展開として描いているのではないか、あるいはフロイトは、少女が懐いている空想の産物を（本物と）勝手に想定している青年のファンタジーを描述しているのではないか、という点である。少女たちが自分たちにもペニスはあったという想念は根源的であるしまた自明であるとしていること、また彼女たちは自分たちに欠けているものは略奪や去勢によるのだとして実感し、それ以来ペニス羨望を感じているといったことは、女性の表象世界‐空想世界であって、そうした世界はあきらかに男性たちが少女たちについて描いているようなものであって、それは女性たちの主要な体験‐と空想世界を描きそこない、誇大化し、歪曲し、隠蔽しているのである。ここで理解するということに関して当然のことながら女性が異なる存在（他在）であることへの問いが提起される。しかしながらこうした空想世界を完全に女性的な精神生活から切り離して論じることは短絡的なことであろう。というのはもし異性の内面世界を分有する両性愛的な体験が存在するとすれば、そして女性の性的な抑圧というテーゼが妥当するとすれば、そのとき、女性は力強いペニスの分け前に与りたいと望んでいるという理由で、こうした男性的な空想は間違いなくまた女性の生活体験のなかでもある役割を演じているであろうと言えるからである。とはいえ男性的空想を女性のペニス羨望にあると独占的に固定化することは、そうした固定化が女性の他の、もっとも本来的な空想世界までをもそれによって蓋をして見えなくしてしまうことになる。[60]

こうしたことから私たちは、女性らしい発育についてのフロイトの素描と、女性は自分自身の発育について自分で輪郭を描いたのだという分析とを対照させ、それによって欲望の異なるあり方がどの点で識別できるのかを問うてみよう。J・ベンジャミンは、性差の関係のなかでその両極性は創り出されたという観点から出発しているが、その対立関係では、男性の側は他者 das Andere に依拠することもなしに、自己を主張し、また女性の側は自己主張をすることなしにただ拠りかかっているのだという。このことは、男性の欲望は実現され、女性を（好奇の）対象物とし、したがって女性を抑圧することを意味する。その結果男性の欲望には存在理由が認められる、それどころかそれは存在なるものの有意記号 Signifikant となるが、他方で女性的な欲望は、男性の欲望に依拠して欠如ないし非存在と決めつけられる。しかし女性の欲望が非存在（i.S. des männlichen Begehrens 男性の欲望に等しい）であると決めつけられ、そして女性がこうした自己理解を受け容れるならば、その当然の帰結として権力と能力 Potenz の化身として男性的なるものを理想化することが不可避の結果となる。

ここではベンジャミンの理論でもまたペニス羨望という現象《フェノーメン》が浮上してくる。しかしその現象は異なる、非-男性的で、非-衝動理論的な解釈を作り上げている。[61] ベンジャミンはフロイト解釈の中核をなす諸テーゼに異論を唱えている。その主張の矛先は、幼い少女つまり三歳から四歳までの女児は自分が〈幼い男の子〉として、言い換えれば、男の子と同じようにペニスを持っていると感じており、その後で去勢、負傷、また欠如を経験することになったのだという点に向けられる。ベンジャミンはまた、幼い女児がかなり永い間、難儀の多い発育過程を通過しなければならないのは、幼い女児は愛の対象を（母から父親へ）とり替えなければならないのに、他方幼い男児は原初来の対象に留まっていることができるからだという見解にも異論を呈している。そうではなく、女児であれまた男児であれ発育の道のりは、原初の母性との結びつきから、父親を通して可能になった（あるいは不可能になった）離別を経てもともとの母親との関係へ立ち戻る道である。少女と少年との決定的な違いは、少女は人間として（bei der Person）その発達過程を始め、少女はその性差の点でも人間として同一であることを確認するのだが、他方少年は自分が男性であることを思い知るためには、異なる性へ移り替わらなければならないという。

欲望の起源はエディプス期の局面ではじめて可能になると考え、その欲望を、ペニスがあるか、ないかの発見と結びつけているフロイトとは違って、ベンジャミンが拠っているのは、性差の起源はすでに前エディプス的局面での母親との根源的な一致、離別、再接近といった場面で始まっているにちがいないという点にある。すでにこうした個人と関係とが分化する過程ではただたんに一般的な私の同一性だけでなく、また性の同一性も形作られた。その際に彼女（ベンジャミン）は、Phallus の力 Macht に並んでまたその前には、別の力の中心、すなわち本源的な母性という力の中心もあることを熟知している。母権制の精神的な中心としての〈偉大なる母 magna mater〉に、父性的な力の中心としての Phallus が拒絶反応をする形で対峙する。女性の定義を欠如によって行い、またそれによって女性の抑圧を内的精神的に承認したそうした発育の条件にとって決定的なことは、初期の前期エディプス的な父親の機能がはたらき、その父親（の存在）は母親から分離するのに極めて重要な役割を担っているという点である。

父権制という制約条件の下では――ベンジャミンはこのように言う――、父親は若者に向かって出自が同一であることの可能性をこう定言する。すなわち、君は私と同じだ、君は私の生き写しで、私のように頑丈で成功者となることができるのだ、と。そのようにして父親は若者に自分自身の意思と、そして若者が〈私は意志する〉そして〈私はできる〉といった独立性と自立性を見出せるように仕向ける。それとは逆に、父親が娘である少女に勧めるのは、君は君の母親そっくりだ、君は愛らしくて思いやりのある娘だ、私が望ましいと思う通りの女の子だ、と。そのようにして彼は娘＝女性には彼のような力強さや頑丈さが同じように備わっているのを拒み、娘が従属的な子であるような対象の側に固定する。この点では、父親は男性的なるものを優位に、そして女性的なるものを従位に置くという構造を、意識的‐無意識的に、故意に‐無意図的に、次世代に受け渡していく。もちろんベンジャミンは多岐にわたる発育の像を描いてみせる。父親の行動に母親の振舞を対置して、母親は少女を同性の似姿として母性的な呪縛圏につよく曳きとめ、男児を父親の方へ押しつけるのだ、とも言う。しかしその理論の重要な点は、ベンジャミンにとっては引き離すというこの種の機能の行使が父親によって実行されることである。この点はまたペニス羨望の一つの新しい解釈にも通じる。なぜなら父親が娘に拒むことは、言い換えれば、娘が権力、自立性、そして独立性という点で父親と同等になるということで、そうなるとそのことが、こうしたものをすでに備えている少年を、少女が妬むことになるからである。しかし少年であることがペニスによって察知されることから、こうした妬みは、少年が家族内で優遇され、より有力な位置を占めている点でペニス羨望と呼ばれる。

しかし女性の地位は、こうした父権制の立場で不足したものと決めつけられる位置から、どのようにして解放されるのか、また女性はどのようにして彼女たちの欲望を見出すのか、さらにその欲望の特質を成すものは要するに何であるのか。ベンジャミンは、こうして欠落の位置から、したがって女性的なるものというこの奇妙な定義から脱出する手掛かりを論じている。そこでは第一にPhallus-シンボルに引けをとらない女性的なるものを探索することである。ここでは女性的な欲望が戦わなければならない問題は、Phallusが外に-出てあるEx-sistierenこと、つまり外に突き出て存在するという記号表示体としてすでに地位を保持していることである。R・ヤコブソンが展開した言語学的な法則性にしたがえば、――記号があるものEtwasの相関詞であるという範囲内ではあるが――そこで成立するのは、ただ否定することによってそれとの差異を表現するという、すなわち無なる-あるものNicht-Etwasとして表現するという可能性だけである。ヤコブソンはこうした記号表示signifikatorische機能をゼロ機能と呼んでいる。記号がその価値を獲得することができるのは、対当が空位であることによって決定される。

こうした言語-構造論的問題性をJ・ラカンは周知のように、挑発的で多くの議論を喚起した命題で表現している。すなわちそれは、「女性は存在しないLa femme n'existe pas」というのである[62]。この命題は、論争から明らかになったように、さまざまな仕方で理解されうる。記号の世界では女性は、意味を運ぶ記号表示体Signifikantをもたない、なぜなら女性は数ある記号表示体の一表示体とは異なるもの（対当）によって、すなわち空機能によって標示されているからである。その記号表示体はしかしまた、女性は能記秩序によって標示された父権的世界では、男性的なるものと比較するとき、否定的な居場所の他には、すなわち欠乏、欠落、非存在としてしるしづけられるこの場所の他には、どのような居場所も見出さなかったということである。それに対比して、女性は言語-社会的な世界では記号《ツァイヘン》の秩序にしたがって記号をネガ化する場所以外のいかなる場所も占めることができないといった解釈は悪意のあるそして乱暴と思えるものであろう。ベンジャミンの考えるところでは、なるほど女性は自分たちが女性であることとその欲望を極めて適切に言葉によって分節化することはできているが、しかし女性はPhallusという象徴シンボルに比肩するものをむりやり探すといった道を拒んでいるというのである。

　ベンジャミンは、女性の欲望を規定するのにVulva（外陰部、陰門）の生物学的コードから出発するL・イリガライ[*63]の道も論究しているが、それと併行して加えてPhallusという主題全般は、出発点では意味創出のシンボルsignifikantes Symbolとしてのペニスという生物学的なコードによって展開されたとしている。そのとき女性の欲望は、特殊‐女性的な仕方で愛することによって喜びを知るという手がかりを見出さなければならなかったであろう。イリガライの出発点は、したがって、割れ目Spalte、くぼみ、とりわけしかし触れ合う唇という視点である。そこには彼女にとって柔らかな触れ合いを通して喜びを知るという形が素地として用意されている。しかし女性的な欲望を特徴づけるこうした道は十分なものであるのか。たしかにこの道は一つの重要な次元を描いて見せる。しかしその道が否定し、また認めないのは、とりわけ詩情ゆたかな内容になってきたイリガライの後期の著作が明らかにしているように、強さ、力、能力、危険なこと、女性らしい恋の道Erotikを脅かすものであり、そして元に戻って強調しているのは心の優しさ、思いやり、柔和さといったものである。たしかにそうしたものは女性の欲望の主要な次元をなしているものではあるが。それに加えてこの種の、女性の欲望の規定に欠けているのは、同胞への、つまり他者への関わりである。このことは、本来けっして排除されてはならない自己へ回帰するナルシス的な次元を示してはいるが、しかしなお女性の欲望を規定するには不十分である。[64]

＊L・イリガライ、「性的差異倫理（エチカ）」『性的差異のエチカ』、浜名優美訳、産業図書、pp. 168-188.

ベンジャミンにとって重要なもう一つ別の次元がある。その次元は彼女の作品のいたるところに際立って現れており、またそれは性差の発達を彼女が性格づけまた解釈する場面でつねに垣間見られる。すなわち、それは、自立的で、完全で、独立し自主的な人格として（女性を）承認する次元である。娘を見てただ彼女を甘く、幼い少女のすがたにしか価値を認めない、さらにそうなると娘を自立できていない、ただ頼りかかりそして帰依することしかできない人間 Existenz という対象面で評価してしまう父親のなかに、ベンジャミンが見ているのは、父親が女性の欲望を意識的‐無意識的、意思的‐無意思的に切り詰め、無力化し、承認することを拒んでいる点である。女性の欲望は、彼女にとっては、より劣位の位置に貶められているのであるが、それはまさに世代を重ね何世紀も経て継承された集団的に降りかかる父権的幻想のために、私という同一性を欠いた性的同一性が女性に帰せられたためである。したがってベンジャミンにとっては、女性が捜し求めているのは〈自分のためのみの欲望 Begehren für sich allein〉であって、まったき人格として、自立的で、自主的な個人としての認知を求める叫びである。しかし女性がこの認知を勝ち取るには、女性が父親からはたんに欲望の対象として認められるだけではなく、意思と能力をもつ主体としても承認されるのでなければならない。

こうした女性の自立を承認することは、しかしながらローデ・ダクサーにしたがえば、それ自体さらにもう一つの問題を孕んだ局面でもあると言う。というのはその承認は父親によって仲介されているのであって、その承認はそれ自身なお父親の父権的な秩序の後見の下にあるからである。ローデ・ダクサーにとってはしたがって父権的な秩序から脱出して女性的欲望の自立と独立へ至る歩みはいまだ実現されてはいない。[65] エディプスコンプレックスなる古典的な精神分析の次元は、いまだなお乗り越えられてはいない。したがって女性の謎は解決されていない。〈スフィンクスの前に立つエディプス Oedipus vor der Sphinx〉は、ローデ・ダクサーにとっては、生活体験のなかで男性の優越衝動に囚われていることであって、この優越衝動は拒否された否定的内容のすべてを〈謎なる女性 Raetsel Weib〉に指定し配分しているのであるが、その否定的な内容のために謎なる女性の大層な地位は震撼させられたかも知れないのである。男性的なロゴスの卓越していることは、女性のものとされている暗い冥界の chtonische 諸力に対峙する。根本において母なる大地とともに死に出会うのが男性の不安である。したがってそれは父権的な不死幻想を止揚しなければならない。スフィンクスの謎はよく知られているようにこう語る。「朝に四足で、昼に二足で、そして日暮れに三つの脚で歩くのは誰か。」これぞ人間であるというエディプスの答えは、彼は自分自身が謎のなかにあることを熟知している、という意味である。この自己認識は、ローデ・ダクサーによれば、男としての私がこの人間であるという（私と男の）同置を含意しており、そしてスフィンクス自身を人間存在から排除している。しかしスフィンクスを含めることによってはじめて、男性なるものの独占支配は終息し、男と女を同置するという人間の人間化 Vermenschlichung が真の意味をもつことになる。謎解きはそのとき、〈人間は男と女である〉と言えることになるはずであった。しかしこうして女性の欲望は解かれないままで、さらに謎は広がる。

ローデ・ダクサーにとって切迫した事態は、したがって、女性にとって父親 - 娘 - 関係への拘束から身をふりほどいて自由になるための女性の欲望を発見することである。このような関係にあっては女性は父親の考えに操られ、彼女が自分自身で考えることは禁じられる。それにしても外に飛び出ることは生存を脅かす感情に身を晒すことを意味する。つまり空虚と生存不安の感情に身を晒すことになる。もしそれでも女性にとってこうした感情を（精神的に）調整することに成功するならば、そのとき女性にとって自立的で自主的な生存の世界が開かれて、彩り豊かな（変化に富む）世界の経験が得られよう。〈自分のためのみの欲望 das Begehren für sich allein〉というのは、ベンジャミンがそれに向って舵を切った飛躍の地点でもある。最終的にはベンジャミンは、これをも父親の後見によって〈自己を喪失する Sichlösen〉ことだと考え、また女性らしい心の内的空間の、つまり女性が自分だけとあるという女性らしい心の、発見であると考えている。こうした孤独から女性的な欲望の独自性は生まれるに違いない。ベンジャミンにとって欲望はしかし愛による喜びの感受としても理解されている。したがって彼女にとって問題は、特殊な女性的、性的体験を明確にすることにある。すなわち、その問題は、女性的な自己 Selbst が多彩な世界と出会って自立するというローデ・ダクサーの道にあっても結局は明らかにされないままである。

ベンジャミンは女性的な欲望の特殊性を明確に描くために二つの方途をとって接近している。そのひとつは外部空間と内部空間とを分けるという方途である。こうした背景のもとでは男性的な欲望は、身体の領域でペニスに集中されており、したがって衝動という術語によってきわめて正等に記述されるような外部空間に位置している。それに反して、女性的な欲望は内部空間を発見することに繋がっている。そうした内部空間は、〈干渉、迫害、あるいは傷害といったものへの不安のない〉避難所の役を果たしており、なによりもまず女性的な欲望の前提条件を形作るはずのものである。こうしたことに基づけば、女性の身体全体に広がる感情の昂りは妨げられることもないであろう。したがって女性的な欲望は決して衝動といった概念によってではなく、おそらくそれは余裕（間）の開けという術語で記述されるものであろう。こうした接近方法の対極は、しかしベンジャミンにとっては最終的には決して男性的とか女性的といった排他的関係にあるものではない。二つの経験可能性は、相互に関係し合い、双方から認め合えるように配置されている。このことは、女性的な経験形式は男性的なるものの次元に成りうるものであること、そして男性的なる経験形式は女性的なるものの次元に成りうるものであるということを意味している。

しかしながら、性差の戦いの問題を解決する試みを邪魔だてしているのは、主人‐奴隷‐という主題設定および解放闘争によるその関係の変革というのが、現代の社会的諸関係とその心的な処理方法をすみずみまで決めてしまっていることにある。結局のところ私の考えでは、現在では性差の関係は、何世紀にもわたる女性の抑圧と、また性急に実施され最初の解放のうねりの故に結果として矛盾を孕んだ期待に帰着することになった。そしてその矛盾をはらんだ期待のために双方の役割理解には深刻な不安感が生じた。女性は一方で旧来の意味で彼女を護る強い男性を求める。このために彼女は、未だ解消されない父親との繋がりと戦うことになる。解放されたという意識をもって女性が関わりを獲たいと願う人間は、十全な自己実現を最大限可能にする自由を女性に提供する人間である。矛盾を孕んだ期待のなかで、双方は互いに結びつかなければならない。男性は旧い意識で、しなやかな、思いやりのある、従順な女性を求める。そしてまた同時に男性は関心を惹く、解放的で、さらに自負心のある女性を求める。言い換えれば、男性は克服できない優越要求に執着しながら同時に新たな寛容の関係が実現することを欲してもいる。これは逆説を孕んだ期待であって、そこではそうした逆説を孕んだ期待のもとでどうしたら男女は一緒の道を辿れるのかという問いが迫ってくる。そこにはおそらく心的な道があって、その道を行けば一方の欲望は他方の欲望に至りつけるのであろう。しかし表面には矛盾を孕んだ強い緊張が出現する。そしてその緊張の双方には大きな失望の可能性が含まれている。

失望させる可能性という問題を抱えて私たちは性差関係の疑問点の多い側面に近づくことになる。というのはその背後には、期待、同一化、そして互いの譲り合いが控えているからである。すなわち、君は私が君について懐いているこの像を十分に充たしてくれなければならない、と。他者について自分自身が懐いている像は、起こりうる他者との関係の基準を呈示してくれる。君は君以外であってはならないし、そしてもし君が別様であれば、そのときこのことは、激しい失望、脅迫、そして私への攻撃となって、その攻撃は私が君と戦わねばならなくなると私に迫ることになる。期待を侵害するという、現今の社会的状況では矛盾したこのことは、私の思うところによれば、それは性差関係に破壊的な問題を持ち込む。すなわち、私が受け容れることができるのは、君が私の必要としているものであり、私が君のなかに価値を認めているものであり、また、私が君と確約したとおりの君であるときだけである、ということになる。

心理学的には、自分自身を他者にこのように投げ入れることを投影と呼ぶ。それに加えて、ここで問題になるのは、とりわけその実現が困難であるような逆説を孕む期待を投入することである。この投影で描き出されるのは、他者は——他者がこうした像に失望している限りで——侵略者であるという表象である。このような脅威に対しては、しかし力／権力をもって身を護らなければならない。なによりもまず私たちは、他者を制御し、操作して、他の面が目立たないようにするか、あるいは威力を発揮できないように努める。しかしもし他の側面がやはり表に出てくるときは、失望、攻撃、脅迫、権力手段等を使っての戦いがその結末となり、こうして私たちはいわば性差の戦いの真っ只中に立ち入ることになる。

性差の戦いは特に性生活 Sexualität の事例で学問的に取り扱うことができる。性差の戦いが演じられる一つの場は、性行動である。もし君が私の性についての想念にふさわしくなく、異なっているならば、私は君を拒むことになるにちがいない。私が君を拒むことによって、私は君を不能にあるいは不感症にしてしまう。多くの場合こうした情緒的な出来事の経緯は相互的に進行する。その際当てはまるのは、H・シュティアリンがヘーゲルに関して言ったことであるが、一方の者の行為は他方の者の行為であるという指摘である[66]。性差の戦いは性的な一致という限られた領域で起こりうるものであるが、それだけでなくそれはまた人としての一致という全領域に跨ってもいる。はじめはまず君は私にとって願望充足のすべて、天国の夢想である。やがてこの体験はひっくり返る。天国は離れ去り、私たちはそれを喪失してしまった。いまや君はまったき人格としてはただただ失望に包まれ、君は私を死んでいるかのように感じとっている。性差の戦いの破壊的な核は、内的な死をもたらす経緯である。なぜなら君はあまりにも期待はずれなので、私は君に復讐しなければならなくなる。私は君の性生活を否定しなければならなくなるか、あるいは、私は全人格としての君を無きものにしなければならなくなる。たとえば離婚の際によく知られた犬も食わない泥仕合に出会うのである。こうした心の深いところの無意識の層で起こっている他者誤認は、自分自身に囚われた偏見によるものであるが、その誤認が映画技術の手法によって〈女性の身元確認 Identifikation einer Frau〉というアントニオーニの映画で描かれている*。ここでは、一人の男が女性をそもそも知らないにもかかわらず、その男がどのようにして想像によって女性を誤認し願望対象として同一化しているかが描かれている。男性は女性の生活状況を知らず、男性は女性の生い立ちを知らないのに、しかし男性は女性に夢中になっている。その際作品には無意識の仕方で否認や-、フェードダウンや-、非認知の-過程が見られる。そこでは理解することが分かりやすく扱われているが、その理解は、気づかれないままに、自己自身を他者のなかでかんぐり読み取ることによって、またかんぐり読み取ったものを、解釈して他者から外にとり出すことで成り立つ。理解の問題は、とりわけそれが性差関係にあっては、こうした擬似理解の生じる可能性とは明確に区別されなければならない。たといこの偽の理解が他者を誤って自己自身に取り込んでいるにせよ、あるいは自分自身を他者のなかで見失っているという形で表に現れてくるにせよ。実際に行き着くところは、あらゆる場合に不当な侵害、制御、管理操作、誤使用、抑圧といった破壊的な結末である。そしてひとたび攻撃と復讐の連鎖の輪が性差関係に定着すると、その解消はきわめて困難である。

＊M・アントニオーニ、『ある女の存在証明 identificazione di una donna』、映画、一九八二年

性差の戦いを解消するための手がかりはあるのか。当然のことながら性的なるものの領域にも〈暴力を克服回避する道 Wege aus der Gewalt〉は存在する。[67] その手法は、思い違いからの脱‐思い違い Ent-Täuschung を試みることに見られる。すなわち、男あるいは女が他者について描いているそれぞれの硬直した心象のために遠ざけ、抑圧し、破壊しているものを解明することに見て取ることができる。失望感、また破壊された生活体験や破綻した関係への破壊的な憤りや痛みの感情は、性差の戦いでの転換点となることを意味している。なぜなら痛みや悲しみによる理解は、今や他者の他者存在に開かれているからである。性差が接近する過程では、男性はだれも、たと

えば、自分が一方ではしなやかで従順な女性を願望しながら、同時にその女性は自負心がありそして自由を大切にし、束縛からは自由であって欲しいと望むということが何を意味しているのかを解明しなければならない。とはいえ、女性は、生活面では従属的であって同時に同権であるといったことを都合よく運ぶことはできない。

そこで問題は、私たちはそもそも、他者の自由の要求を辛抱強く耐えるほど心がひらかれているものか、またどのような点を超えるとその自由の要求は私たちにとってもはや赦しがたいものとなるのかにある。とはいえまた他者の要求が自分自身の要求より優先され、自我 das Ich がこの点で〈人質状態に in Geiselhaft〉に置かれることも許しがたいことである。逆に女性がみずから再考しなければならないのは、女性は全面的な自由の要求を立てていながらもなお、強力で支配的な男性を夢見ているということがまかり通るのかということである。ここでは双方の自由の要求は折り合わなければならないし、また双方からその要求の中身を値踏みしなければならない。もし私たちが具体的にそのような相反する期待をもっているとするなら、そのことは何を意味するのか。他者と知己をえるとは何を意味するのか、他者は実際にはどのようなものなのか、他者の彼岸にあって私たちは他者をどのように好きになれたのか。最後に残る問題は、私たちはすでに他者の他者存在をすすんで承認する用意があるのかどうか、とりわけ私たちは他者存在を辛抱強く受け容れられるのか、である。

このような関連で私たちがフロイトの両性理論 Bisexualität あるいはC・G・ユングの animus

と anima の理論を引き合いに出すことができれば、当然のことながら有益である。両理論が提示しているのは、人はどのようにして互いに知り合いになることができるかについてのヒントであるが、それによれば人それぞれの独自の性的同一性は成長するもの etwas Gewachsenes であるということ、またその同一性にはつねにそれとは別に心的な、性的同一性の可能性も含まれているという。このことは、性差というのはどちらかに固着する Seinsbestand のではなく、私たちがすでに生物的なるものを規定するに当たって見てきたように、流動しつつ発育するものであるという。胎児は自己を形成する過程で、男児に振れて終わるかあるいは女児に振れて終わるかの動きが幾重にも試行され、結局は、遺伝コードがその振り子運動に最終の目的の準則を与えているにもかかわらず、そうした自己形成の歴史を走り抜ける。精神面での生育過程も、そのあり方は、私が男性的な同一性に向かうかあるいは女性的な同一性に向かうか、その動きはあらかじめ定まっているものではない。あるところでは母親との同一性の諸特徴が、また別のところでは父親との同一性の諸特徴がみられるといった具合である。性の同一化という点では、異なる性に heterosexuell 傾くのかあるいは同じままの性に homosexuell とどまるのかは開かれている。ユングにしたがえば、人は誰も内的な像 inneres Bild をもっていて、それによって彼は女性ないし男性の元型《アルヘチユープス》を形づくる。そのことから、もし男性が女性を目指すときは、男性はいわばその内的な像である anima に相当する外部代理《アウセンレプレゼンタンツ》を探索するが、逆に女性は女性自身のうちにもっている内的像である animus に相当する外的表出物を探索するのである。[*68] その限りで、両性差にみられる心的な現実は、それ自体二重になっている。当然のことながら女性は、そのとき男性的な体験の仕方や、男性的な振舞方や、感情や、ものの観方としての態度といったものを自己内にもっている。人間一個人の同一性にとって重要なことは、両者（男・女）相互の認識を深め、そして何時一方が、また何時他方が威力を発揮することになるのかを理解することである。

＊C・G・ユング、『自我と無意識の関係』、野田倬訳、人文書院、p.100f.

性差の戦いの解消という問題に対するこれまでの論攷は、対立するものに架橋するという内的で心理的な可能性に関わるものであった。しかしこうした論攷は、いわゆる社会的、政治的な類の外的な関係のなかでこうした対立矛盾がつねに繰り返し作り出されているときか、あるいはその対立矛盾が緩和されないといった場面でなければ、有効に作動することはない。経済的過程でこの矛盾対立が発生するのは、女性労働が本質的には能力が同じであるのに劣悪な報酬しか獲られないとか、さらに就職・就業機会が不平等であるとか、とりわけ妊娠、出産、子供の教育に際して許される休業時間の配慮が不適切であるといった状況にあるときである。政治的な生活場面ではこうした対立矛盾は、政治活動（生活）への参画が不平等である場合に生じる。たとえこうしたことが党派や国家内で男性に特権を与えるといった伝統的な旧来の構造に基づいていようが、またそうしたことが、政治と家庭、私と公は切り離されたものと考えられるからであろうがその対立は変わらない。（対立の）変化にはこの点で、生活体験でも異なる対応が採られうるという前提条件が伴う。

性差の戦いを克服することには、どのような変化の可能性が含まれているのか。さまざまな形で明らかになってきたのは、男性の合理性と倫理には、一種の原理論と正義観念が含まれているということであるが、それについては私たちがはじめにロールズについて論じたところである。それに対して女性の合理性は、多くの場合具体的‐状況に直結するものとして、また責めの倫理としてその特質が描かれているが、それは（女性的合理性）、とりわけC・ギリガンによって彼女の作品『もうひとつの声 *Die andere Stimme*』[69*]で展開された通りであり、また私たちがそのあと引き続いてレヴィナスに即して女性的合理性を考究した通りである。ここでなんの疑いもなく期待されるのは、女性を対等の位置に置くことによって、社会的政治的な潜在能力 **Potenzen** が解放され、それによって豊かな人間性への変化の萌しがみえてくるということである。その限りでは、ここではまだM・フーコーが他者の排除と呼んでいるものを解消するまでには実際至っていない。フーコーはそうした他者の排除ということのなかによく知られているように権力が作動する手順をみている。その手順は、私たちの術語では暴力的傾向があって、社会的な生活を破壊にまで追い詰めるものである。

＊C・ギリガン、『もうひとつの声――男女の道徳観のちがいと女性のアイデンティティ』、岩男寿美子監訳、生田久美子・並木美智子共訳、川島書店、p.111f.

性差の戦いを克服するというこうした作業には、どのような変化の潜在能力が潜んでいるのか、それを正しく査定するのはもちろん困難である。いずれにしてもそうした潜在能力は、自由な個々人の相互承認という自由主義的《リベラール》な考えを実現するためには不可欠なものである。その点では自由主義的な経済秩序を醸成しそれを人間らしくする humanisierung という重大な貢献も期待される。この問題は私たちが次の章で取り組むことになる。

もちろん生動する性差関係に伴う諸々の力、情感、そして諸々の観念といったものから解放されるという期待は、変化の可能性を非現実的で幻想的なものに置きかえてしまうような過大な見方に対しては一線が画されなければならない。そこには、一つには、資本主義や階級社会の克服という旧来の社会主義的な期待があるが、それはしばしば、女性の自由化と同権化という問題全般と結び付けられているものである。その主張の論拠は資本主義とは、資本が支配する経済秩序であって、私たちはこの支配を家父長的秩序のおかげで手に入れている、という。もしこの経済秩序の問題点が是正されるならば、――バッハオーフェンが提示したところであるが――、母権制的な秩序を受け継ぐ道が自由に開かれるであろうし、この秩序は一つの新しい、資本主義的でない経済秩序を取り込むことになるであろう、という。ここでは性差上の - 他者との融和統合は、社会秩序をある別の社会秩序によって克服するということと密接に絡み合っている。現実の社会発展にはこのような夢物語（空想）を容れる余地がまったくないということは別として、社会秩序の完全な再編成という重荷を女性たちに負わせることは、それもまた女性の諸力の可能性を空想的に誇張し、女性のその諸力に過大な要求を課することになるであろう。心理学的にはこうしたユートピアには、集団的体験世界の分裂という現象が現れていると言えるが、その体験世界が分裂すると男性の原理は悪として、また女性の原理は善として現れ出る。その際に引き裂かれた世界像に慣れていることから私たちが認識するのは、こうした考え方によって男性に結びつけられる暴力は、関係が逆転して女性の逆暴力として再び姿を現し、増殖を続けることになるだろうということである。

似た形で女性的なるものを理想化し-空想的に誇張した描写が見えるのは、ゲーテが彼の『Faust』*のなかで女性にまさしく宗教的に-美化された価値（意味）と救済の機能とを認めているところである。[70] マドンナ（聖母マリア）は、女性的なもののある種の諸特徴を理想像として様式化しており、憧憬の的になっているが、ところが他面では、それに加えてその別の側面を、女性的なるものにある感性的で-生気あふれる側面や、女性的なるものの陰険で-破壊的な側面のような面を排除し分離することに繋がっている。L・イリガライのような理論家たちは、女性的なるものをもっぱら愛に満ちた感情という側面から描いたのであるが、そのために、暗い破壊的な側面はぼやかされ、女性的なるもののありのままの姿（現実）は歪められてしまっている。ゲーテもまた女性的なるものを彼流に理想化して女性なるものに重荷を背負わせたが、その理想化のために女性にはまさに人間を超えた機能を認め、女性に男性的なるものの救済という重い課題を負わせることになっている。こうした内実以上の見せかけをつくることは、失望、怒り、暴力、破壊といった結末を伴うに違いない。なぜならば限りある条件の下では理念化された神聖なる像は、やがて崩壊する憂き目を見ることになるからである。ここでもまた言えることは、人間である他者なるものには、アンセルムス・カンタベリーのかの有名な慣用句で神性 Göttliches に帰せられているあの内実を具現することはできない。すなわち、（人間である他者には）「それを超えてより大きなものは何も考えることができない id quo nihil maius cogitari potest」**というその役を演じることはできないのである。[71] このように（女性的なるものに）価値を付与することは、けっして性差の戦いの建設的な解決と言えるものではなく、ただその戦いが続くことを意味している。なぜならそうした価値付与は陽の目を見ることのない夢を現実にすりかえて差し込んでいるだけだからである。

＊J・W・ゲーテ、『ファウスト』、大山定一訳、世界文学大系一九、筑摩書房、p.296f.

＊＊アンセルムス・カンタベリーの『プロスロギオン』については、『岩波　哲学・思想事典』清水哲郎　参照

Ⅴ　理解、攻撃、そして合意──ニーチェに関する付説

私たちのテーマは、それがどの範囲まで性を異にする他者に関わり、また情報を共有することができるのかといった性差の問題だけでなく、またどの程度まで自分の体験や欲求が他者の世界に及び、その結果自分の体験や欲求が他者の世界に変調を加え、占有し、抑圧し、それによって破壊的な過程が誘発され、その過程はさらに自分自身の性なるものにも悪影響を及ぼし、そしてそれを荒廃させることになるかといった問題も取り上げる。

これと類似した問題は経済の分野でも片付かないまま次のような形で提起されている。すなわち、生産し消費する人間は現代社会ではどの程度まで同胞との間に関係を保ち、同胞に理解されていると感じているのか、また自分の方では同胞を理解しているのか、したがって同胞と協力しているのか、それとも敵対して働いているのか、といった問いである。取引行為Handelnの自分の側の狙いは、当の彼にとっては自分が他者の狙いを締め出し、封じ込めなければならないほどに大きな関心の的になっているのだろうか。あるいは、経済的な取引行為をする双方にとっては、自我が双方に有益な方法で他我と交わってゆくといった、有益なプロセスが育っていくことが可

能なのか。経済的競争とは何を意味するのだろうか。また、それは、自分の目指すところを無理やりに遂行するのと、他者の他者性をも取り込んで承認するのとの間で競争の状態とはどのようなものか。分業とは何をいうのか。それは、G・H・ミードが主張するように、さらなる協力への道であるのだろうか、あるいは、権力の独占と集中を作り上げて他者を支配する道であるのか。経済的理解に含まれるのは何か。したがって、その理解は何を可能にするのか。その理解によって排除されるのは何か、またその理解は何を隠蔽しているのか。

こうした問いに近づくためには、私たちは経済的領域での攻撃のあり方を規定し、それをコミュニケーションの可能性と関連づけなければならない。そのため、現代の攻撃理論の成果を取り入れ、それをコミュニケーション理論と結びつけることが必要となる。[72] しかしながら、私たちはこのテーマを話題として持ち出す前に、生の哲学によって触れられ、ここではとりわけF・ニーチェによって全面的に展開された異論に立ち向かわなければならない。ニーチェは極めて基本的なやり方で理解と暴力の関係を取り上げ論じている。私たちはこれまで、まさに自明の如く暴力的行動は他者理解の過程を破壊してしまうというところから始めてきた。なぜならその行動は自分自身を粗暴なやり方で前景へ押し出すために、他者が見えなくなりさらに他者を受け容れることができなくなるからである。それによって、他者は根源に攻撃を加えられ、憤怒、復讐、憎悪によって責め立てられ破滅に追いやられる。このようにして、もし自分自身の生と他人の生を成長させ、それを促進したいのなら、そのときは暴力的過程を解体し、解消し、さらに他者の自由を承認する過程へ移行させることができるのでなければならない。このことは、いずれにせよ自由なる人間像及び自由主義の社会秩序の基本的考え方であって、それは私たちが取り組む他者性の解釈学の基礎となっている。このように生は人間の有機的組織体の表現形態として、根本的に捉えられている。

　このような考え方には、生の哲学の異なるもうひとつの見解が対立している。その見解はF・ニーチェによって展開されたものである。それによれば、根本から疑われているのは、暴力から解放され、相互に関係のある自由な個人の間に和解が見出されることで、人間の生はよりよく発展するものなのかという点である。ニーチェが疑っているのは、暴力は生きることと矛盾しているのかという点であり、あるいは、生はこの破壊的影響力を内包しているのではないかという点である。そのためにニーチェは、暴力という概念の内包の全範囲を、権力のある gewaltig という意味から暴力による強制による gewaltsam という意味にまで拡大して使用している。根本においてニーチェの見解は、生が暴力を内包しているのだということの肯定を条件として、生そのものが肯定されるのだという。くだけた言い方をすれば、生が力強く展開することを望むならば、生は権力の行使へ移行するものであることを甘受しなければならないのである。[73*] このことは、構築と破壊の間断なきプロセスとして自然を捉えたソクラテス以前の哲学者、ヘラクレイトスによる世界観を取り入れていることを暗に意味している。彼のよく知られる格言、「πολεμος πατηρ παντων 闘争、競争、そして戦争はすべてのものの父である[**]」は、そのときあらゆる生の内的な運動原理となる。

＊F・ニーチェ、「道徳の系譜」、秋山英夫訳、『ニーチェ全集　第三巻（第II期）』、白水社、p.36f.
＊＊ヘラクレイトスの格言。戦いはすべてのものの父、すべてのものの王なり。『ギリシア・ラテン　引用語辞典』、田中秀央・落合太郎編著、岩波書店、p.114.

私たちは、ニーチェの異論の全体像をその意味するところによって評定する前に、ニーチェの哲学的観念のいくつかについて明らかにしておかなければならない。すなわち、どのようにして暴力と生が矛盾するという事態になったのか、また、このことはニーチェにとって文化的進歩であるのか、あるいは、衰退の表象であるのか、に触れなければならない。しかし、そこではまた、いかなる種類の生の暴力がニーチェにとって古めかしい archaisch ものであり、またどのようにしてそれは今日では文化的に変質されうるものなのかというその違いも考察されるべきであろう。ついで私たちは、ニーチェの暴力の観念が〈社会進化論 Sozialdarwinismus〉とどこが違うかを明確にし、そして最終的には社会進化論でさえも、力を行使する gewaltsam 社会進化論と非強制的なそれとの相違がどこにあるかに注目しなければならない。[74]このような区別を私たちが必要とするのは、いってみれば、経済的分野でも政治的分野でも殲滅戦争を競争（αγων）から区別することができるためであり、また他者の排除という問題に対してもきめ細かに答えることができるためである。ニーチェの手法に含まれるのは、いずれにせよ、当世風に言えば、生はつねに攻撃的内容をもつものであるということと、さらにこのことは、ある程度、衝動の生物心理学的な状態にその意味が含まれているということである。

その際にニーチェは、まず生に対して否を言い、それ故に暴力に対しても否を言う諸理論や主体を激しく批判するが、そうした理論や主体はその点で自由の諸欲求を均衡化するという見解をもっており、またそれに基づいて独自の正義と道徳との論攷を構成している。こうしたことこそ、抗争する当事者間の欲求の平均化を図るという第三なるものの視角を導入する考え方である。ニーチェの視点には、この第三なるものはつねに抗争し合う当事者という二元性に留まり、また強者と弱者へと分極化する人間関係の内に留まっている。それゆえ人間‐間の諸関係を決めるのは権力関係を比較しその価値を判定し、さらに権力と暴力との投入による。

権力を自由意志によって制約するとか権力を調整するといった考え、それどころか非暴力の諸関係といった世界観は、したがってニーチェにとっては弱者のイデオロギーと見なされる。『道徳の系譜*』*Zur Genealogie der Moral*』でニーチェは、弱者の位置はルサンティマンによって決まると指摘している。[75] 心理学の物言いをすれば、このことは、弱者の位置は未解決の攻撃の問題を内包しているということになる。

＊F・ニーチェ、「道徳の系譜」、前掲訳書、p.41f & p.45f.

ニーチェはこのように自問する。こうした人間が生に対して否を言うのは恐らく、彼らが攻撃に恐れを懐いているからではないか、なぜなら彼らはその攻撃をあしらうことができないからではないか、と。しかし、このことは、彼らが全く非攻撃的であるというのではなく、自分たちの攻撃を隠蔽しその事実を認めていないだけであるということを意味してはいないだろうか。ニーチェにとってルサンティマンとは何か。『道徳の系譜』の第一書に眼を投じてみると、ルサンティマンの由来は、当事者が侮辱され、傷つけられ、死の恐怖に脅かされるといった、いずれにせよ、何らかの攻撃 に直面するという対決場面にあるということが明らかになる。決定的な点は、ルサンティマン的人間は自己防衛が出来ず、抑制されていて、ニーチェから見ると、復讐の機会である好機を逸してしまっている。ルサンティマン的人間は、他者の攻撃に対してそこで自分の身を護るという反応が出来たはずである。しかし不安があっても能動的行動 die actio が起こらないままであったというのは、その結果この人間はその後は受動行動 die passio にとらわれることになる、言い換えれば、傷ついた者として人生を歩まなければならないことになる。しかしこの傷口は痛む。この痛みが耐え難いものであるがゆえに、麻酔によって痛みは抑えられなければならず、その麻酔による抑えは事実の歪曲によって起こっている。すなわち、その歪曲は、復讐することを怠って、そのために劣悪な者であるのは私ではなく、そうではなくして私を攻撃した他者こそ悪者であるといった具合である。責めは彼にある、なぜなら彼が攻撃を加えた者だから、私に責めはない、なぜなら私には攻撃するつもりなどないからである。事実は――ニーチェが示そうとしているのは――、ルサンティマン的人間は攻撃するつもりがないのではなく、不安のために気力を喪失していたのである。このことはしかし、ルサンティマン的人間は自分の攻撃の手を自分に向けて、それによって自ら意気阻喪に陥っていたということを意味する。

しかしルサンティマン的人間は、復讐行動をなおざりにしているから、彼は攻撃から免れているのだというのが、単なる奇妙な（矛盾した）考えでしかないとすれば、そこから私たちは、すべての人間が攻撃に関わり苦しまなければならず、また彼らは要求を掲げ、そのために闘い、勝利と敗北を身をもって経験せざるをえないという帰結を導き出さなければならない。このことはすべて生きることと不可分のものである。そこから、本来的にはただ二つの人間の階層があるということになる。その一つは、自分の激しい衝動、その攻撃的態勢というものを自覚していて、それを肯定する者たちである──ニーチェにとってはこれが強者であり──、そして他の一つは、こうした衝動を抑え、抑圧し、そして否定する者たちである──ニーチェはこの種の人間を弱者として類別している──。

ニーチェのコミュニケーションなる概念にとって決定的なのは、ニーチェがそれを強と弱という二極性で考えていることである。意思を疎通させる Kommunizieren ことは、ニーチェにあっては、つねに攻撃し、闘争し、弱点を探り出し、勝ちであれ敗けであれそれを甘受することを意味する。コミュニケーションとは、概ね力くらべであり、攻撃的な対決なのである。しかし、その上で、ニーチェは、コミュニケーションを狭い意味で類別し、いってみれば、他者を視野に取り込み、和解し、互に認め合いながら関わり合い、さらに私たち Wir として仲良くやってゆける態勢であるとする。この態勢は強者である場合と弱者である場合とによってそれぞれ違いがはっきりしている。強者の位置は、強者の位置が弱者との対比によっては定義されないというところにその特徴が見られる。強者は弱者との理解関係をまったく作り出すことなく、また弱者に自分の身を置き換えて見ることもなく、むしろ弱者から身を隔絶しようとする。ここにきて重要な位置を占めるのは、よそ者の定義ではなく、自己を定義することである。強さは自分自身によって決まり、自律性を要求する。強者とはある意味では、自己反省の理想主義者であって、経験によって蝕まれて虚弱になってはいない。彼の眼差しは弱者を無視し、おそらく弱者を彼の行動に従わせるのである。

それとは逆に、弱者の位置にとって大切なのは、弱者は視線を強者に注ぎ、ある意味ですすんで強者の行動に依拠して、ただ反応的にのみ振舞うことである。それに応じて、弱者にあっては異他なるものの定義が重要な位置を占める。弱者には強靭な自己関与が欠けている。弱者のあり方は、他者によって、つまり他律的に heteronom 決定されている。理解することは、弱者にとっては他者に埋没するという意味では生きる糧であって、自己理解はうまく運ばない。そのため弱者のもつコミュニケーション態勢は、外に向かっては何ら制約するものはない。それはあらゆる人間に当て嵌まる。すべての者に弱者は弱さという屋根の下で誰に対しても席を提供する。ただし、誰もが権力を放棄するという条件つきではあるが。つまり、〈人類みな兄弟 Alle Menschen werden Brüder〉であるということになる。しかしながら、そのためには、強者の位置は道徳的には失格者であると宣告されなければならない。いってみれば、「あなたたちは悪者で、私たちは善人である」ということである。このように弱者の、制約のないコミュニケーション態勢は、平等指向であり非暴力であるという意味では、教訓めいている。それに対し、強者が制約されているのは、ただコミュニケーション態勢だけである。強者は、自己へまた自己から出て思考をめぐらし、第一義的に自己中心的に、ただ選ばれた他者にのみ繋がりをもつのであるが、それは、この他者たちが同じ強さを示しているという条件を充たすときだけである。わずかの人間だけが同等とみなされる。内容のあるコミュニケーションはエリート特有のものと決まっている。

強弱にしたがって人間関係をこのように二極化すること、つまり、二つの階層にこのように区分けし、コミュニケーションの特質を二元的に構造化された世界であるとする意味は、権力と暴力が生の向上にとって不可欠のものであるといえども、その権力と暴力は是認されず、自由に解き放たれるものでもないというところに、本来の攻撃問題があるのだと、ニーチェは最終的には見抜いているということであろうか。もしそうだとすれば、ニーチェは攻撃を抑制せよという一方的な批判者にとどまってしまう。弱者だけが、未解決の攻撃問題を抱えることになり、その問題は非暴力についての弱者たちの生活規範のなかに隠れてしまっている。ニーチェはその非暴力の規範を、覆われて秘匿されてしまった攻撃の問題と対決させている。そのとき、ニーチェは、もう一方で暴力的人間に攻撃の責めを科してはいないようにも見える。彼は、戦争の不可避であること、また人間の発展を暴力や破壊から解放することと同一のものと見ている、という点で予言者であったと言えるかもしれない。実際、『道徳の系譜』第一書のいくつかの箇所にはこうした発言がみられる。さらにそのために、ニーチェを、暴力が不可避であるとする理論家の側へ、それどころか高貴な種族による支配を引き寄せるために純血主義的に理解された暴力的闘争も不可避であるとする理論家の側へと押しやっているように見える。そうなると、ニーチェにとっては、生物学的にみて根拠のある最強の種族という目的達成のための闘争が、言い換えれば、人間を生物学的により高度に育種する目的には不可避なものとなる闘争が、重要な問題となるのであろうか。最も頻繁に引用される箇所のひとつは、〈金毛獣の憤激 Wüten der blonden Bestie〉というところであるが、その箇所は、破壊的で、良心や羞恥に縛られない権力への意志に全重心をかけて描写している。純血主義的で、加えて暴力を避けられないものと捉えている社会進化論的な理論の一部は、この点でニーチェによりどころを求めている。しかしながら、ある非常に丹念な比較の方法を用いたニーチェ講読が示すように、それらの理論が間違いを犯しているのは、ニーチェを自分たちの弁護者であると指名できるとしている点である。傍若無人の暴力に関するこうした見解は、なるほどニーチェにとっては強力で、生肯定的ではある。しかし、そう言えるのは、その見解が文化的には古めかしく、先祖返りしている atavistisch という意味である。問題になっているのは、系譜学の意味でのみ把握可能な、初期のもので、そして文化的に生き残った、その上、根拠が薄弱になってしまっているあり方であって、そこでは、強さというものが社会的および政治的に、言ってみれば、情け容赦のない独裁として、あるいは、ヘーゲルに言わせれば、〈生死を賭けた戦い〉に裏付けられた〈主人と奴隷 Herrschaft und Knechtschaft〉として現れているものである。というのは、ニーチェはすでにこうした（文化の）早期の時代に系譜学的な違いがあることを立証しているからである。すなわちそれは、社会的で政治的な生を、ひたすら略奪によって実現するという初期の野蛮で先祖返り的な暴力と、貴族的な表現を評価し、強くして気品のある人間と弱くて下卑た人間との間の価値‐と身分の違いを樹立している初期ギリシャの英雄伝にみられる暴力‐と権力表現の讃嘆すべき形式との違いである。ここでまた、支配と隷従の相違が主題になってはいるが、それは貴族重視の面から考えられた序列や価値の差異に基づいたものである。[76]＊

＊Ｆ・ニーチェ、『道徳の系譜』、前掲訳書、p.30f & p.31f

しかしそれでは、何を根拠にして、こうしたギリシア貴族による権力と暴力の行使が野蛮な形式から区別されるのであろうか。そのためには、『道徳の系譜』第二書の冒頭部分を引き合いに出して考えるべきであろう。というのは、そこでは、文化的あるいは心理社会的フィルターがとりあげられており、その濾過器を通りぬけて権力と暴力の展開が運びまたそれによって決定されているからである。すなわち、それが人間の約束を果たす能力である。上述の第二書は約束することが許されている動物として人間を定義することで始まっている。このことは、まさしく文化的存在者の構成基準として強調されるところである。[77] 約束とはある授けられた奉仕 Leistung に対して将来のいつかお返しすることを保障することである。同時にニーチェは、交換、契約といった社会的関係を裏付ける基準を用いている。またそのことでニーチェは権力への意志の問題を、生物学的でも純血（人種差別）主義的でも、また先祖返り的でもない、言い換えれば、双方からの協定という土台の上に置くのである。このような根本的な区別によって、経済的プロセスと政治的プロセス双方の理解と討論をするための架け橋がつくられることになる。というのは、経済的プロセスでも重要なことは、同様に私利私欲から、また交換協定や諸契約、諸協定の締結から生じる攻撃の形態が主題となるからである。

＊F・ニーチェ、『道徳の系譜』、前掲訳書、p.67f.

それでは契約関係の導入によって何が獲られるのか。相互性と相互交換の構造が獲られるのは確実であるが、それに伴って諸々の法的関係も獲得された。というのは生活はさまざまな契約に基づいて遂行され、その契約には心理学的に見て記憶が重要なものとなる。そしてその記憶は、ニーチェによれば歴史の - 残酷な処置 Prozeduren のなかで人間に植え付けられたものであるからである。言い換えれば、必然的に心と良心の生成となる。それは、交わされた約束の想起としての心とこの約束が守られたかどうかを心的に審査する審級としての良心である。社会的に重要となるのは、遵守されなかった契約への報復の問題である。『道徳の系譜』第二書は、被害者自身による報復と社会制度を通しての報復の遂行という二つの報復の間のよどみのない移行を示している。このことはしかし結局は、哲学的意味で次のような決定的な問いを孕んでいる。すなわち、報復の際に被害者の復讐が絡んでいるとき、そこでは復讐は構造上二元的であり、さらにそれは次のような問題を喚起する。すなわち、復讐されたその者がその復讐を新たな侵犯としてまた侵害として心に記録することになり、また復讐された者はこうした報復による侵害に対して報復することを要求するといった問題である。しかしこのことは、復讐を加える攻撃という問題は下手人‐犠牲者‐という構造を失うことなく、その問題は原理的に終わりなき復讐の円環となるということを意味している。復讐として実行される攻撃は人間間の関係に在る破壊的な核を溶解することはできない。

しかし、ニーチェは、加害者と被害者との間の報復を審級する機関としての社会的諸制度から剥離する展開過程をも描き出している。こうした審級機関は報復の問題を被害者の手から取り上げ、その解決を司法と刑罰という形式で提供する。刑事司法機関 Strafjustitz の構造は原理的、系譜学的に、法律上の争いを復讐の形式で解決し克服すべきであるとする。しかしニーチェは、『道徳の系譜』では以下のような公的な諸制度を考えることに成功しているのであろうか、つまりそれぞれの要求や考え方に従って、双方から約束を交わし合うか、あるいは約束の不履行のために傷つけ合うといった当事者の二元的構造から離脱し、いわば第三者的立場のような何かを考えることを許すような、したがって三元的構造を持ち込むといった社会制度を考えることに成功しているのか。

形式的に見ると、法および国家の諸制度の系譜学的部門は、第三の仲裁する審級の場をこのように際立たせている。しかしこのことは〈権力への意志〉についてニーチェが説く結論を内容的に確保することができているであろうか。あらゆる人間の生に内在する生の自己肯定と自己強化への衝動は、ニーチェにとって強きを志向し、弱きは回避したいという攻撃態勢を内包している。このような権力の伸展を目指す傾向は、ニーチェではよどみなく推移するなかに暴力態勢も内包しているが、それはまた社会的諸制度にも当てはまる。その社会的諸制度は、暴力的行為を通して成立することもでき、またそれは法と国家を維持する目的で暴力を独占することもできる。法と国家の化身である処罰の正当性は、刑罰による威嚇とその執行のためにはこの種の暴力を必要とする。これは近代の法思想に一貫して跡づけることのできる帰結である。しかし、ニーチェの思考にはこのような暴力の行使は、その正当性の理由を縛るものをなんら必要としない。すなわち、法と国家が第三者の位置を、言い換えれば当事者からは独立した、そして当事者を平等に取り扱う法の実行を保障するようなものは不要なのである。力点は強いこととその法を定め判決を下す公的機関の実行能力とに置かれている。恐らくこのような公的機関は、機関の間で再び他の機関との、約束、強さの対比、そして相互交換といった二元的関係に踏み込むことになる。しかしこうした諸関係もまたもや強弱という標軸 Parameter によって判定される。このように内容から見ると、ニーチェの系譜学では、強弱の二元構造が、我々関係 Wirbeziehung という構造の三つの様式 Modi で達成されている。つまりまず同等の強者間の、次に強者の弱者への無関係という様式で、そして最後に弱者同士のおよび弱者の強者に対するルサンティマン関係という様式によって達成されている。

このことによって私たちが次に続く二つの章で検討することになる他者の理解という問題が提起される。言い換えれば、個人（あるいは公的機関）に鬱積する攻撃の潜在力は他の個人（ないしは公的機関）への関係ではどのように調整することができるのか、とりわけ、その際、約束や交換といった、またそこで展開される正義の観念といった、人間の可能性にはどのような役割がふさわしいのか、という問いである。ニーチェの次のような根本的想定は真実と言えようか、それによれば、私たちは、個人あるいは公的機関に攻撃的自己主張をする潜在的能力のあることを、たんにそれが生の発展にとって必須であり有効であるからという理由で、認めなければならないという。ここで考慮しなければならないのは、ニーチェにあってこうした根源的潜在能力は生物的なものとしてあらかじめ与えられているのではないということ、それはK・ローレンツ[78]の動物行動学のボイラー（汽缶）モデルで考えられているような生得的なものとは考えられていないということである。その潜在能力は、また遺伝的に制約された攻撃への衝動としても考えられず、そうではなく約束や交換等の文化的‐社会的諸関連のなかで衝動の力の伸展として、つまり社会的に変化しうる量として考えられている。

この力はどのようにして文化として kulturell 生起するのか、それは傷害や未昇華といった挫折感の結果として生ずるのか、あるいは内発的な攻撃態勢の結果として生ずるのかを、ニーチェに問うならば、ニーチェは恐らく双方の原因が考えられると答えるであろう。個人の生であれあるいは公共機関の生であれ、その生が開花し、向上することができるためには、他者の権利を侵害し、その結果他者を傷つけるという以外の手立てはまったくないというのである。逆に、傷つけられれば誰も侵害し傷つけようとする意図を新たに懐くことになる。他者を理解するということは、したがって攻撃や損傷へのこうした態勢を計算に入れ、強さを示し、また弱さと敗北のありうることを考慮に入れておくことである。権力の調整という唯一の文化的処理形式とその可能性は、約束、交換、そして契約にある。しかしながらここでも私たちに分かっていないことは、契約相手がその契約を履行するかどうか、またその相手が自分の履行権能を取り消して契約を破棄するかどうかについてである。〈契約を厳守すべし Pacta sunt servanda /Verträge sind einzuhalten〉はなるほど古い法原則として通用している。しかしこの原則は契約履行を要求するために強さを必要とする。契約が守られないときは、自分の持っている権力手段によって確実にそれを達成するための強さが求められる。このことからニーチェが権力と武力を質的に区別することができず、この両概念を境界の定まらない流動的経過によって考えている理由が明らかになるであろう。約束をし契約を結ぶことで権力が発展することは、常にこれらの契約が取り消され暴力へ発展することを考慮に入れていなければならない。正義と相互性 Gegenseitigkeit とによる手法、したがって第三者の視角を約束や契約に取り込み、それと並んで同じく、このような双方性を具現している公的機関を発展させるということが成立するのは、それ自体それらは暴力から生じたものであり、常に正義というものを偏って解釈し、それによって損傷を与えまた暴力的になりうるという条件の下にあるときである。そのため、第三者の視角は争いの二元的なからみあいから決して解放されることはない。第三の視角それ自体が争いの渦中に引き込まれる、たとえそれが全くの独裁的な権力行使に拠るものであろうと、またたとえ正義が不公平で違犯的であるという理由からであろうとも。つまるところニーチェは、戦うものの間に真の認め合いが存在しうるということには、賛同できないのである。ニーチェはたしかに、不安、罪悪感、憤怒、憎悪といった情念的諸次元を認識してはいるが、しかし償い、和解への態勢や愛といった次元をまともには捉えていない。他者は、諸表象、要求、そして統御といった自我が行おうとする行為の領域に留まっている。たとえそれが直接暴力に拠るものであろうと、間接的に契約に則っているものであろうとも。

〈権力への意志〉のニーチェの原理的信念とともに、攻撃はニーチェにとっては一貫して解明不可能な重大課題となっている。攻撃は、平和へ転換されることはなく、最大に見積もって、血なまぐさい暴力の展開を伴った腕づくの戦闘状態から昇華された心的な争い状態へ移し変えることができるというものである。そのために理解することにも狭い枠が設定されることになる。理解が成り立つのは、自分の体験のあり方の背景を一歩ずつ探り、他者の他者性に身を曝すことにあるとするならば、この強者弱者の関係のなかで理解は克服不可能な障害に突き当たってしまう。強者の位置は、不可解という情念《パトス》によって大多数の弱者を凌駕している。そもそも弱者は強者の自己主張を理解できず、強者は弱者の自己否定が理解できない。そのため、ニーチェは彼の立場の特徴を〈われわれ理解できない者[79] Wir Unverständlichen〉[*]という激しい調子で語っている。強者は自らの体験範囲に境界を設定し弱者を締め出してしまい、その際強者は弱者とのどのような連帯も拒否し、おそらく弱者をさげすむ気持ちで見ている。ここには他者の他者性を除け者にするという、硬直した潜在的に敵意のある動きを秘めた行動が生まれる。しかしながら、弱者もまた強者の他者性に関わりをもつことができない。彼らは強者の強さを否定し、強者には非暴力と慈悲とそして人間愛という観念を刷り込むことを試みて、強者をその枠のなかに閉じ込めようとする。このことができないときは、強者は悪として排斥され、心的にはルサンティマンによって責め立てられる。

＊F・ニーチェ、「華やぐ智慧」、氷上英廣訳、『ニーチェ全集　第十巻（第I期）』、白水社、p.374.「われわれ……誤解され、誤認され、取り違えられ、中傷され、聞き誤られ、……」。

そもそも理解ということが話題にされるのは、それはほぼ同等な力をもった、お互いに地位や家柄などが対等であると認め合える者同士の間にあってのことである。彼らは他者のうちに自分自身のものを見分け、その強さを比較し、交換したり約束したりすることに取り掛かる。このような内へ向かって解るということは、類似性に、つまり他者のなかにある自分自身の鏡像に拠っているのである。内へ向かって解るということには、外へと向かっては理解できないということが対応する。外に向かって解らないということは貴族的で、エリート的であって、自由主義的には一般的（通用し）ではない。それは権力関心を均衡させることに役立つのではなく、ただ少数の特別な個々人にとって権力を強化するのに役立つだけである。

ニーチェは破壊的な攻撃と建設的なそれとの質的相違を、また破壊的暴力と建設的な権力との質的相違を何等識別せず、彼が得心するのは歴史的推移のみ、すなわち発展経路のみである。こうした発展経路は、先祖返りのような野蛮な暴力から、古代の英雄的な戦いを経て、またニーチェの時代の文化-精神的戦いにまで一貫して推移している。ニーチェの哲学的理解はこの文化-精神的戦いの絶頂期を画するのであるが、そのときドイツ文化はヨーロッパ文化の次元へ、そしてさらにそれを超えて異文化との間文化的な交流へと踏みこんでゆく。それにもかかわらず次のようなディレンマは残存している。すなわち、理解するということは、つねに遠近法的perspektivischなものであり、したがって、あるひとつの観点Perspektiveは、他の観点の解釈を意味しているのであって、その異なる観点の他者性を自分自身の解釈のなかに埋没させてしまう恐れがあるというものである。残るディレンマは、解釈というのは権力への意志によって戦い獲られるものであって、架橋することで強・弱の対立矛盾を克服するのではないというのである。

ニーチェとともに私たちはこの論攷では、権力および暴力を念頭に置いて攻撃を文化的コンテクストで論究しなければならない。しかし、ニーチェとは異なって、攻撃をコミュニケーション理論の地平に据えて、他者性の理論および観点変換の理論とを結びつけても論究しなければならない。そのように着手することで明らかになるのは、攻撃なる概念では、ニーチェとは異なり、構成的な側面は破壊的側面から区別されなければならないという点である。そこで、エーリッヒ・フロムは、人間の破壊性を広範にわたって論じている彼の著作のなかで、建設的側面を取り出し、彼はそれを構築する側面という意味での生の現われと結びつけ、それを攻撃性という破壊的側面から切り離し区別して、その破壊的側面を死体嗜好的傾向 nekrophile Tendenzen（死せるものへの愛）と呼び、死への傾動と関連づけた。[*80] ニーチェとともに心に留めておくべき重要なことは、自分自身の生の可能性を発揮させ生の資源をくみ出し、発展させるためには、攻撃性は必要であり、またそれは人間なるものの創造的側面と関係があると見なければならないと主張している点である。さらにそれ（攻撃性）には同胞と対決する態勢が伴い、さらにまた緊迫した対立関係に耐え抜く能力、また同胞のために目を配るだけでなく、しかしまた同胞から目を転じるという能力、さらに自分自身のものを他者なるものから区別することを習得し、他なるものに対して境界を設定するといった能力が伴っている。

＊E・フロム、『破壊——人間性の解剖』下、作田啓一・佐野哲郎共訳、紀伊國屋書店、p.521f. & p.561f.

このことには次のような方法で、否を言う能力が含まれる。そのやり方とは、「そこまではやりたくない、それを今はやりたくない、それを今は出来ない、嫌だ、私は違う意見だ」といった具合である。このどれもすべて建設的で生を促進する攻撃性の表現形式であると言えるかもしれないが、それとは区別されるのは次のような攻撃性である。すなわち、それは、生の可能性を遮断し、その可能性に圧力を加え、自己自身に、また他者にも圧力を加えるという攻撃性であって、その結果それは他者に関しては不当に干渉することになり、自分自身の自由を他者の自由にまで押し広げ、他者の自由を切り詰め、傷めつけるといった攻撃性である。このような自由の侵害は、たとえそれが身体の傷害、体と命の殺害、あるいは心理的傷害であろうと、とにかく、外部への傷害は常にまた内部への損傷でもあるという問題は、不可避的に自分自身へ降り返ってくる。したがって、建設的および破壊的という攻撃の両形態をハンナ・アーレントとともに*、前者を一方に権力とし、そして後者を他方に暴力として分けて捉えることは意味のある[81]ことである。私たちが攻撃の発生する条件の概略を描述しようとするとき、明らかになるのは、本来、二つの競合する主要な理論をそれぞれ簡潔に捉えると、そのひとつは、それが動物行動学的な見解に基づいているように、攻撃の衝動理論であって、それはいってみれば、エネルギー貯蔵槽といったイメージで、その水準が繰り返し上昇しまた下降しているものと表象されているものである。そして他方の理論では、攻撃はつねに痛みを受ける何かであり、環境世界に、また同胞に起因する何かであり、同胞による拒絶や拘束や加害といった何かであって、そこでは主体がつねに反作用的にしか活動しないといったものと考えられる。実はこうした二つの競合する攻撃理論のどれも、攻撃の発生を十分に解明するに適してはいない。そうではなく、攻撃の体験は、一方では興奮による生物学的条件との脈絡で、もう一方では環境世界の影響の脈絡で見られなければならないが、しかしまた主体との関連でも見られなければならない。というのは、主体は主体なりにこうした出来事に巻き込まれているからである。

＊H・アーレント、『暴力について――共和国の危機』、山田正行訳、みすず書房、p.97f.

私はここで、暴力による‐破壊的攻撃が発生する個々の条件を仕分けることに着手しよう。

1

主体はこの状態では常に対をなす界域内で、すなわち、体験の両極性のなかで捕えられている。言い換えれば、主体は向い合う形で固定され、第三なるものは大幅に影を薄めることになる。すなわち、第三なるものは重要なものではなく、主題とはならない。この問題は、両極に分かれた領野で向い合う形で論じられる。

2

主体は他者に関しては積極的に想像力をはたかせて他者との完全な調和と、他者が仲間であるという空想を繰り広げるが、それは古典的な友情関係の観念に相当するものではなく、友人像という幻影を表示している。なぜならそれは、他者をまるまる自分の願望や表象に合致するものと想像しているからである。

3

この段階では、自分自身の自由を、他者の領分に向けて不当に干渉することが遂行される。この干渉とは、他者は私が他者に期待する如くにあらねばならないということを意味し、他者はその期待像から反れてはならず、またそれ以外であることも許されない、ということである。このように考えることによって、主体は他者の精神生活をコントロールし、他者の精神生活を他者が自分の友人でなければならないといった思考方法で操作する。

4

まさにこうした経緯は他者の自由を傷害することであり、したがって主体の期待するところは裏切られざるをえないことになる。なぜなら他者は、独占されることには抵抗するし、また彼はそれに対しては闘うからである、しかもそれは受動的‐防衛的やり方であるか、あるいは能動的‐攻撃的やり方であるかのどちらかである。そのために、自我Ego（利己的主体）は期待を裏切られ、傷つき、そしてその関係は耐え難いものと感じられることが避けられない。それによって調和への欲求は敵の像へ急変し、愛情は憎悪へと変わる。このことは言い換えれば、この時点で敵の像が登場するが、このような急変の特徴は次のような慣用句で描写される。「おまえが仲間でいたくないなら、おまえの頭をぶち割るぞ」。*主体は自分の相手を敵と見做し、主体はそれを憎む。そしてこうした憎しみの態度は普通であれば耐え難いものとして感じられる。なぜならそれは否定的で、破壊的な、さらに悪質な何かとして、排撃すべきものであるとさえ言えるからである。このようにして、良心の問題射程の全景が現れるのであるが、その射程では憎しみが、それをすればひとは罪責に値する者とされるような、文字通り禁じられたもの etwas Verbotenes として仕分けられる。次の段階になると主体は必死になって、このような罪責から身を守り、それを自分から振り放そうとするように見える。このことから、攻撃の起こりは、罪は主体にはないとし、他者に責めがあると決め付けるところから始まるとする説明の根拠が見出されるはずである。私に責めがあるのではなく、責めを負うのは他者である。こうして「私は彼を憎む」ということもまた「彼が私を憎んでいる」ことへと逆転する。かくしてこの敵意は、他者が犯人で、それに対し、私は被害者であるといった、犯人‐被害者‐の振り分けが生じるといった風変わりな駒得をする Qualitä t のである。通常ならこのことから、敵意の起源は、他者が先に始めたか、もしくは他者が先に暴力行為に及んだか、もしくは他者が先に挑発したかにあると解釈される。このようにして、どのような形であれ、攻撃のこうした発生の歴史語りでは、責めは他者が負うものと記述されている。

＊ Und willst Du nicht mein Bruder sein, so schlag ich Dir den Schädel ein

このようにして私たちは、暴力の渦に巻き込まれるが、それはよく言われる出口なき循環である。この循環の特徴は次にあげる諸要素要因によって示される。（一）体験の両極性、（二）憎悪の亢進と加害を伴う硬直した敵‐味方の‐分裂、（三）外部への責任転嫁、（四）さらに拡大する加害によって損傷が後に続く応酬を引き起こすという復讐感情、である。その帰結は以下のようになる。主体1が主体2の敵意のある行為や発言で傷つけられたと感じ、そのため自分の内に在る復讐欲求に気づく、そして主体1はこの欲求を充足させようと自分の方から主体2を脅かし、傷つける行動に出る。主体2の方は他方でこの損傷を根拠に、報復へと駆り立てられているのを感じ、暴力と復讐の環を押し進める。周知のようにこのような循環は双方向の組み合わせである故にそのもつれを解きほぐすことは不可能であり、それは次第に激しさの度を増していく。言い換えれば、この循環は、投入される手段を強化したり破壊意志を強力なものにする。そこで浮上する問題を私たちはすでにニーチェに言及して確認したところであるが、その問題は、主体が外に向けては傷害を加え、主体自身が損傷するのを阻止しようとする主体の試みは復讐の環のなかで生じるが、しかしこのことは、構造の上で首尾よく運ぶことはない。なぜなら、主体は行為に縛りつけられたまま、また主体は、自分自身が残酷な者であり、したがって自分から内面の精神的可能性を破壊してしまい、さらにとりわけ良心の問題を背負い込み、自責の念に苛まれる者であることが明らかになったからである。外部に向け転嫁してこの自責の念を取り除こうとする試みは成功することがない。なぜならば、自己の責めを問うことが完全に取り除かれることは、外部に向けられた破壊には常に行為者が自己を破壊するという局面も含まれている故に、不可能なことである。

こうしたことは、暴力の展開する道程と、さらに暴力の展開という観点で自分自身の実践可能性を理解する道程との素描である。その関連で提起される問題は、次のようになる。すなわち、暴力から抜け出る道はあるのか、またその道はどのように考えられるのか、という問いである。その際、第一の展望は、暴力が通常その機能を停止するのは、闘争中に極度の戦力消耗が生じたとき、また戦闘員たちが、もしくはその一部が制圧されたとき、また闘争のための資力が枯渇したとき、また戦力を喪失し、自暴自棄に陥り、そしてさらなる闘争をつづける力を失ったときである。これは、通常では暴力からの脱出路が探索される出口の状況である。さらに別の手がかりは、殲滅しようとして戦ってきた党派が、離反して、もはやそれ以上憎しみのなかで傷つけ合うことができなくなったときにある。こうした離反は、彼らが共存できない限り、どうしても避けられないことである。こうした離反は当然のことながら、政治的事象では領土の分割の場面で見ることができるが、しかしそれは個人の間でも人生の途上でありうる離反である。たとえば、夫婦の離別がそれである。

いうまでもなく、暴力からの出口を見出すこうした最初の手がかりには、すでに有効にはたらく第三者の積極的な活動が含まれる。このことは、暴力の渦に絡み込まれて対立する派閥は、彼らの間を引き離し、「暴力の行使はもう終りだ、いまや君たちは解散するときだ」と告げてくれる力のある第三者の助力に頼る態勢のような何かをすでに育てていなければならないという。領土の分割、停戦の協定がまずもって舞台にかけられる。すると次により新しい問題が浮上する――その問題はいまやはやくも直近の具体的な一歩となるものであるが――、憎悪を越えて、また殲滅意志を越えて、承認と寛容そして共感へ資する（心の）度量がその時そのときの反対者に対して用意されているのかと問うている。もし、このような遊びの間 Spielraum があるならば、それは自明なものではない何かであり、さらに一般化され得ない何かであるが、そこには、こうした敵‐味方の‐分極化や、モノクロ絵画のような黒・白といった純然たる対立の背景に何があるかを探り、私が敵のなかにあって拒否しているものが、じつは自分自身の忌避されている側面ではないのかと問い質す手が得られるであろう。ここでは次の定理が妥当しうるであろう。すなわち、「私というのは他のもうひとつの私である Ich ist ein anderer」と。[82*] このようにして主体が敵について問い質さなければならないのは、敵はともすれば私自身の、拒否された側面を体現しているという意味で、またしたがって私の自己理解の枠の外に排除され、私が容認できないものを含んでいるという意味で、他のもう一つの私ではないだろうかという問いである。このような自己への疑問とさらに自己理解のこのような拡大とが可能であるならば、当然すでに第三者が、つまり仲介者が、一役買って出ている。というのは、こうした運びには、すでに第三者の展望 Perspektive を取り込んでいるのであって、その第三者は、こうした対立の場にあって党派の立場に立たず、それぞれの分派の要求を慎重に考量し、双方からの協力を促すために熟慮することになる。

＊P・リクール、『他者のような自己自身』、久米博訳、法政大学出版局、p.11f.

第三の位置にあって仲介する者が注目するのは、対立する双方がどのように互いに心を割って解り合い、またどのように互いに補完しあって全体を形成するのか、にある。たとえば、ドイツ人にフランス人はどのように一体関係を作っているか、また同じようにアメリカ人にロシア人は、そして富める工業先進国に対して貧しい発展途上国は、どのように一体関係を作っているか、また他者は、その時そのときに、他の排除された生存の可能性をどのように具体化するのかに目を向ける。このことが首尾よく運ぶと、通常であれば現れてくるのは、それは第四点目とも言えようが、憎しみを越えたところに痛みに似たあるものを感じとることである。それは、どうしてこのような危害を加えてしまったのか、またなぜこの恐るべき時を我が身に引き受けてしまったのか、なぜ犠牲と汗と血のすべてを費やし、このような破壊活動を引き起こしてしまったのかといった痛みに似た何かである。このことは、実際に自らに責めとして負っているものに震えを覚えるほどに極度に痛ましい経過をとるのであるが、そこではもはや責めは特定のAやBに分極化されているのではなく、各人ぞれぞれが自分の責めを分担して背負わなければならず、誰もが自分もその争いに関与していることを認めなければならない。この痛みを感じとることができ、また身をもって体験することがうまく運べば、そのとき和解への心の準備や償いの感情も再び芽生え、そしてそのとき暴力から逃れる方策も見出だせる。こうした一連の過程は、通常なら首尾よく運ぶといった類の保証書でも、方策でもなく、ただこのように全く特殊な、上にあげた厄介な条件の下でのみうまく運ぶ方策なのである。暴力の展開理論と暴力から離脱する道の手がかりの略図とを手にして、私たちは、次に公共の領域、経済的および政治的領域での権力と暴力の問題に引き続いて立ち向かっていくことになる。

VI　経済に関わる理解の概念

本章では、他者理解という私たちの構想を経済過程に当てはめてみることにしよう。このことは次のような諸点を詳細に分析することになる。すなわち、社会的な生産過程や財貨の販売過程はどのような種類の理解を必要としているか、個々の当事者は何を理解の成果としてあげなければならないのか、個々の行為者はどのように他者と協力して働き、社会的に関わり合う《ハンデルン》ことができるのか、また市場での経済活動がそれに従う包括的な枠づけの条件や制度上の規則、いわば市場原理とは、どのような性格のものか、といった諸問題の分析になる。そのために私たちはミードの役割採取 role taking という意味での理解モデルに立ち返って考えよう。そのモデルでは、周知のように、他者もしくは他の経済的主体を理解する進行過程で経済的行為者の自己理解が深まる。このことから帰結するのは、経済事象に参加する個々の者の立場が、他の参加者との関係で決まるということである。しかしミードの理解概念の大きな利点は、一般化された他者という立場をも取り入れることができることにある。このことは、その概念が相互作用の一般法則やその制度の成立条件をも役割採取の内容とすることができるということである。こうして理解することが関わるのは、如何に私が経済事象に関与しているかという問いの次元だけでなく、市場が私をどのように操り導いているか、またどのようにして私にはこうした客体的な過程を私の理解のなかに組み込むことができるかといった問いの次元にも関わる。

しかしながら、役割採取というミードの手法を手がかりにしてもたらされる理解の次元は、私たちの考察方法にとって十分なものとは言えない。確かにその理解次元では、何が経済過程で相互作用に効率的にはたらくことができるのか、またその手法が積極的な意味で成し遂げることができるのは何か、またそれはどこまで財貨の供給という問題を解決し、社会をより豊かにすることができるのかといったことの解明に手がかりを与えてはくれる。ミードの手法は、言ってみれば、経済的プロセスの機能的側面に解明の光を当てている。しかし、この過程では、つねに権力の動向と具体化も論点となる。このことは、経済的な側面を越えて理解の問題を提起している。つまり、その問いは、経済発展が社会、政治、また人間 - 間の現実にとって、また自然の現実にとって全体としてどのような結果となるのかを問いかける。経済発展には翳りの側面もあるのだろうか、それはどのようなものか。経済の発展の利点はその短所と引き換えに獲られるものだろうか。このことはそもそも理解の問題であるが、その理解は理解過程で単に他なるものによって不足を補完しうるもの、あるいは同一であるものだけに光を当てているに過ぎない。社会的発展に対する理解の成果や積極的な影響を通して問われているのは、経済的理解の自己正当性だけではない。当然のことながら、このことの重要な意味は、アダム・スミスの主著*がいみじくもそのタイトルで誓言しているその約束が果たされるかどうかにある。その約束とは、社会が経済的能力を自由に発展させることができれば、社会は、それによってより豊かになり、またそれによって社会の富裕 Wohlstand は増すことになる、というのである。[83] 言うまでもなく重要なことは、社会的発展の成果が社会の全成員の利益になり、その結果、社会の全成員がその果実を分かち合うことができるかである。それが、アダム・スミスの根本構想に込められている約束である。同様に重要なことは、その約束に基づいて協調と調和をその特徴とする社会が構築されるのかどうか、言い換えれば、実りある共生 Zusammenleben を実現できるような繁栄した社会が生まれるかどうかということである。これが、アダム・スミスが明示している目標設定である。

＊アダム・スミス、『国富論――諸国民の富の本質と原因に関する研究』、玉野井芳郎訳、世界の名著三七、中央公論社、第一篇、第一章

当然のことながら経済過程では権力が発生し、それが力を増し、そして社会を一定の方向に誘導するということも問題になる。したがって理解は、この問題に目を向けなければならない。権力は、どのように形づくられるのか。権力は、社会的‐間人間的に、相互間の自由の育成を促進するためのものなのか、それとも権力はそうした相互の自由の育成を阻害するものなのか。権力は、協力して権力を創出するという解決の道を拓くのであろうか、あるいは、権力が形をなしてくるのは、それが暴力的な動きを帯び、人間間の関係に破壊的な動きへの道を開放するようにし

て進んでいくことになるのであろうか。〈権力の変質 Transformation von Macht〉は、経済過程ではどのようなあり方をするものか。私たちはこのことを考究するにあたって、M・フーコーの哲学的根本思想を引き合いに出そう。* 彼は認識過程の根底にある権力関係を分析した。[84] フーコーの根本思想、すなわち認識過程の根底をなす権力関係を持ち出すということは、私たちの理解手法を手がかりに、私たちが達成しようとする地平、つまり、ミードが他者の他者存在は総括可能なものであり、また同一の視点と‐扱い方で一つにまとめ、包み込むことが可能であると考えた、その地平だけでなく、また私たちは、考察の歩みを、他者の他者存在は自己なるものとは異なるものであり、他者存在は異他なる、手の届かないという側面を呈示するところにまで踏み出して論じるということである。たとえば、財や資本を市場に合わせ交換しやすいような形にしようとする経済過程では、人間間のさまざまな要求や異なる見解が渦巻く別の側面が、市場動向の主題とはならず考慮されないで、取り残されているのではないか。そして、このことは身体‐精神的発達に、また諸々の人間関係の進展にどのような影響を及ぼしているのか。社会の調和と協調というアダム・スミスの目指すところは、このやり方で達成可能なのであろうか、あるいは、不調和と反目が副次的結果として引き起こされないのであろうか。このような展開に責任を負うことが可能なのか、またそれは公正であるのか。このようなコンテクストで公正 gerecht であるとは何を言うのか。

そこで、私たちは、経済理論の古典的巨匠、アダム・スミスに照準を合わせ、また彼からの解答を得られると期待し、そこに山積する問題に分析のメスを入れることにしよう。その際経済理論家スミスの横には倫理学者スミスが並び立って土俵の上にあるであろう。というのは、スミスは、少なくとも徹底して経済を科学する者であるのと同じくモラルの哲学者でもあったからである。[85]

＊M・フーコー、『言葉と物――人文科学の考古学』、渡辺一臣、佐々木明訳、新潮社、p.363f.
＊＊A・スミス、『道徳感情論』、水田洋訳、筑摩書房

アダム・スミスは、経済学的思考および経済行動という概念を、分業という事象（生産工程）から展開する。分業という事象は、とりわけ、経済発展の原動力を具体的に説明するにふさわしいものである――分業は当面の構想を可能にしている――。ピン（留め針）作りの（国富論の）例証はこのことを感銘深く裏づけている。作業の全工程を一人で引き受けるとなると、個々の労働者は、一日で高々二十本のピンしか製造することが出来なかった。それに対し、作業工程をこまかい部分に分割すると、その部分部分は、一つの仕事場で特に熟練の労働者と経験の浅い労働者のそれぞれに分けて行われる。すると、労働の成果は一人一日につき四千八百本のピンの製造を達成することが出来たのである。こうして分業が、アダム・スミスが述べたように、「すべての製造業 Gewerbe で生産の大規模な増大」を可能にした。加えて、分業は不自然なものではなく、人間的な欲求そのものから自然に発生する。とりわけ分業の基礎をなしているのは二つの根本原

理、すなわち私益（selfinterest）の動因と交換する知力 Fähigkeit とである。

アダム・スミスは、『国富論』第一篇第二章で、経済的思考と取引行為とのこの二つの根本的前提に光を当て、それを基礎づけている。彼は、人間が生活上の諸々の難題を克服するには（他人の）援助が必要であるということから、言い換えれば窮乏を経験することから始めている。こうした窮乏が好意や人間愛によって解消されるという可能性には懐疑的な一面を見せる。このこと（窮乏が好意や人間愛では解消されない）は、その理由づけとしては、スミスの道徳哲学より一層重要な位置を占めている。というのは、彼の道徳哲学はまさにこれには反対の立場をとっており、また同様に、人間愛や好意は人間と人間の良心間の行動を先導する自明な立場であるとする自然な想定から出発しているからである。つねにそうであるが、ここ経済的コンテクストでも、彼にとって当然であるとみえるのは、上に述べた慈善や人間愛といった自明な考え方に信を置かず、利己心や、自己愛、そして自分の利益に心を向けるといった正反対のことを受け容れることから出発することである。

ところで利己心を根拠にして生活必需品が供給されれば人間生活での窮乏経験の問題は克服できるといった、それどころか、このような供給が可能であればそれで十分でさえあるといったことは、どのように説明したらよいのか。アダム・スミスは第二の前提から、すなわち「取引をし、物を交換するという人間の自然的性向」という前提から論を始める。その際彼が手短に触れるのは、自然的性向という観念によって考えられているのは何かという問いである。この問いは確かに重々しい問いである。なぜならこれは、近代の自然法理論の最後に残された基本的諸問題に該当するものであり、その枠組みのなかでアダム・スミスもまた思考しているからである。〈自然の Natürlich（ありのままの）〉あるいは〈生来の von Natur〉というのは、多様な意味を表現することができる。すなわち、一つには後天的な erworben というのとは異なる、生得的な angeboren を指すことができる。このような捉え方は、古典古代の古めかしい自然法理論による論証のカテゴリーとしてしばしば必要とされたものである。彼はこのような見解にはむしろ消極的である。なぜならそれには生まれによって社会的地位や身分を正当化することを助長する可能性があるからである。そのような捉え方は、古き封建社会へと立ち戻ることであって、経済という近代的概念はそうした古き社会からの自己解放を意図したものである。それに対してアダム・スミスは〈自然の natürlich〉にもう一つ別の解釈を優遇している。すなわち、言わんとするのは、交換するという知力は〈思考し言語を操ることができるという人間の能力《フェーイッヒカイト》〉によっているというのである。ここで究極の基礎づけとして姿を現すのは、〈生来の von Natur〉素質というものであり、いわば超越的地位を維持する能力であり、すなわち思考／言語を操ることである。スミスが暗に示しているのは、彼の〈自然の《ナチューリッヒ》〉という第三の意味は、彼の理論がどちらかと言えば実用的な方向を示しているにもかかわらず、彼にとっては不十分なものに見えるというのである、すなわち（不十分に見える第三の〈自然の〉は、言うまでもなく、日常言語で使用されている意味であって、またそれは同時にコモン・センスに基づいてつくられた日常の会話や行動での習慣となっている。実用的な考え方は、経済学的分析を基礎づけるまでにはいたっていない。その分析が呈示しようとするのは、利己心と交換する知力との活動のきまったやり方が経済的に機能していること、言い換えれば、それが経済的成果と富を導きだすということである。アダム・スミスが彼の理論をそれに拠って基礎づけようとしている諸原理は、日常のしきたり（コモン・センス）を越え出て、人間の思惟と取引行為との一般的制約という意味での自然なるもの ein natürlich を要求している。

動因であり推進力としての利己心と交換への態勢という二つの基本的前提の上にスミスは富の起源について彼の理論を構築している。それは財貨の供給の問題を解決するのに協同方式で当たろうとする試みである。その根本思想は簡潔であるだけでなく洗練されてもいる。すなわち、同胞（仲間・共生する人間）の利己心を自分の目的に役立てるというのであり、それは私たちが、「自分が仲間に求めていることを、仲間が自分（すなわち、パートナー）のためにすることが、自分自身の利益にもなるのだということを仲間に示すことだ」という。協同することへのこのような提案をアダム・スミスは、説得力のある言い回しで「私のほしいものをください、そうすればあなたの望むこれをあげましょう[86]」と表現している。*

＊Ａ・スミス、『国富論』、前掲訳書、p.82

このようなことから私たちは出し抜けに経済学的な理解、思考、そして取引行為の核心部分に立ち入ったのであるが、これはこの根本思想の含む意味を発展させることにも役立つ。役割採取という意味ではどのような類の理解がこのことによって提言されているのか。G・H・ミード自身は*、彼のコミュニケーションモデルおよび経済行為のモデルが社会的プロセスにも適合しうるものであると考えている。実際に、その経済的な取引行為には必ず伴っている理解し-合意するという過程を、取引行為によって一定のかたちに分類する前向きの可能性があらわれている。[87] 自分の身を置きかえるという三階梯からなる役割採取の基本構図は、協同することを受け容れるという方向で、経済的考察の構造を明確に示すことができる。個人Aがある財（たとえば、アダム・スミスの例にこだわって言えばピン）を、それから利益を得るために、製造しようと企てる。このような想いや願望の動因は、したがって儲けようとする動機によって整序されている。この意図には、これら財の生産手段をあれこれ考慮するあまり、労働の手際のよさや生産コストの問題にとらわれてしまうむきがある。しかしながら、その意図にはまた、他人との共同労働、したがって協働や分業を考慮してその手段をあれこれ考えることも含まれる。ここで私たちは、アダム・スミスが分業を目的として導入した思考過程、すなわち、個人Bの立場に身を置くという思考過程を話題として取り上げ、この分業は、労働の一部をより良くより速く遂行することができるのに適しているのかどうか、また個人Aは、個人Bに対し、それが作業の他の部分をより良くより速くやり遂げることが可能であることを、明示できるのか、といった思考過程を取り上げることにする。したがって役割採取（の考え方）が的を絞って当たるところは、こうした分業の提案が個人Bにとって望ましいものであると言えるのかという一点にある。なぜなら、個人Bもそれによって同じように儲けを得るような方向に沿って整序された自分の目的に――原価コストを安くして――到達できるからである。この構図は、ミードの言う意味で三つの階梯をなしている。すなわち個人Aの思いや期待は、個人Bの見方や期待のなかに入って同じ色合いを帯びることになるが、その際、個人Bが遡って再度個人Aが望みまた期待しているのは何かを理解するということが条件となる。経済的理解が前提するのは、他者が自分に相対する者の身に自分を置くという、これと同じ三段階の図式を実行するにあたっての目標は、他者の仕事の役に立つところを自分自身の目的のために探し出すことを目指している。そこで、問題は第一に、双方の行為者のそれぞれが協同作業から利益を得られると想えるのかという点であり、第二に、この両当事者が協同して作業することを選び決断するかどうかという点である。この問いには、ミードのモデルにしたがって、意味を運ぶ記号 signifikante Symbole を使用することが不可欠である。言い換えれば、交渉が受け容れられ、協定が結ばれ、契約が取り交わされることがなされなければならない。経済的理解というのは、かくして、経済行為のパートナー間の協同というこうした個人的協同形態を目指して、それぞれ自己の利益と収益を最大にすることを目論むことである。

＊G・H・ミード、前掲訳書、第四部、三七、p.306

以上のような経済的協同という想いが実現可能であるかどうかは、まずは市場で初めて決まることである。そこで、私たちは、私たちの理解モデルにアダム・スミスが重要な経済の値として考え出した構成要素、すなわち、市場動向を採り入れなければならない。経済活動が目指すのは、労働によって価値を創造することである。この価値はスミスによれば、根本的に二つの方向で実現可能だという。すなわち、その一つは、有用である限りの財を利用するという方向である。なぜならその財は需要に見合っているからである。もう一つの考えられる方向は、交換は他者にとって価値あるものであることから、その価値が、交換によって実現されうるという方向である。なぜなら、この二つの方向はともに財を求め、交換を望んでいるからである。利用価値と交換価値とを区別することが――これはアリストテレス説以来慣用されている言い回し（Topos）であるが――、スミスによってもいとも自然に採用されている。交換によって価値を回収するのは対価によってであるが、その対価は市場でこの財に相当するものとして獲得されうる。アダム・スミスの分業理論は、したがって、価値理論を経て価格理論へと繋がる。周知のように、スミスは市場での価格動向の循環理論を作り上げている。その理論にしたがって、財の需要と供給の関係に則ったものの価格が決まる（もしくは、通貨が決まると言えるが、それは交換手段として使用されており、結局はそれ自身個々の市場独自の対象物となっている）。スミスは、市場価格が上下する原因を論じるなかでこの理論を編み出したのであった。そのことから端的に言えることは、需要が上昇しているのに市場での財の供給不足がおこる責めは、価格の上昇にあるという一方で、他方同時に需要が下降する状況下で供給が拡大する原因は価格の下降にあるということにある。

いずれにせよ、アダム・スミスの考えるところは、物価の上昇、下降が利ざやによって計ることができるものとなって、その利ざやは、彼が財の本来の価格と呼んでいる価格差異《マージン》Margeをいうのであった。それによれば、市場価格の値Größeは、上下に変動するとし、スミスはその値を中間値と標示し、また本来《ナトウーアリツヒ》のものと捉える。ここでこの論証過程に再び浮上してくるのは、かの〈自然的なるもの〉という観念であって、私たちが経済的理解の基礎を固めるという主題設定にあたって確認しておいたものであった。その際スミスは、人間間の理解と取引行為には、ある種の基準になるものが内在していると想定している。そしてその基準になるものは、人間が人間として自然の要求とその要求を充たすのに必要な財とを備えもっているということの自明性から生まれてくるものと考えている。生産の経過はこの供給状況を上回ったり、下回ったりすることが起こりうる。このことは、人間的なるものおよび必要な財についての見解であり、古典的な自然法の伝統に由来し、その起源を辿れば最終的にはアリストテレスに遡る考え方である。いずれにせよ問題なのは、こうした前提は、アダム・スミス自身の構想による、新しい近代的な経済概念の諸条件のもとでもなお理論的に耐えうるものなのか、あるいはこの前提条件は、全く異なる思想圏の残滓なのか、すなわちギリシアのポリスに由来する古代ヨーロッパ風の古典的な自活技術の残存物であるのか、といった問いである。なぜなら、スミスによって新たに導入された新しい理論では、人間の欲求についての共通の理解Verständnisは、生得のものという意味での自然から解き離され、社会的に獲得されたものという意味での自然へと変移しているからである。当然のことながらそうなると、おそらくスミスが考えることができるのは、人間が必要とするのは何か、適切な報酬とはどれくらいなのか、などといったことについての社会的合意についてである。妥当な価格というのは、その妥当性 Natürlichkeit という範囲で、おそらくコモン・センスという意味での社会的通念によって正当化されることになろう。

そこで私たちは、市場動向や競争の制度が私たちの理解モデルではどのような位値を占めているかに目を向けよう。そのモデルはミードの基本概念に基づいて私たちが作り上げたものである。その理解モデルによれば、協同作業を重視するすべての理解過程は、それ自体が二つの経済対象間の単純な交換の形式を呈するものであっても、単なる個人的な他者にだけではなく――これは当事者レベルでのことであるが――、また同時にしかも必然的に一般化された他者 generalized other にも関係し、そしてさらにこの一般化された他者は、経済的理解の場面では、仲間の誰もが公平な交換という考えに基づいた極めて明確な規則によって互いに密接な関係で組織された共属集団としての市場である。経済的に思考する人間は、積極的に協同作業を求め、自分の相手の身になる Sichversetzen という意味での分業という意味での労働能率について交換という想定された計画が、現場の市場状況に関して分業が有利であることを査定しなければならない。言い換えれば、市場での需要供給の状況を調査し、それによって、どのような価格目標が達成できるのかを考えることで、ただちに、具体的な協同作業の検討と交渉とに入ることができるのである。重要な問いは、したがって、より高い収益が上がっている市場では、この種の協同作業によって利益は達成されるものなのか、を問うことである。それにともなって市場には競争状態が視界に現れてくる。そして理解過程に対してのその建設的な役割は、さらに詳細に検証されなければならなくなる。市場とは、いわば儲け組と損失組が振り分けられる巨大な轆轤（ろくろ）のようなものである。このことが意味するのは、私たちは経済的理解というモデルに、他者の身になるという協同作業の形式として、分業の目的でさまざまな能力を交換するという次元だけを取り入れてはならないということである。このことは、経済過程の積極的な側面であり、アダム・スミスが彼の分析のなかで好んで呈示するものであり、またG・H・ミードが経済過程を素描するなかで、建設的な情報伝達網（コミュニケーションネット）の根づく次元として美化しつつ、その情報網は人類の進歩と繁栄を可能にするものであるとして、その正しさを誓言しているのである。加えてアダム・スミスが示そうとしたのは、経済の進展は、富の増大をもたらし、それによって社会の全成員は利益を得る、またそのために富の増大は、社会が調和のとれた姿で形成されるための基盤を用意し整えるのだということである。

同時にしかし、この理解モデルには消極的な側面も取りこまれている。すなわち、そのモデルには、権力闘争とか、高い業績を生み出す強者のさらなる繁栄や業績の上がらない弱者の衰退といった一連の動きも内に含まれている。このようにして経済的に理解し行動する主体は、協同作業を目指してできるだけ仲間の身になるならば、そのとき仲間もまた、同時に、彼がこの協同作業を通してこちらへ味方し加わるようにし、陰の競争相手として立て、また経済的な権力闘争で勝利を獲ようとしているその者の身になるのである。協同作業を目指して自分の身を置くという積極的な次元には、競争相手を排除し権力闘争で勝ち抜こうとして身を置くという消極的な次元が対極する。そのことから、近代の経済哲学及び経済倫理学の理論家たちは、経済過程の建設的・協同的な側面を強調する者たちか――アダム・スミスやG・H・ミードのような――、さもなければ、J・J・ルソー*、G・W・F・ヘーゲル**、そしてK・マルクス***といった理論家たちのように、その過程を否定的に不利をもたらす破壊的な側面であると強調する者たちに分かれる。[88] 社会には進歩と調和があると説く理論家たちに対峙するのは、社会の崩壊、分裂、あるいはまた社会の疎外を唱える理論家たちである。アダム・スミスが、社会はより豊かになることによって進歩し調和するという側面を支持しつつ、しかし他面で社会の窮乏化や軋轢といった暗い側面を見過ごさなかったのは、彼の分析能力を物語っていると言えよう。

＊J・J・ルソー、『人間不平等起源論』、小林善彦訳、世界の名著、中央公論社、第一部、p.166f & p.195f.
＊＊G・W・F・ヘーゲル、『法の哲学』、前掲訳書、p.421f.
＊＊＊K・マルクス、「一八四四年の経済学・哲学手稿」、『マルクス＝エンゲルス全集　第四〇巻』、マルクス初期著作集、大内兵衛・細川嘉六監訳、大月書店、p.387. 他に、K・マルクス、『経済学・哲学手稿』、藤野渉訳、大月書店　参照

経済的理解の翳りの側面は、収益とリスク、共同労働と競争、資本家と労働者といった組をなす差異化のなかにはっきりと認めることができる。このことは、明らかに、経済的理解と市場動向との別の側面が現れる辻（交差点）であって、その側面は市場の育成や社会のあらゆる成員を

市場で統合するといった楽観的側面からは消えている。それは、収益に損失が、協同することに葛藤含みの破壊的力が、富裕化に貧困化が対峙している側面である。経済発展の側面は、勝者になるための闘いが敗者を輩出し、そこにはその闘いから生まれるあらゆる種類の社会的および心的な諸々の結果が随伴してきている。こうした豊かな成果をもたらす共同労働の他の側面からは、また別の側面が理解する主体のなかに湧出して、その主体は敗北や落胆や激怒といった心の緊張を克服し、この破壊的な側面を巧みに処理することになる。アダム・スミスは、近代的な経済過程の翳りの諸側面を、とりわけ労働市場というコンテクストで主題としたが、それを彼は、『国富論』、第一篇第八章で論じている。

経済的な論攷に見える破断局面を詳細に検討する前に、私たちが話題にしようとしているのは、経済過程にはどのような権力の誘導路が考えられるのか、経済過程はどの程度まで暴力や弾圧を克服し、協同作業はそれによってそもそも可能になるのか、また、生存競争が話題となり、勝者と敗者が存在するなかで、経済過程はどのような権力ないし暴力を解放するというのか、といった問題である。こうした関連で私たちが取り組むことになる問題もまた、市場は経済的主体の間にいかなる種類の正義を創出しているか、あるいはむしろ、市場が建設的であると想定しているのは何か、といった問いである。と同時に、私たちが取り組むのは、市場が起ち上げない正義とはどのような類のものか、市場から脱落する正義とはいかなる類のものか、といった問いである。これが、いってみれば、アダム・スミスが倫理学への移行を遂行する決定的な起点であって、またそれを起点にして彼は倫理学に経済理論の手法を補完することを求めている。それどころか、倫理学をまさしく経済理論の等価物であり、その訂正版として欠くことのできないものと見做しているのである。

分業により‐生産をすすめる近代の社会が、権力を誘導し、暴力を規制するのに必要としているものは何か。経済的な諸関係は、攻撃的な友‐敵構造の克服をどこまで予知しているのか、あるいはまた個人や人間の集団や社会階層や民族といったものの弾圧によってもたらされる攻撃的な紛糾をどこまで予知しているのか。問題のこうした次元は、アダム・スミスにあってはまだ明確な形をとって主題化されてはいない。その次元は、いわば、交換の自然性に関する第二公理に暗黙裡に含まれるか、あるいは自明のこととして前提されるか、である。しかしながら、交換への態勢はそれほど自明のことでもまた自然なことでもない。その態勢には、社会問題の解決と、そして社会が著しい発展の状態にあることが必要である。たとえば、それが前提しているのは、商取引が進む社会内にまたそうした社会間に、戦争が誘発されることなどないということである。さらにそれが前提するのは、商業取引を営む者たちの相互の関わりに、封建的抑圧関係が蔓延したり、また奴隷ないし下男下女といった従者が労働を引き受け、主人に対しては納税義務を負わされて彼らの労働による収益の上前ははねられるといったことが起こらないということである。スミスが前提としているのは、商取引きを営む者の間に広く行きわたって見られる類の秩序ある権利関係であり、それは、労働の成果が強奪や詐欺や犯罪によって生産者から収奪されるといったことを排除する。これらすべての問題は、交換の自然性という考えのもとに整序されている。自然性という考え方は、そうした問いを解決済みのものと仮定しているのである。アダム・スミスの構想は、ここでは、近代の自然法の思想に支えられているが、その自然法思想は契約によって整序された連帯を社会にすでに取り込み、「コモン・センス」としてその結びつきを基礎づけている。こうして、人間社会内の攻撃的‐破壊的な諸問題は解決されるということが前提されるが、その問題解決とは、アダム・スミスに先立ってはトーマス・ホッブスの「市民権 **potestas civilis**」*なる概念でイギリス的伝統のなかで展開されているもので、スミス以降は、ホッブスに関してであるとはいえ、ヘーゲルの法哲学が「市民社会」**[89]という表題のもとで論述したものである。私たちのコンテクストでごく概略的に想起しておきたいのは、アダム・スミスにあっては反自然的諸前提によって〈交換の自然性 **Natürlichkeit**〉という仮定に紛れ込んでいるものについてである。トーマス・ホッブスの有名な自然状態の公理によれば、自己保存による無制約の要求は、全権力を包摂しているという。そして、個人の総体的な権力要求は、論理的には「万人の万人に対する戦い **War every man against every man**」に通じるというのである。*社会の退行という潜在的な危険、あるいは暴力の強引な行使による社会間の潜在的危険は、交換との関連で自己の利益を実現するという可能性を根本から脅かす。

*ホッブス、『リヴァイアサン』(一)、水田洋訳、岩波書店、p.199f.
**G・W・F・ヘーゲル、『法の哲学』、前掲訳書、pp.413-427.

もちろん戦争は、歴史的社会的現象としては、経済に肯定的なまた否定的な影響を及ぼす。しかし、そもそも経済が可能になるためには、戦争のない社会がひろく実現することを前提している。その点で、ホッブスは、経済的市民社会の理論的基本条件として、自然状態を克服するには結果として──戦争によるのだと考える。暴力による主体間の凶悪な関係は、言ってみればそれ自体、そうした主体が同時に経済的に生産的で契約にしたがって働くことを排除していることになる。暴力によるその関係は、いわば、その構造からみて無法である（法の保護を受けることのないものである）。というのは、破壊的な結末をもたらす「強者の法」が支配しているからである。

このような想定の含意をヘーゲルは、彼の法哲学で明確に描き出している。それによると、経済的な諸関係は、市民的な、言い換えれば、法的に整序された社会の状態を前提する。しかしながらこうした社会は、法の主体であるこうした社会の構成員が相互に承認することを含んでいる。これを土台として初めて、経済的社会の発展は可能になる。そのような社会を疑問視すれば、前面に現れるのは、無秩序のなかに、あるいは独裁的支配のもとで社会を解体に導くかの暴力の拡大が発生する。そしてこうした暴力の拡大を、ヘーゲルは二つのキーワードで、すなわち、〈生死をかけた戦い〉と〈主人と奴隷〉という構図として描述した。この命題 Theoreme は難なく近代の攻撃理論に関連させられる。すなわち、その攻撃理論は、主体間、集団間、社会間に円環状の、あるいはより正確には、螺旋状をなして動く暴力のエスカレーションを描いている。

こうして私たちが立ち入って詳細に把握しなければならないのは、暴力が法によって馴致されると、どのような移行状態が考えられるか、またどのようにして粗野な暴力が正当と認められ、また独占化された法‐と法律の力に成り変るのかといった問題である。というのはこのことは、暴力を介して対決する二つの党派の二元的構造が、理解することで、三元的構造へ変移すると考えられ、その三元的構造のなかでは二元的な党派は、第三の、共通の機関を介して一つに結びつけられるからである。法とは、双方の党派を潜在的に満足させるこうした第三の機関である。ミードの理解構図では、〈私（私たち）〉と〈君（君たち）〉として両極に分かれて相対峙する党派の双方の位置（関係）も、またそれと同じく、〈彼〉〈彼女〉〈それ〉、また〈それら〉といった代名詞に含まれている一般化された第三の他者も顧慮されている。このような転換、つまり暴力を振るう自我と他我の間に潜む闘争的関係が平和に思いをいたし契約によって秩序づけられた関係へ転換することは、トーマス・ホッブスでは、契約状態の諸原則の下に置かれている。この転換は、ヘーゲルの法機関の概念に見出されるものであって、彼はそれをいかにも彼らしく特徴的に、市民社会にとっては、第一義的な機関として、また国家にとっては、せいぜい二次的な機関であると描述した。私たちは、アダム・スミスでは（具体的に）展開されてはいないが、しかし、暗黙のうちに想定されているいくつかのこうした前提を念頭に置き、何が市場正義であるのかについて究明を進めなければならない。なぜなら、答えられるべき問いは、如何なる正義を、また幾種類の正義を市場は創設することができるのか、さらに如何なる正義が別のものとして、統合不可能なものとして外れ落ち、達成されないのかといった問いである。

ここにいたって私たちは、経済的理解および取引行為から除外された攻撃行為を立ち入って規定するだけでなく、またそうした経済的理解や行為に取り込まれ、それを一貫している攻撃なるものの輪郭を素描することができる。除外された攻撃、生と死をかけた戦い、支配と隷属（主人と奴隷）の闘いといった、法以前の特権的な攻撃のことであって、それは、経済活動の分野では、破壊的にはたらき、倫理的に腐敗をもたらす、たとえばマフィアのような組織の形式で、したがって犯罪、詐欺、不当不正として拒否されなければならないものである。同時に競争という形式は、法的に保護された関係になりきって、経済的には正当なものとして通用する。その形式は、経済的な取引行為のチャンスとリスクの次元で見えてくるもので、勝者であろうとし、敗者の地位にあることを避けるための戦いなのである。経済事象は必然的に分極化し、少数の者が富裕になり、他の者たちが貧困化するという形で分極化する。これは、アダム・スミス自身が『国富論』第一篇、第八章で分析した帰結である。

この章で前提されているのは、社会には進歩があること、そして社会が進展するとその一部の者が資本家としてぬきんでて来るのに対し、他方で他の者たちはただ労働力だけしか自由に使用できないということである。労働力は市場で売買されることによって、財となる。アダム・スミスは、市場価格の発展法則にしたがって、市場での労働に対する価格動向によって起こりうるさまざまな変動を分析している。ここでも需要と供給という法則の適用が見られ、それが労働賃金高の上下に変動する結果を生むことになる。このことをアダム・スミスは人口増加と連関させる。

古典的な慣用の言い回しによれば、以下のように表現される。すなわち、「それ（すなわち、労働需要）が絶えず増加するならば、労働の報酬は、必然的に労働者の結婚を促し人口の増加を助長して、たえず増大する需要を、たえず増大する人口によって労働者が満たすことができるようにするにちがいない。もし報酬がひとたび、この目的に必要な額を下回れば、人手の不足はまもなく報酬を引き上げるであろうし、［……］このような仕方で、人間に対する需要は、他のどんな商品にたいする需要とも同じように、人間の生産を必然的に左右することになる」、と。*

＊A・スミス、『国富論』、前掲訳書、p.132f.

アダム・スミスは次いで雇い主と労働者間の争議に論考を加え、労働賃金が下降する臨界点としての最低生活費なるものを強く主張している。「このような賃金争議が大抵の場合雇い主（親方たち）に好都合な形で終わる（にちがいないが）としても、それにもかかわらず賃金には一定の率があって、それによれば、最も単純な労働についてさえ通常の賃金をかなりの期間にわたってこの率以下に下げておくことは不可能なように思われる。人間はつねに働いて生きてゆかなければならないし、彼の賃金は少なくとも彼の生活を維持するのにたりるものでなければならない」。最低生活費を規定する文脈で、アダム・スミスにしばしば見られる表現は、「この最低生活費とは〈人間らしさ Humanität という私たちの思想〉と一致し得る最低の率（額）のことであるという言い回しである」。*90 ここで明らかになるのは、労働市場の発展理論によれば、多分に物価下落という結果をもたらす可能性があり、物価の下落によって生存のための諸条件や労働者の生活の、家内再生産性の諸条件は、最低以下に押さえ込まれ、それによって危険に晒されることになる。しかし同時にアダム・スミスは最低生活費という概念に次のような制約を付けている。それは〈人間らしさという私たちの思想〉を根拠にそれをさらに下回ってはならないという条件である。労働市場での価格変動によっては、現実には、その制約を下回るということはありうるが、人間らしさという考えを根拠にそれを下回るべきではない。アダム・スミスは経済理論家として労働者の貧困化という事実と根本的に取り組み、こうした貧困化の事実が生じるのは、労働市場の発展の理論のなかにあると言う。アダム・スミスは、労働者の零落する状況に目を閉ざしていたのではない。彼には当時のイギリスでの労働者のそうした状況を観察することはできたのである。とはいえそうした労働者の零落は、社会の調和という彼の倫理的目的を危険に晒すことになる。産まれる富は、すべてのものの利益になるべきであり、そこから調和のとれた社会生活が展開されるはずである。ところが、実際は、裕福になることは、周期的に現れる貧困化と繋がっているのである。

＊A・スミス、『国富論』、前掲訳書、p.139.

ここで道徳哲学者アダム・スミスは、自分がその計画に召命されていると想い、自分の目指すところを活かすために、純粋な経済学理論とは全く異なる論理を持ち込むことになる。まず、経済理論の論拠が問われる。すなわち、「低い階層の生活の境遇がこのように改善されることは、全体としての社会にとっても有利であるのか、あるいは不利であるのか。答えは一見すると極めて簡単であるように見える。使用人、日雇い労務者、そして労働者は、どのような国でも人口の大多数を形成しており、したがって彼らの生活状態が改善されることが、おそらくそれが全体の不利になるとは決して考えられないことである」。[90*] 明らかに、生活改善は、経済的にみても、たとえば購買能力を向上させるとして、大いに意味があると考えられている。しかしそこで、その倫理的論拠が追究されことになる。すなわち、「すべての者に食と衣と、住家を用意するものが、自分の労働の収入を間違いなく十分に得ることができて、彼ら自身もそれ相応に食し、身嗜みよく着飾り、整った住いで暮らしていけるというならば、それに加えて、それに勝る適切で妥当なものはない」。[90**]

＊A・スミス、『国富論』、前掲訳書、p.138.
＊＊A・スミス、『国富論』、前掲訳書、p.138.

道徳哲学者スミスは、このようにして社会的問題を倫理的論拠に基づいて論証する。彼は、正義の一形式としての市場正義に対して〈公正で妥当な〉、つまり人間性《フマニテート》を根拠とする正義のもう一つの形式を対比しているが、公正で妥当という第二の正義は、第一の市場正義の誤りを修正し改善すべきものである。そこで、私たちが道徳哲学者であり倫理学者であるアダム・スミスに問いかけなければならないのは、倫理の面から求められる正義とは、どのようなものか、そしてその正義の基準や根拠は何かといった問いである。経済的理解および取引行為についてのこの箇所を締めくくるに当たって、私たちは初めからそこに内在している攻撃の諸要因というものの要旨をまとめておきたい。中心的な動因としての利己心は、それ自体消極的な意味では攻撃的なものとは必ずしも言えないが、おそらく、自己保存や自分自身への配慮といった肯定的な意味でなら攻撃的であるとも言えるであろう。己の生産条件を改善させる手段として他者の労力を利用することは、分業も含めて、同じような意味で攻撃的なものとは言えない。なぜならそうした分業も含め他者の利用は、各々の利己心という意味で双方の利益を促進するからである。もちろんこうした慎慮や行動は、遮蔽された、中立の場で起こるのではなく、経済競争の場で生じる。言い換えれば、そうした慎慮と行動は、必ず利益があがるという機会を目指してはいても、損失に見舞われるかもしれない危険もともなう闘争なのである。ここに苛烈な対決が加わって、その亀裂のなかで競争相手を締め出し、その結果、競争相手を敗者（損失者）にし、自分自身を勝者たらしめようとする闘争が繰り広げられる。疑いもなくここで問題なのは、攻撃的側面を見せる権力闘争である。マックファーソンは、このような社会構造の特徴を〈競争社会 competitive society〉と捉え、その性格を合法化された競争によって特色づけた。[91] そこで未解決のままになっている問いは、このような競争は権力闘争から暴力の展開へと転換しうるものなのか、という問いである。疑いもなく、貧富の格差が深刻化するなかに潜在する暴力は、社会のなかに、また人間の欲求や行動が商品になるという事実のなかに潜んでいる。貧富の対立が先鋭化すると、人間は労働過程から脱落し、ヘーゲルが論証したように、（そのために）市民社会の基盤は喪失することになる。すなわち、自分たちの労働によって市民社会の自立基盤を保障できなくなってしまうというのである。こうして、社会がその成員に労働を提供することができないとき、あるいは社会が少なくとも当面の労働不足の成り行きを社会的に解消できないとき、社会は暴力的動向を採るのである。

第二に、貧困のために権力を失うのに対して富裕が権力を集積するのは、権力の蓄積が貧困者から労働の可能性と一緒に生活の物質的基盤を奪うだけでなく、また貧困者の自由をも別の仕方で制約したり、悪用したりする動向を是認することになる。こうしたことは、危険を孕んだ結果となる。つまりその結末は、経済の発展過程で機能障害を起こす不都合な面として、また受け容れ難い別の側面として出現する可能性がある。というのは、その帰結は、市民社会の前提である自由を、言い換えれば、平等に経済過程に参画する機会をもつという自由を疑ってかかるか、あるいはその自由を土台から破壊してしまうことになるからである。このような帰結は、それを人間間の不和として明記したトーマス・ホッブスやヘーゲルのような、また人間疎外と呼んだK・マルクスのようなかの理論家たちの言うところに当てはまる。それ故に重要な倫理学的問いかけは、次のようになる。すなわち、市場での交換の正義は、同時に、人間らしさという意味での分配の正義をも含意しているのか、あるいは、交換の正義はそれに付随する倫理的基準によって補完され拡張されなければならないのか。アダム・スミスは彼の哲学でこの問題に徹底して目を通した。たしかに彼の考えるところでは、市場の交換正義には、誰にも市場から利益を得る機会があり、またその正義は市場の内的運動原理として〈見えざる手 invisible hand〉のようにはたらき、社会成員のすべてが富に与れるのだというのである。[*92] しかしながら同時に、彼は、経済過程で起こりうる破綻箇所をも鋭く認識していた。つまり、その破綻箇所には、生まれてくるこの富に与ることをまったく妨げてしまい、その結果〈人間らしさという私たちの思想〉とは相容れない結末が隠れている。したがって彼にとっては、修正し補完する第二の正義の形式が不可欠なものとなる。なぜなら正義のこの形式は〈人の道（人間性）の欠如 lack of humanity〉という穴を埋めてくれるからである。私たちは、彼の採る倫理的な基本的立場がこうした修正を成し遂げることができるのかに目を向けてみよう。それにあたって、私たちは、アダム・スミスの倫理的な諸見解を、私たちがミードから受け継いだ理解の基本的モデルに取り入れてみよう。そこでは、この作業も、経済的なるものの理解の際に私たちが行ったのと同じように、容易にすすめることができるようになってくる。

＊A・スミス、『道徳感情論』、前掲訳書、第四部、第一篇、p.281.

アダム・スミスは、いかにも彼らしく、彼の倫理的情操の理論を、私たちが国富論の第一篇第二章で読み取ったものと同じような基本原理から始めている。しかし、いまやそれは、人間の本性 Natur によって基礎づけられるべきものという利己心ではなく、共感（同感 sympathy）であるという。「人間がどんなに利己主義的なものであると看做されようとも、やはり明らかに人間の本性には動かしがたい根源的素質（principles）が潜在していて、それは、人間が他人の運命に同情するようにし、そして必然的に彼が幸運に預かるようにするといったもので、そのとき自分がそのことから得られる利益といえば、その場に立ち会っているだけで得られる満足感以上のものはなにもないにもかかわらず。」[*] 倫理的感情の理論は経済的理論とは相容れないように見える。そこ（経済理論）では、利己心（self-interest）が、自分の利益への配慮が、人間の基本関心であり、そしてそれに勝る関心は他には見当たらない。しかし、人間の収入が最低生活条件以下に落ち込むといった経済理論的には起こりうる貧困化という結果との関連でみると、経済理論が破綻する場面にはすでに、また別の関心が割り込んでくる。すなわちそれは、そのような非人道的な結末はあってはならないと異議を申し立てるのである。

＊Ａ・スミス、『道徳感情論』、前掲訳書、第四部、第一篇、p.281.

倫理的情操論は、その異議申し立てがどのような基本関心を意味するのかを語っている。それは関与することへの関心である。スミスは、同情と思いやり Anteilnahme（共感 sympathy）との間に一線を画して明確に区別している。すなわち、同情 Mitleid は隣人の窮乏に対する特殊な感情であるのに、思いやりは隣人のあらゆる感情状態に共感する感情のことである。ここに、ミードとの明確な相違が成立する。ミードは、同情を捉えて、身の置き換え（役割敢取 role taking）

という宗教的プロセスの基盤をなすものと考えているからである。ともかく、ミードが同情と共感を区別していたかどうかについては、はっきりしない。しかし区別しているとすれば、スミスの、倫理《エティーク》の根本思想もやはり彼の理解手法と両立しうるものとなろう。再度当然のことながら浮かび上がる問題は、自然についてのスミスの理解手法とはどのようなものと考えられるのかであるが、そのとき、彼は、特にそれに対して根源的素質（principle）なる概念を注釈的に付け加えている。とはいえ、それによって思惟の諸原理だけしか考えることができないというならば、やはりここで問題になっているのは、イギリスの、モラル・センスの哲学の伝統にしたがって感情のなかに探索される倫理的な態度である。むしろその前にすでに、認識し、感じ、意志することの根本条件が想定されるのであって、それらは、まちがいなく人間が認識し、感じ、行動することを念頭にした一種の超越論的な地位を占め、その限りでそれらは根源的 - 能力、あるいは根源的な素質と呼ぶものである。

重要なことは、アダム・スミスがそのような根本的能力に利己心 self-interest から共感（sympathy）にわたる幅を認めていることである、ただその際、どのようにしてその幅を調整し埋めることができるのかといったことは、未解決のままである。倫理学が感情にあって始まるというならば、さらに別の非難が、つまり情動主義 Emotivismus であるという非難が懸案となったままになっている。要するに、この非難が確信をもって主張しているのは、感情はつまるところ主観的な性質であって、それ故非合理なものであろう、さらにしたがってそれが倫理学の基盤をなすことはけっしてありえないというのである。そうなると、スミスの倫理学の手法（同情）は、それ自体で一挙に倒壊することになるであろう、なぜならば、思いやりはどのようなものであれ、個人の渦巻く感情状態へと、それどころか利己心の渦のなかへ巻き込まれ、一般化されることはできず、したがって一般的に追体験することも不可能となるであろう、という。

私たちは、アダム・スミスがここで彼自身独自の、しかも合理的に追体験のできる理解の形式を手がけていることに目を向けよう。共感Sympathyとは、スミスによれば、二人の個人間の関係であると考えられている。すなわち、その関係は、一部は、個人2の感情が、個人1へ無意識のうちに転移することによって成り立ち、またその一部は、個人1が自分の身を個人2の身になってみることによって成る。共感は異他性と親和性の両方を包み込む。共感は、切り離された項を関係づける可能性を強調する。その共感が遠ざけ排除するのは、私たちには、他の人間と同じように、何の媒介もなく、完全に一致するかたちで、認識したり、感じたり、意志することができるのだという想い込みである。このような想い込みは、感情が何ら媒介なしに調和することを認めることになろう。他面でまた想定されているのは、個人間の、感情-、認識-、行為-といった活動領野は、完全には切り離されることなく、またそれぞれが自己の領野に閉塞することもなく、互いの触れ合いを容認してもいるということである。徹底的に分離された感情の世界という公理もまた成り立たない。アダム・スミスは——私たちはこのように言えると思うのだが——道徳哲学者として、感情によるコミュニケーションは可能であるという想定をもって思索している。もちろん、この想定は、彼の場合には、まだそれほど強く疑問視されていないので、彼はミードのようには熟慮を重ねなかった。つまり、私たちをして上のようなコミュニケーションの可能性を想定せしめ、相互理解の仮象から私たちを護ってくれるような架橋の支柱は如何なるものかについて熟慮を重ねてはいなかった。ミードの場合のように、表意的な（意味を起ち上げる）記号 signifikante Symbole を架け橋として作り出すことは、まだ議論の俎上にのっていない。その代わりに、彼は日常生活で習得され、〈コモン・センス common sense〉で着飾った感情の世界の交換可能性を想定しているのである。

共感ということで強調されている基本的な緊張状態は、直接面と向かい合う当事者と傍観者との間の基本的な緊張のそれである。眼前の当事者あるいは関係者は、彼の運命にただちに身を晒すことになるが、そのために、彼の感情の反応はとっさの無意識的なもので、その興奮は激しいものである。この当事者に当てはまるのは、感情の批判理論のすべてであるが、その批判は、感情は主観的で非合理的なものだ、言い換えれば、感情は個人的立場や自由裁量に依拠していて、学問的（論理的）に解き明かされることはない、といってこれを非難している。こうしたとっさの無意識の衝動から生じる私たちの感情が採る姿勢は、揺れ動くもので、その動揺は当惑の度合いが大きければそれだけに激しくなる。スミスはしかし、倫理的にみて適切な感情の理論的基礎を探しもとめている。つまりそうした感情は、私たちのどのような反応が〈人間的 human〉であるのか、言い換えれば、それは〈私たちが人間らしさと考えているもの〉と一致するものであることを私たちに伝えるからである。こうした適切さは、スミスが採り入れた判断の視点であり、彼の哲学用語では〈適宜性（礼儀正しさ）propriety〉と表現されるものである。

このことから彼は、当事者、つまり直接ことに巻き込まれた私 Ich のすぐ横に、注意深く観察する私あるいは目撃者 - 私を定立する。そのとき、行為者 - 私と目撃者 - 私の間を引き離したり結びつけたりするものは何か。この問いに対して伝統にそった彼の言い回しは、以下のようになる。すなわち「直接ことに当面している当事者の本来の自然のままの諸情動が、観察者の同感する諸情動と完全に調和しているときは、こうした情動はこの観察者にとっては、必然的に正しく、また妥当であり、また情動の対象に適合したものと思われるのであるが、それに反して、彼がその事例を目の前にあると看做し、それが彼の感じているものと一致しないことが分かった場合には、そうした情動は観察者にとっては、必然的に正当でなくまた妥当でもないものとなり、その情動を引き起こしている原因は、不適当なものである、と思えるのである。他者の情動がその対象にとって適合するものと是認することは、私たちがその情動に完全に共感している sympathisieren ことを認めるのと同じであるということである。すなわち、情動をそういうものとして是認しないことは、私たちがその情動に完全には共感しないことを認めるのと同じだということである」。[93*]

＊A・スミス、『道徳感情論』、前掲訳書、第一部、第三篇、p.19.

ところで、目撃者‐私は、行為者‐私に比べ、成果の上でそれ以上に何をもたらすことができるのか、そのために行為者‐私が判断を可能にするような如何なるものが加わるのか。目撃者‐私の位置は、アダム・スミスにとっては、その位置がその当事者の運命に関与しているということ、言い換えれば、当事者（本人）と同じように感じながらも、同時に観察する第三なるものという距離をとりながら感じたり、思考したり、判断したりしているということを意味する。近と遠のこうした位置を同時に採ることができるためには、ここでは、身の‐置き換えSich-Versetzenという手順が考えられなければならない。この手順は後にミードの理論のなかでパースペクティヴの変換として展開され、詳細に示されるものである。他者のものの見方に入り込み、そして、距離をとることによってこの侵入を取り戻すこと、すなわち、こうした離れによって、自分のものの見方1と他人のものの見方2との間に第3のものの見方に当たるものが生まれてくるのであるが、このものの見方3は、別の二つのものの見方を見比べ、その共通点と相違点について省察を加えるのである。目撃者‐私の位置は、このように、判断する第三の立脚点を登場させ、それによって感情と論証とを結びつけ、主観的パースペクティヴと感情の態度振る舞いとを慎重に検討し、そしてその位置が第三の立脚点に相応しく、正当で、さらに共通性をもつことを立証する。スミスはこうした文脈で、同意について、あるいは不同意について語っているが、それは、賞賛と叱責とを表現するものである。目撃者‐私は、このようにして、行為者‐私の適切な反応を褒め称え、不適切な反応を叱責する。

スミスはこの関係を、まずコミュニケーションの外部空間で、同胞である行為者‐私と主体である目撃者‐私との関係として分析する。行為者‐私は、人間の相互関係では汝として出会うのであるが、この汝は自分の行いの結果や自分の運命には、喜び、悲しみ、憂いそして絶望といった諸感情をともなって感情的に反応する。第二に、しかし自己das Ego自体もまた、行為者の役割を担って登場し、個人的な諸感情にすっかり忙殺される。自己に対しては、こうした私Ichのもう一つ別の部分が目撃者‐私として前面に出てくるが、それによってコミュニケーションの自己関係と内部関係とが形成される。外部関係は〈私の‐私への‐関わりIch-mich-Relation〉として内面化され、良心を根拠づける。目撃者‐私がそこで自分の判断能力を手に入れるその時点に目を向けるとき、そこで明らかになるのは、目撃者‐私は、他者と自己自身とに対して、第三の観察する個人のように振舞う。その目撃者‐私は当事者の感情を、あたかも利害に関わりのない傍観者が自分たちの状況を判断しているかのように省察するのである。

第三のこの傍観者は、しかし社会という基準を設定している。その第三の傍観者は、いわば、一般化された社会的主体とも言うべきもので、その主体は、判断するにあたっては社会的な規範と基準とに依拠することを求める。ここまでくるとミードの言う一般化された他者Andereへの橋が難なく架けられる。そしてそうした他者は諸制度の規則や規範をそれ自身のなかに含んでいるので、その諸制度は、個人的他者へのどのような関係においても一般的な枠組みとして通用すると考えられるものである。スミスの言葉では、それは、共感sympathyに含意されるpropriety

（適宜性）にあたる。この適宜性は人間らしさ《フマニテート》という概念に関わる社会的コモン・センスを意味し、個人である私あるいは個人である他者がこの人間らしさなる概念に沿うものか、あるいはそうでないかによって、賞賛しあるいは叱責する。

しかし、スミスは彼の倫理学では、さらにもう一歩進めている。試しつつ‐律する私と、試される者との内的関係は、そこ（倫理学）では良心が構成されたのであって、現実の社会が下す賞賛や叱責に左右されるままに留まるものではない。その内的関係（すなわち良心）は、さらに進んで、自らが賞賛に値するのか、叱責に値するのか、また現実の社会の反応に依存するのかを吟味するのである。「賞賛に値することを求めることは、賞賛を求めることだけから導き出されるものではない。そうした二つの原則は、それらがいかに互いに相似しているとはいえ、また相互に結びついてしばしば混じり合っているとはいえ、やはりいろいろな点で相互に異なりまた依存関係にはないものである」。[*94] 人間的なるものを判定する第一の基準は、それが社会的に制約されているということから、他律的であるとも言えよう。第二の基準ではそれに対し、判断する私 Ich は、社会による管理コントロールにどちらかと言えば支配されないでいる。判断する私の立ち位置は、いってみれば、社会とは異なるある他者（Anderer）、つまり人間として他者の採る立ち位置であって、それは彼がどのような社会に属しようが関係のない他者の立ち位置となるであろう。その限りで、判断する私 Ich は、人間性について自分が考える際に社会の基準からは解放され、誰もが人間として受け容れるであろうような人間的なるものを理解する立ち位置を採る。アダム・スミスはここで、再び、この場合にはすべての人間に当てはまる、自然に合わせて Naturgemäßen という概念に助けを求める。「この場合、人間の自己是認は、他の人間の承認という裏づけを必要とせず、自己是認にはそれだけで十分であり、また他の人間はそれで満足している」と言う。スミスは、内的人間（良心）の裁く権利について語るが、そのとき彼が念頭においたのは、不偏不党のあるいは自律的な良心である。それによれば、「その良心は理性であり、原理としての良心であり、私たちの胸中の住人であり、内なる innere 人間であり、私たちの行動の偉大なる裁判官であり、命令者である」。[**95] この場面で明らかになるのは、スミスが社会依存の良心から社会に依存しない良心へという思想上の歩みを進めていること、そしてその歩みは、G・H・ミードが、普遍化された他者（universalized other）を念頭にして一般化された他者という思想を超えようとして役割敢取という彼の構想のなかで行っている区分けと非常によく似ている点である。

＊A・スミス、『道徳感情論』、前掲訳書、第三部、第二篇、p.236.
＊＊A・スミス、『道徳感情論』、前掲訳書、第三部、第三篇、p.201.

この種の自己関係の特徴をスミスは、二つの観点で自制として捉えている。すなわち、その一つは他者に対しての利己主義的な感情を抑えるという視点で、もう一つはしかし共感する mitempfindende 感情をも抑えるという視点である。利己主義と利他主義の彼岸にある倫理なるものが姿を現す。その倫理は、連帯を拒む感情と連帯を求める感情とを仲裁する。これを彼は、〈人間本性の高貴な徳〉と言う。このような天性の von Natur 人間らしさという規則は、彼にとって経験による探索から生まれている。こうした規則は、偏狭で自分本位の色合いをもった利他主義的な思想に対する、すなわち、民族的な偏狭さに対する批判によって形成されたものである。そうした規則は、社会的繋がりを超え、つまるところ文化をも超えた天性のものである。それは、経験を土台にした啓蒙思想に源を発しているが、その啓蒙思想は宗教によってすでに思考の篩にかけられ、歴史を生き抜いたものであることを、理性によって追証しているのである。そうした規則によって、一般的な人間の分別力（コモン・センス）と哲学的な理性もまた和解にいたる。

スミスによって構想された理解がこうした倫理的理解様式へ入り込むことは結果として何をもたらすのか。それによって経済的な理解にどのようなフィードバック作用が起こるのか。

まず明らかになるのは、倫理的理解は良心の自己是認 Selbstbilligung という思想にその中心的様式をもっているということである。倫理的理解は、一方で、賞賛や叱責に結びついている社会との、またそうした社会の規則や規範との批判的な対決によって明確になるが、しかし倫理的理解は実際の賞賛や叱責には結びつかず、その結果社会の慣習からも切り離されている。倫理的理解は、私 Ich の試しつつ - 裁く部分とその試された部分との内的なコミュニケーションの中心に身を置いている。倫理的理解は、私の自己是認のなかで自己によって基礎づけられ、それ故どちらかと言えば自律的なのである。

さらに加えて明らかになってくるのは、倫理的な理解とは、誤りを正す一つの審級機関であること、そしてそれは、社会の絆を重視する態度と反社会的なそれとの間に正しく理解された利己心Selbstinteresseによって中道を捜し求めるのである。その利己心は、決して利己主義と同値のものではなく、むしろそれは、人間性、正義、寛容、良識といった社会の絆を求める行動への資質と態勢である故に、人間の連帯を引き裂く反社会的態度とは異なるものである。とりわけ、ここで人間らしさ（humanity）への姿勢は、利己主義に対しては明確に反対の立場をとっている。利己主義が利潤や権力欲求や名声を限りなく増幅し、その結果、反目と不和を社会にもたらすのに対し、他方で、人間性、正義、寛容はこのような考え方の誤りを匡正する。人間性は、とりわけ、貧困に苦しむ限られた人びとに贈られる善意に基づいているものである。言うまでもなく、こうした人びとには、彼ら自身が彼らなりの仕方で自己を是認し自己を抑制する術を自分自身で捜し求めること、またしたがって、それから生まれる痛みが大きくならないようにすることが、強く求められる。そのときしかし、人間の心をもった人なら、上記のような人びとに出会うのに、善意をもってし、それぞれ一人ひとりに親切な手を差し伸べることができる。同じようなことが、利己的な態度の誤りを正す寛容についても当てはまる。

言うまでもなくスミスは、このような利他主義もまた誤った方向に誘導される可能性があることを明示している。利他主義は、人間特有の感情に完全に左右されることもありうる。このことは、そうなると、他者のために自己を犠牲にすることになり、自分の利害関係を失ってしまうことになる。こうして、内面のバランスが損なわれ、壊れてしまうことがありうるし、とりわけそれは、公の倫理的態度に対する私的な倫理的態度の関係を危険に晒すことになる。人間らしくあることは、言ってみれば、正義と公共心とによる矯正を必要とする。正義と公共心とのこの二つが関心を寄せるのは、経済、諸官庁、そして政治といった公の機関に対してである。こうした諸々の組織機関を後援するのは、十分正しく理解された自分の利害関係によってである。

アダム・スミスでは、有用性 utility は、正義 justice とは異なる特別な位置を保つ。この有用性は、いわば体系的な場所であって、そこにスミスの倫理学では経済学が鎮座している。言い換えれば、それは、社会への利益の運び手として、社会が豊かになるのに役立つものとしてある。実利と正義は、双方から支え合うべきものである。正義とはここでは、法の前の平等を意味し、その法は、加害や傷害を解消し、犯罪を処罰する。正義とは、したがって、傷害事件で初めてその役割を担う基本的に否定的な審級機関なのである。重要な位置を占めるのは、実利（功利性）であって、それはアングロサクソンの功利主義の線に沿って展開されたものであるが、アダム・スミスはその発展のための基盤を提供している。功利性の敵対者であり、矯正する審級機関となったのが、すなわち、個人的情操と慈善を施す人間性、公共の慈善行為としての気前の良さ、そして公共団体とその繁栄を求める政治的配慮としての公共心とである。スミスが称賛しているのは順調に機能する組織（spirit of systems）という、まずは個々の生産者にとって、しかしまた経済全体にとっても有用性を実現可能にするものである。富裕者は、偏った利己的な利潤追求のために平衡を破られても、それでもなお全社会に利益をもたらす原動機のエンジンを始動させ、経済の全域を潤す。彼が豊かになることは、貧しい者たちをも富める者たちの渦のなかに取り込む。なぜならそれによって貧しい者たちも、生活の糧を獲ることになるからである。このようなコンテクストで、かの有名な〈見えざる手〉という金言が生まれた。そしてこの見えざる手は、富裕になったその利益を社会の全成員の利益になるように分配するのであった。根底において、スミスは経済の功利性を確信しており、またこの功利性は、彼にとっては、全成員が収益に与り、その収益は市場の分配メカニズムによって保証されるのである。

ここで明らかになるのは、社会内の調和というスミスの描く目的像が理解についての彼の構想のなかで、それが倫理的類のものであれ、経済的な類のものであれ、最上位にあるというだけでなく、さらに理解することそれ自体が、理解すべき経済的側面も、それを矯正すべき倫理的側面と同様に、釣り合いをとるように誇張して描かれる点である。経済的理解に対しては、こうした釣り合いをとる側面と他方の葛藤を孕んだ側面とを度外視する視点が〈見えざる手〉という構想（コンセプト）に現れている。分業は生産を高め、人の心を強く結びつけるものとスミスは確信している。こうした基本的姿勢を彼は、進展する社会を、一般的な進歩への道程にあると見るG・H・ミードと共有しているところがある。たしかに私たちが見てきたのは、経験論的立場の経済学者であり、また社会理論家でもあるスミスが、労働市場の文脈で、こうした楽観的な見解の破綻するところを認め、また、強調しているということにあった。言ってみればそれは、社会の一部が富むことは、社会の他の部分が貧しくなることを含意しており、その貧困化は労働市場に及ぼす市場原理の効力にしたがって、最低生活のぎりぎりのふちにまで進行しかねないということである。さらに彼が見てとったのは、企業家と労働者間の賃金闘争の場面では権力要因が決定的に重要であること、また、潤沢な金力を足場にした強大な権力は、そのために強力な権力を企業家の許に掌握させることになるということである。とはいえ、見えざる手として市場を神話化するという想定は、これとは異なった、市場の分配の公正さという点で市場を疑ってかかるというもう一つの視点との釣り合いをとらせている。スミスが社会にあって主題化しようとしているのは、彼が市場の現象形態のなかで描述している不調和ではなく、解決済みの、調和のとれた見解なのである。

同じことが、理解するということの倫理的側面についても言える。自己規制はそこでは、倫理的な自制心の本質的な様式（あり方）として詳しく展開される。もし利己心が倫理的自己抑制を方向づける尺度ないし判断基準であるなら、自己制御とは、こうした方向が具体的な態度で実行に移されるということである。そうした自己制御は、節制（中庸化）Mäßigung を実現する。つまり、それは観察者 - 私が、行為する私に命令して、生の衝動のままに身を任せるのではなく、こうした衝動を反省する目をもって熟考し自ら転換するように迫る。そうした自己制御は、利己的になって頽落しがちな富める者の利潤追求衝動を程よく抑えてくれる。自己制御は、そうした貧しい者が悲惨さのために彼らを絶望の底へ突き落とすかもしれないような彼らの苦悩を和らげてくれる。

自己制御は、社会的な諸葛藤の倫理的な接合剤となって、葛藤の先鋭化を鈍化させるのでなければならない。このように見ると、企業家は彼らの節度を欠いた利潤追求欲に盲従すること、またそうした利潤追求心によって社会的な葛藤を先鋭化することを自制する。権力を追い求めるなかでの自己匡正が、とりわけ寛容という形での自己匡正が宣言されている。同じように、就労や失業という点でその悲惨さを見せつけること、またそれを捨て鉢になって傍若無人にしたい放題に振舞うことは許されないことである。なぜならこうしたことは社会的葛藤を先鋭化するからである。

アダム・スミスは、富める者と－貧しき者との－対立から生じる重圧が、厳しい窮乏のために市民が生存条件のぎりぎりのところで暴力的な動きになることを想定できるのに、それに目を向けようとせず、また、その重圧が心理的な変化を誘導し、そのために、怒り、憎悪、復讐といった攻撃的な諸感情が、もはや手のつけようのないものとなり、自己抑制力では解消することのできないものとなるといったことについても目を開いていない。ここでは、社会的なコンテクストで問われる暴力の問題が口を開けている。その問題は、結果として主－従－構造の社会的な闘争になりうるものである。ここではスミスの賛嘆者でありまた批判者でもあるヘーゲルがより明瞭に見ていたところであるが、それは、彼が明示した限りではあるが、（社会的市場経済の修正能力を欠いた）純粋な市場メカニズムには、貧富の対立の先鋭化が避けがたく、社会階層では内に向かって、また外に向っては富める国と貧しい国の対立（たとえば植民地主義に見られる）が激しさを増し、そしてその先鋭化は、人間から職業や生活基盤の確保といった彼らの市民としての生存の基盤を剥奪してしまうということである。[*96]

*G・W・F・ヘーゲル、『法の哲学』、前掲訳書、pp.468-473.

最近の正義をめぐる論議には、経済的理解のこうした問題への回帰がみられる。その根本的ディレンマの内容は、市場原理からの経済的理解は、社会での人間の生存条件を適切に映し出すという点で、十分なものであるのか、あるいは倫理的および政治的な理解によって修正や補完が必要ではないのか、といった問いである。正義論の用語でこの問題を表現すれば、それは、すべての正義の問題を解決するためには、根底にある法形式が交換の正義でこと足りるのか、という問いとなる。これについてはR・ノージックが体系的に述べたところである。[*97] そうなると、正義の問題は、ただ（一）財産を公正に占有するという問題と、（二）所有者がその手から他の手へ、たとえば商品や金銭を自分の手から他者の手に、公正なかたちで譲るという問題の二つだけになるのか。それとも、分配を公正に行うことによって交換の正義を体系的に拡大することが求められるのか。その求められる分配の正義は、それをロールズの継承者である正義論者たちが主張するように、できるだけ豊かさに与ろうとして貧富の間の双方から押しかける動きを矯正するのである。こうした問題提起は、私たちがすでにIII章で倫理的視点のもとで切り込んだものであるが、私たちはここではこの問題に決着をつけることはできていない。これまでの私たちの（論攷の）

脈絡では、その流れの基盤となるところを、さまざまな理解類型によってアダム・スミス自身に即して明示したことで目的は達せられたと言えよう。

＊R・ノージック、『アナーキー・国家・ユートピア――国家の正当性とその限界』上、嶋津格訳、木鐸社、p.142f.

VII　政治的な理解の問題

私たちがこれから考究する課題は、理解することを政治的なるものの領域で分析することにある。経済的なるものの領野ですでに問題にしたのは、個別の経済的主体に権力がどうしても集積するのを、できるだけ経済的主体間で自由な交換が可能になるような関係に置き、さらに社会の個々の成員間で公正な調停を討議し合う関係に置くということであった。そこで扱われた問題は、相互間の取引行為にみられる協同の形式を破壊的な形式から分離することであった。その際に明らかになったのは、経済的な権力が少数の主体に集積すると、他のすべての主体間では相互の取引行為の自由が制約され、さらにはその自由の土台が徐々に崩れ去ってしまうということであった。国家の経済的な成長という建設的な側面は、貧富の格差の拡大や自然開発がもたらす後遺症といった破壊的な側面と不可分であることを露呈した。したがってもしこうした（経済的な）理解が理解することの唯一楽観的なパースペクティヴだと想定し、もう一方の、対立を孕み問題を抱えたパースペクティヴを理解の射程から除外するというのであれば、経済的な理解はいまだ不十分である。そしてこのことは私たちの結論でもあった。

政治的な理解には、経済的理解との間に理解の様相だけを異にする類似性が存在する。いまここで問題なのは、もはや富の成長に関して取引行為を理解するというのではなく、社会の公共的な関係を可能な限り善い形で制御することを念頭に置いてその取引行為を理解することである。政治的な理解の対象は、共生を目指して手を組んだ人間の間に、自由な関係を実現するために権力を集積するという事態である。

このことは、理解概念があらゆる構造を内包していることを意味する。それはG・H・ミードの役割採取 role taking という基本モデルによって展開された通りである。政治的な理解は国家にあって始まるのではなく、すでに話し合い関わり合うという人間の政治的関係に淵源するものであり、それが人間関係の制御に影響を及ぼす。その点で、C・シュミットが政治的なるものを公共的な関係の規制として捉え、それを政治的なるものの制度的な現象形態としての国家から区別しているのは正しい。*98 政治的なるものは、したがって、同胞への関係という個人的な地平で始まるが、その同胞は、公共の諸事に関わり合いながら影響力を行使するために力を合わせる。政治的なるものの端緒は、党派化、すなわちグループ化とは異なるものに、言い換えれば、国家にあっては権力掌握に関心を示し、他の党派との関係では、権力を巡って権力掌握に没頭するといった、そうした党派化とは異なるものにある。その際、こうした権力掌握は自己固有の権力目的を公共で遂行することにもっぱら役立つものなのか、あるいは権力掌握はこうした目的を他者の自由の制約の下で追求することになるのかという問題は、初めから未解決のままである。要するに問題なのは、行動目的は厳密には権力政治的に考えられるものか、あるいはそれは政治的な自由の発展のために役立つものなのかにある。権力政治的な思考は、ほんの僅かな人にとってしか政治的な自由の意味をもたず、また（さらに）他のグループ形成の自由を弱めたり、策動によって排除したり、傷めつけたり、また抑圧するといった行動を主題にすることになる。権力政治的思考は、したがって権力から暴力への移行を包摂しており、政治的に見れば、最終の審級では独裁に通じる。それに対して自由な個々人の関係を護るために権力を投入するということは、行動目的が自由と平等によって定義されていること、またしたがってその目的は自由を獲得した市民の織りなす共同体を目指しているということを意味する。具体的な理解のあり方としては、このことは、私が私の行動目的に共感してくれる者たちの身になることであり、さらに正反対の目的を追い求める人からその目的を区切ることを意味する。その際決定的な役割を演じているのは、こうした目的の共有はどのように理解されるのかという問いである。こうした共有が自分自身の権力を集積し行使することに優先して役立つというなら、共有はただ内に向かってのみ建設的であるのであり、したがってそうした盟友関係にある者には友情のパースペクティヴが生まれる。同時に、それは外に向かっては破壊的なものとなる。政治的に異なる考えを持つ者は、権力を巡っては競い合うのであり、彼は、蹴落されるにせよ、あるいは政治的に勝利者となるにせよ、陰謀を巡らせ作戦上勝ち組になったり、邪まな中傷誹謗によって痛めつけられたりする。政治的に異なる考え方を持つ者は、政（治的な）敵である。政治的な対決の形は、一方の側に善なるものが、そして他の側に悪なるものがあるといった価値づけの友 - 敵 - 関係によって決まる。あるいは互いに共感し **Sympathisieren** 協同作業をすることは、邪まな自由の思想とは異なるより善なる自由という共通の思想を達成することに役立つ。そのとき味方の党派の支持者とそれに対立する党派の支持者との間には政治的な和解や論争が起こるが、その際結びつける力は内に向かっては、価値観や考え方を共有し、さらにはそうした価値観や考え方を貫徹することになる。また外に向かっては、分裂する力が価値観や信条を異にしながらそうした信条の貫徹を目指して権力の結集をはかる。こうした関係は、党友には建設的なものであるが、敵対者には批判と反論ができるという意味でまた建設的でもある。

＊C・シュミット、『政治的なものの概念』、田中浩・原田武雄訳、未來社。「国家という概念は、政治的なものという概念を前提としている。」同訳書、p.3.

政治的人間の懐く確信や行動表象は、したがって他者の身になって考えるという多面的な活動を必要とする。他者は、私の根本的な信念や意図に調和するものなのか。公の諸事を統べ取り決めるにあたって私の観方は、彼（他者）のそれよりもより優れているというのか。彼は私を説得することができるのか、あるいは私は彼を納得させることができるのか。彼を説得できるとすればどのような論拠によるのか、また私を説得できるのはどのような論拠なのか。彼の個人的な志操心情は如何なる傾向のものか。彼にとって重要なのは権力の掌握それ自体であるのか。私の野心（功名心）の前途に立ちはだかるのは彼すなわち他者なのか、あるいは私が彼の功名への道を妨げているのか。権力政治の達成が目的であるならば、私はそのとき内向きの友情を信じることができるのか、あるいはその友情は敵意に逆転することがありうるのではないか。他者への敵意はどのようにして過激なものになると考えられるのか。権力要求は、それが暴力行使にまで逆転しうるほどに過激なものであるのか。あるいはすべてに平等な自由の実現という政治的な志操心情は、すべてに妥当するのか。そのとき、政治に参画する態勢は、自分自身の権力要求としての一般性に対してはどのような関係にあるのか。どのような条件の下でならその態勢の逆転がありうるのか。自分自身の政治的取り組みは、どのように取り結ばれるのか、あるいはそうした政治参加は如何にたやすく権力欲の虜になるものか。党友への関係はどのようにして建設的となるのか、また対立党派の者たちへの関係はどのようにして建設的となるのか。あるいは対立者との間の権力を巡る競合は、軌道をはずれ、破壊的な傾動をとることがありうるものなのか。

要するに、政治的に利害関係のある人間の個人的な出会いの次元では、双方から他者へ身の置き換えということが起こる。すなわち、他者を理解しようとし、他者と（理解）の相互交換によって合意に達しようとする試みである。こうした理解の歩みは行動目的に沿った方向に進み、さらに理解は、行動目的に合致している可能性を、言い換えれば、盟約を結ぶという可能性を吟味するのである。あるいは、理解は行動目的の違いを突き止め、そうなるとこのことは、当事者たちがその目的行使をめぐって競い合うことになるのである。その際、こうした理解が行き‐帰するなかで役割を演じるのは、次のような問いかけである。すなわち、相互の関係はどのように建設的様相を見せるのか、あるいはその関係はどのように破壊的方向に展開しうるものなのか、といった問いである。破壊的な展開過程では何が起こっているのか、権力要求は利己 Ego（利己的自我）の位置に、あるいは他己 Alter Ego（他者の自我）の位置にどこまで後退してしまうのか。権力要求はどこまで自己本来の権力要求へと狭まっていくのか、そしてどこまで他者との合意や和解といったものを見失ってしまうものか。もし他者がなおも自己なるものを危険に晒す敵としてしか現れず、そして競合する党派の権力要求を比較し、判断し、その上で和解をもたらすことができるような第三者の立ち位置にもはや立ち戻ることができないならば、何がそこで起こるのか。理解が建設的な道へと引きかえることがありうるのは、ただ、第三者のパースペクティヴから、それがたとい一党派の、また一社会階層の、あるいは社会全体の、さらには国家のパースペクティヴであろうとも、自己自身と余所者の隔たりが発生し、その隔たりが共通点と差異を目に見えるようにするときに限られる。しかし第三の視角とともに、規範的な視点が登場してくる。すなわち、それは、ある党派の、あるグループの、あるいはある社会階層の、また社会全体の、あるいはまた国家の、といったものの基本的信条に何が正しく、何が誤って適用されているのか、という視点である。どのような規範や法観念がそれらの権威に基づく諸規則から導かれるのか、またこうした規範や法観念は競争し合う行為者の間の争いを解くことができるのか。

政治的な理解は、したがって、否応なく、それぞれ政治的に行動するものの間に個人的な心情による理解の次元を超え出て行かなければならない。なぜなら彼らの政治的な論議はグループ化と党派化の地平で行われるからである。政治的な論議は、すでにこうした党派化やグループ化の影響をうけ、またその枠をはめられ、その結果、それは党派や、グループ内の、またある社会階層‐あるいは利益社会に特化された、特にドイツ的とかヨーロッパ的などといった圧力団体間の抗争として、現れる。党派という政治的なスペクトルの内部では型通りの論議は、たとえば、典型的には保守的だとかあるいは自由主義的であるとか、あるいは連帯感のあるといった方向で整序され、理解されている。そうなると党派という一般化された他者に関して提起されるのは、その一般化された他者は他の党派の利己 Ego に対しどのような態度をとるか、(そこでは) 共通する諸点が優位を占めるのか、あるいは意見の不一致が優位を占めるのか、また他の党派が連立に値するものとなるのか、あるいは政治的な対極となるのか、また他の党派への関係はむしろ建設的であるのか、あるいは破壊的であるのか、といった問いである。どのような条件が整うと、党派間の関係は、味方は取り込みそして余所者は排除するという意味で対極化するのか、またそうした関係は、如何なる条件の下で暴力的な傾向をおびた敵対関係へと激化するのか、あるいはどのような条件が整えば、規制された協同態勢に相対化するのか。同じようにしてこうした党派の、国家に対する関係にも問いが提起される。どの範囲まで党派は国家に対し建設的‐批判的な関係にあるのか、あるいはどの範囲まで党派は、憲法に反するという意味で——つまり憲法に違反する状態にあっては国家内では権力が暴力へ移行するという難題がテーマとなるが——国家から排除されるのか。したがって政治的理解の次元に立ち、一般化された他者 Andere に目を向けると、次のような問いの前に立たされていることが再び見えてくる。つまりその問いとは、党派間の関係や国家間の関係は利己 Ego による権力政治的位置に後退して、他の党派および他の国家の位置を権力闘争の敵として排除することになるのか、あるいは党派や国家の権力要求を相互に比較したり、値踏みすることを許容し、そこに和解の可能性を見出すような、第三者の視点が発見されるのか、といった問いである。こうした理解の地平にあっても第三者の立ち位置への関係は成り立ちうる。なぜなら党派の争いやあるいは国家の争いのなかで互いに合法的であると言えるようなものは、そもそも如何なるものか、という問いかけが提起されるからである。それとともにしかし、政治的な理解に対しては、政治的な装置 Gebilde の規範や法の理念、とりわけ国家のそれは、それ自体正しいものなのか、という問いも提起される。こうした問いは友‐敵関係のなかで先鋭化する。というのは、その関係では一方の側からの正当要求は他の側では不当でしかないと見ることができるからである。善と悪は、国家間の判断では、互いに激しく相対峙する。そうした関係は、正当なことと不当なことを比較検討して選択するための根拠も反証の根拠も含んでいるであろう第三の立脚点を引き合いに出す可能性を反故にしてしまう。こうした理解の可能性を取り戻すことにまず着手するのは、理解する者たちが彼らのその時どきの考え方の彼岸に関係点を発見するときである、つまりドイツ人の彼岸にイギリス人を、ロシア人の彼岸にアメリカ人を、ヨーロッパ人の彼岸にアフリカ人を発見するといった具合である。そしてその際彼ら理解する者はしたがってその時どきの文化的状況にあって人間的なるものを発見しているのである。人間なるもの Humanum という立ち位置に立てば、そこからは、ある法律が別の法律に対比して正しいと言えることへの問いかけのパースペクティヴが開かれてくる。政治的な理解は、したがってミードの普遍化された他者 universalized other（との関係）を放棄することはできないのである。政治的理解は不可避的に政治的な正義を問う次元に取り込まれている。[99]*

＊G・H・ミード、『精神・自我・社会』、前掲訳書、p.267f. & p.296f. J・ロールズ、『正義論』、前掲訳書、p348f. & p.660f.

かくして、政治的な論議《ディスクルス》に対する問題提起は、国家が立法機関として現れるその場所だけに閉じ込めておくことはできない――C・シュミットはこのことを要求しているが――、そうではなく国家は必然的にエティカの論議に開かれている。政治的な理解は、つねに政治のエティカもまた包摂している。なぜなら正義の問題は、法律がそれに即して査定されるものである故に拒むことはできないからである。同じように政治的なるものの論議には経済的な理解のディスクルスもまた混入しており、政治的な論議と重なり合っている。なぜなら生活に必要な物資と富を進展させて社会を育むという問題は政治にとって必要不可決であるばかりでなく、こうした必要資材を公正に分配するという問題もまた不可避であるからである。したがって政治的なるものの諸論議は、正義の問題を討論する場に置かれれば、ただちに、倫理に関わる論議と、さらに倫理的なるものの論議は経済のそれと、そして経済的なるもののそれは政治的なるものの論議と必然的に重なることになる。

政治的な理解の輪郭を象るという私たちの目標により近づくために、比較的新しい議論に特有であった若干の規定を取り出しておこう。そこで政治哲学入門をものした一人の著者から始めよう。それはU・シュタインフォールトであるが、彼はその議論を次のように始める。「私たちがともかく確認できるのは、政治哲学にあって今日問題にならなければならないのは何かということである。政治哲学の当面焦眉の目標は、政治的生活の諸目標を規定することではない。言ってみれば、平安、ゆたかさ、自由といったこうした諸目的の話題はおそらく、その討論を面白くないものにするだけのものと認められているからである。私たちはそうした目的の重要さや形式をめぐって甲論乙駁することはできるが、しかしそうした目的は原則的には異論を差し挟む余地はないのである[100]」。ここでは政治の目標は平安、ゆたかさ、自由という三つで一組の理想的なるものにまとめられる。自由といえば、政治的なるものの近代的視点を象徴するものであるが、この視点には、すべての者が政治的生活の当事者であるべきこと、またすべての者が同等の仕方でその政治的な自由を実現することができるという内容が含まれる。平和の目標は攻撃から身を護るという視点であろう。ゆたかさという名の下では富の分配という問題が浮上してくる。しかしながら富の分配の問題は、それぞれ異なる理論によってその内容のお膳立が大きく異なってくる。それに対し私たちは、別の目的規定を手にしている。それはC・シュミットが彼の著作『政治的なるものの概念 *Der Begriff des Politischen*』(一九三二)で与えたものである。そこでは次のように言う、政治が目指すのは内外からの脅威から、したがって戦争や内戦から、身を護ることにある、と。[101]＊私たちがこうした考え方をシュタインフォールトのそれと比較するなら、双方の定義が一致をみるのは、唯一つのアスペクト、すなわち平和というアスペクトにおいてだけである。シュミットで問われていないのは、政治的なるものの目的として自由と平等を規定することである。彼にあって重要なのは、したがって、どのような状況の下でも戦争と内戦から身を護ることである。たとえこのことのために自由と平等とを犠牲にしなければならない場合であっても。

＊C・シュミット、『政治的なるものの概念』、前掲訳書、p.54f.

さらにすすめて、私たちはR・ノージックが、彼の著作『アナーキー・国家・ユートピア *Anarchie, Staat und Utopie*』――多く論議を巻き起こしたものであるが――にある政治的なるものの規定を援用しよう。[102]＊ここで明らかに問題となるのは、経済の基盤としての法共同体の安全を保障することである。そこでは政治的なるものの規定は、如何なる者も政治によって自己の個人的な自由を実現することができるのであり、政治的、経済的、法律的にみて保障された関係におかれる、ということになる。R・ノージックにとって国家が果たすべきことは、社会と経済の発展のために法的な大枠の条件整備を確保することであり、社会のすべての成員は社会的に達成された富にどこまで与ることができるのかという問いは、国家にあって解決すべき問題とならない。より詳細には、彼の考えるところは、市場の構造それ自体がすでに、社会のあらゆる成員が彼らの能力業績に関係なく、潜在的に市場に参入しており、また成果の如何にかかわらず経済的に達成された富に与れることを保障しているという。それを超え出ている問いかけ、つまり、この種の、市場を通しての分配は、市民の生存のための最低条件を保障するに足るものであるのかという問いは、R・ノージックでは何の役割も果たしていない。社会的なるもの das Soziale あるいは連帯性という視点は、彼の場合は政治的なるものの定義に取り入れられていない。

＊R・ノージック、『アナーキー・国家・ユートピア』上、前掲訳書、p.82f.

最後にさらにここで　J・ハーバマースの考えを引き合いに出せば、彼にあっては政治の目的はすべての市民が自由と幸福 Wohlstand に与ることである。[103*] こうした観方にはフランス革命の三つの理念、すなわち自由、平等、友愛を実現するということが含まれている。ここで見えてくるのは、政治的な目的設定を比較してみると、断片的な部分では合意が優位を占めてはいるが、細部にわたっての規定を見るとそこには深刻な相違もあるということである。一方では近代の自由社会の最高の形態（模範）として政治的な自由と平等が強調され、しかし他方でこうした自由、平等への力点は、後に私たちが論究することになるが、シュミットでは除外されている。したがってすべての規定に共通しているのは、ただ国家が担保すべきは脅威からの防護だけである。シュミットではそのために強力な権力国家が求められる。それによって政治的なるものという主題の範囲は、完全に権力のパラメーター（変数）に移転して自由と平等はおろそかに扱われるのである。他の諸理論では政治的なるものの問題は、自由と平等のパラメーターに移転して、自由と平等は権力政治的にどのように保護されるのかという問いかけはおろそかに扱われるが、しかしまた自由と平等のための最低の条件を経済的に確保するという問題も、それが市民の生存のための十分な基盤であるという意味で、中心的なテーマである。こうした問いが軽んじられる（ないがしろにされる）と、R・ノージックにおけるように、自由と平等は形式的にしか保障されず、その内実は考慮から外されることになる。

＊J・ハーバマス、『道徳意識とコミュニケーション行為』、三島憲一・中野敏男・木前利秋訳、岩波書店、p.108f.

この主題の範囲をより詳細に把握するために、私たちはアリストテレスが彼の『政治学（論）Politik』で述べている国家体制論 Verfassungslehre にしばし目を向けてみよう。というのはアリストテレスは権力と自由の間の緊張関係を彼が政治的なるものを考究する際にその根拠に組み入れ、その上に彼の国家体制論を構築しているからである。[104]＊にもかかわらず彼の国家体制論は政治的なるものを規定する近代の多くの視点からみるともはや十分なものではない。なぜなら社会的、経済的、そして政治的な諸前提が古代の現実とは根底において変わってしまっているからである。アリストテレスは、彼の国家体制論でよく整備された国家体制、すなわち善き生活に適合している Ausrichtung という意味で倫理的に基礎づけられる体制と、粗悪な体制との違いを明らかにしている。そこから見えてくるのは、倫理の視点は政治的なるものへの問いの上位に位置していること、あるいは少なくともそれを傍らで補佐する位置にあって、政治的なるものへの問いにまで関与しているということである。倫理的な論議は政治的なそれと重なり合い、基本的概念として kategorial 政治的なるものと切り離せないものである。このことはシュミットが主張しているところである。アリストテレスは権力を分割するという視点に立って国家体制の考案をすすめ、しかもその際権力はただ一人の者がそれを占有するように配分されるものなのか、あるいは若干の者が権力を執行するのか、あるいはすべての者に配分されるのか、について考えている。彼はそれにしたがって、専制（寡頭）支配と若干の者の支配との違いを明らかにし、さらにこれが民族支配とも異なることを明らかにする。このことは、内容のあり方から見て倫理的なパラメーターとは異なり、権力に与るものの数による量的なパラメーターである。アリストテレスはよく知られているように国家体制論選集なるものを作った。彼は政治的なるものの最初の理論家であり、なじみの諸国家がどのような国家体制をもっていたかを熟知していた。彼は、政治的状況についてのこうした経験的知識に基づいて彼の思考を構築している。

＊アリストテレス、『政治学（論）』、前掲訳書、p.136f. & p.141f. なお同書、田中美知太郎訳、世界の名著八、中央公論社、では『政治論』p.96ff.

私たちはここで、もし善い国家体制 Verfassung と悪い国家体制の双方のパラメーターを一方の側に、そして他方に若干名の権力の所有者（一人、若干、すべて）を置き、これを政治的なるものの概念的枠組み Raster（範疇）として構築するなら、そこから帰結するのは、もし私たちが粗悪な体制から出発して、権力の所有者がただ一人であれば、そこから私たちは、それを僭政とか独裁と言うことになり、また私たちが粗悪な国家体制をもち若干の者だけが権力に与っている場合は、私たちはそれに寡頭政治という術語を当てる。なぜならこの少数の者たちがそのとき念頭に置いているのは、彼ら自分たちの政治的、経済的な利益だからである。もし私たちが粗悪な体制をもち、それにすべての者が参加しているなら、そのときすべてにとって重要なことは、彼らの政治的なるものへの参加を確保することである。すべての者が自分の自由を保持しようと努めると、そのとき私たちは、アリストテレスが Demokratie という軽蔑的な意味を込めた概念で呼ぶ状態に置かれるが、彼はそうした状態を本来は無政府自由主義 Anarchodemokratie と考えている。誰もが自分の甘い分け前を確保しようと懸命になる民主制では、いわゆる無政府的状態が蔓延する。K・マルクスはこうした粗悪な Demokratie を荒削りで無思想な共産主義と銘記したが、この共産主義によってそこに生じるのは権力を等しい部分に分割することである。アリストテレスは、このことから Demokratie には公共心どころか連帯を導くような何ものさえも存在しないと考えている。

それに対し、私たちがよく整備された国家体制を出発点として、その体制によって独りの者が政府を保持し、その者が公共の福利を目指すという意味で憲法を信託して行使しているのであれば、そこでは私たちは君主制という国家体制 Verfassung der Monarchie をもつことになる。それに反して、私たちがよく整備された政府を想定して、そこでは若干の、つまり国 Land の選良たちが、政治的生活が公共の福利の面で発展することに気を配るといった場合は、私たちはこうした政体を貴族制と呼ぶことができる。ところでアリストテレスの政治論にはある独自性が見られるが、それはすべてがそれに参加するという、よく整備された政体の問題に関わるものである。ここでアリストテレスは一つの動かしがたい窮状に直面している。それ故に彼はこうした政体形式を記述できるような常用の術語を見出していない。しかしこうした専門用語を見出せないという窮状の拠っているところは、彼がこうした類型に完全に適合して、経験的に確認できる実在するどのような政体も見出す状況になかったからである。こうして彼の体系には一つの疑問符がついたままである。この疑問符はいまや私たちにとっては大きな意味をもってくる。なぜならそれはアリストテレスの体系に欠けている要石を標示しているからである。この要石は権力と自由の問題を解きほぐすことを可能にする鍵となるに違いない。私たちに見えてくるのは、ここには政治的権力の視点と政治的自由の視点との間の緊張が――それは政治的なるものを理解するにあたって同じように必要不可欠な役割を担っているものであるが――、頂点に達しているということ、そしてそこでは、望ましい政体という課題をアリストテレスはどのように解明しているのか、という問題が浮上していることである。

私たちは消去法による ex negativo 論証によってこの問題への接近を試みよう。第一に明らかなことは、アリストテレスにとって望ましい政体の範囲から外されている一つの政体があるということ、そしてそれを彼は最も好ましくない政体と値踏みしており、またそれはいかなる状況の下でも忌避すべき政体、すなわち暴政 Tyrannis ないし専制政治と考えられている点である。その政体で問題になるのは、独りの者に権力が巨大化しその結果すべての他者の自由が抑圧されるという結末が伴う。権力要求を総括してすべての者の自由を締め出すことは、あらゆる独裁者に共通の特徴である。独裁者は、したがってアリストテレスの政治倫理で想定されている善き生活への要求には、どの観点から考えても相応しいものではない。政治的な理解が、もっぱら単独者による権力保持だけに関わるとするならば、それは、結果として公共に死の威嚇や抑圧をもたらすことに繋がり、したがってそれは受苦の諸形式を産み出し、どのような状況の下でもこうした統治形式は回避すべき災いの様相を現す。そこから眺めると、首尾一貫して見えるのは、アリストテレスが二つの善き政体としての君主制と貴族制に手を染めているときだけであって、その政体下では権力と、市民の自由を包摂する公共の利益とが緊密な結びつきをなし、その結びつきは両者を融和させるに至る。ところでアリストテレスはことほど左様に現実主義者であることから、彼は政治的な問題の解決を、すなわちその解決は君主制や貴族制のなかでどのように基礎づけられているかといった問題の解決を、むしろそれを私たちにはおよそ前もっては現実に忠実な仕方では予想することができないような歴史の僥倖として考えようとしている。政治的な生活のために、私たちは、いってみれば、よい父親に出会うことに望みをかけたり、あるいはまた市民の一人ひとりのことに思いを寄せ、政治的な生活を見事に組み立てて、やがて真の共同体を実現してくれるといった高貴な人々に出会うことに望みをかけることはできない。真の共同体（κοινωνία）はしかし、アリストテレスにとっては、彼が自分の政治学のなかで解明したかった課題なのである。

私たちがこのようにしてこうした二つの、理念的ではあるがしかし現実的なやり方では実現できない体制形式（君主制と貴族制）を、その論証から除外するなら、残るのはただ二つの政体すなわち寡頭政治と自由主義体制だけである。それらの原理は、寡頭政治では一握りの者のために富と権力を増加することにあり、自由主義体制ではすべての者に彼らの自由の欲求を実現することにある。したがって政治的なるものの問題は、本来こうした二つの政体形式の間でのみ提起されうるものであるが、それにあたってアリストテレスが明確にしているのは、一方で権力の視点に一面化するか、あるいは他方で無秩序な自由の視点に一面化するかは、彼にとってはかかる政体を粗悪なものにするという否定的な帰結に至ることになるというのである。しかしこうした政体の原理のどれもが一方では不可欠、不可避で、また拒むことのできないものであるが、しかしもしそのような原理の一面化という偏りが政治の体制を粗悪なものにしてしまうならば、この二つの原理を関連づけ、調停しようとする考えは自然に生まれてくることである。このことはしかし、二つの粗悪な政体を混ぜあわせそこから一つの善き政体をつくるといったことになろう。すべてはしたがって、いつにかかって一つの政体を構築することに、すなわち、経済的な富を増大させるだけでなく権力を増大させることを含意した原理と、あらゆる市民のために平等な自由を可能にし、促進するという原理との間に均衡を見出す政体を構築することにある。

政治的なるものの問題を政体の形式で処理するのは、しかし Politie なる名に値することである。Politie（磨くの意あり）はギリシャ語の名詞 Politeia にあたり、Politeia はまた他方で端的に政体を意味する。手に入れるべき政体は、もしそのようにしたいならば、政体の憲法 Verfassungsverfassung であり、したがって求められている望ましい政体の輪郭でありまた構想となるであろう。かくしてアリストテレスの国家政体論は私たちが政治的な理解の問題設定をするための枠組みを与えている。というのはこの政治的理解はさらに権力と自由にからむディレンマをも処理しなければならないからである。抽象的に眺めて、権力を確保し、政治的諸階層の権力を、すなわち政治的なエリートの権力と同時にすべての者に自由をという目的を実現するという問題に思いを馳せると、まさにほとんど進退極まれりといった感がある。なぜなら市民が力を強めれば強めるほど、それだけ市民は自分の手にした自由を分与することにはますます消極的になるからである。富を増やすという観点にもこうしたディレンマが含まれる。それは、市民が彼の財産を増大させることに集中すればするほど、市民は他者と分け合うということにはますます消極的になる。この問題を処理しようとして、自由を保護することが視野から外れてしまうと、政治の問題は権力を具現することと、富を増加することに立ち戻ってしまう。そうして最終的には、権力政治と経済政策が問題となり、そして自由と平等の問題は霧散してしまうのである。他面では、政治の世界で自由と平等の視点がもっぱら注目の的になると、富の発展にあたって協同作業をする市民の関心は消失してしまう。

ところで問題は、自由の諸要求の間を和解調停の線に沿って整序された建設的な理解が、自分の権力要求を厳格に実行に移すという方向で他者を暴力行使や弾圧の下に封じ込めるという破壊的な行動へ急転するといったことが、どのようにして起こるのかである。政治的な行動は、どのような条件下でその目的を暴力的な手段に訴えて達成しようと努めるのか。このことは、権力要求が国内的な状況では過激でしかも排他的な意味で賛・否へ分極化していることを意味するが、しかしまたこのことは、国家間の国際関係でも、同盟関係にある国家と敵対関係にある国家とに分極化していることを意味しており、さらにこれは戦争への可能性を抱え込んでいる。もしこうした破壊を産み出す条件を政治的なるもののなかに探知することが問題であれば、私たちは理解する者に起こっている内的心理的な変化を探索しなければならないが、また外的な、間人間的な関係の下での変化をも探索しなければならない。〈危急の事態 Ernstfall〉というのは幾人かの人間の間、グループの間、また社会の間で発生するのであるから、それはつねに社会‐政治的な諸問題と結びついている。したがって人間の内面やまた人間間で生じる破壊的行動の根拠を詳論することが問題となれば、そのとき心理的また社会的な諸条件の問題は、法、正義、そして責任といった問題と結びつき、それによって私たちは最後には実践哲学の諸問題に合流する。

手始めとして、破壊的なるものの起こる現場を推定し、シュミットの政治理論（一九三二）がその現場をどのように捉えているかを見てみよう。それによれば破壊的なるものは、善なるものとは異なる悪なるものとしてモラルの問題との関連で現れる。美学の次元では、その破壊的なるものは、美しいものや崇高なるものとは異なる醜悪なるものの内に隠れている。心理学的な観方には、それは、愛とは異なる個人的に感受された憎しみとして現れる。しかしこうした規定のどれにも、実際にはシュミットは関心を示さない。彼にとって重要な問題は、政治的なるものの理論を基礎づけることである。彼は、如何なる条件の下で政治的なるものが形成され、また政治的なるもののきわだって特異な基準とは如何なるものか、といった問いを提起する。彼の主命題は、よく知られているように、政治的なる現実が起ち現れるのは、友／敵という根源的な違いがはっきりと現れるときである、と言う。政治的なるものとは、シュミットにとっては人間間の連帯の最も濃密な形式であり、また人間が対立する最も先鋭な形なのである。[105]* 政治的友好関係と連帯は、明確な敵の姿が懐かれなければ生じ得ないというのが彼の基本的確信である。その限りで破壊的なるもの、死の脅迫、そして戦争は、政治的なるものに内在するのである、それどころか統一や団結という連帯を獲るための対価なのである。

＊C・シュミット、『政治的なものの概念』、前掲訳書、p.14f.

こうしたテーゼはどのように基礎づけられるか。安全が不断の脅威に晒されるのは不可避であり、そうした脅威は政治的なるものに対しては一貫して機能するという主張は、どのように肯定されるのか。シュミットは、現象の見かけには別の観方があることも許されるが、しかしそのことについての思い違いは許されず、実存的 existenziell な経験の深みに入り込まなければならない、と言う。しかし——M・ハイデガーのように、実存することの実存論的 existenzial な条件を問うても——*、そこではシュミットによれば、自己自身の生存を脅かす、そして壊滅的な攻撃の、そして致命的な危険の〈現実(的)可能性 reale Möglichkeit〉は未解決のままであるという。政治的な分析の冷静な(さめた)視線は、〈深刻な事態〉の可能性の覆いを空想された恐怖物語という意味で取り去ってはいない。それどころか、その可能性は、事柄に根を下ろしたものとして、真なるものとして、つねに何らかの敵が攻撃 - と破壊の企みを練っているように見える。したがって政治的なるものは、こうした実存に重大な恐怖をもたらすものには理にかなった態度をとることを要求する。このことは国家の課題を達成するための前提であり、言い換えれば、それは深刻な事態に直面して、政治的な友を保護し、安全な共生の条件を確保することができるように、軍備を整えておくという国家の責務を達成するための前提である。 106

*M・ハイデガー、『存在と時間』、前掲訳書、p.75f. & p.120f.

こうして私たちは、シュミットが政治的なるものの実存的な概念から国家の諸課題を導き出していること、すなわち、国民を護るために権力を投入するというシュミットの主張を確認できる。このことから彼は、国家の使命は秩序と安全を打ち立てることであると定義する。市民の自由という目的は、国家の課題の定義に取り入れられることはなく、市民の自由という目的は秩序と安全の担保という諸目的の下位に置かれる。

私たちがシュミットに向けて提起する重要な問いは、個々人の生存を脅かす〈現実可能性〉、したがって徹底した破壊の危険は、何によって識別すべきなのか、また誰がこうした危険を実行するのか、を問うことである。国家で権力を握っているのは政治的集団である。こうした政治的集団は、政治的実在の〈存続するに好都合な諸前提〉に合わせて自らの方位を定めている。脅威はその点で現に起こっているものでなければならず、国家は実際に危険に晒されている筈である。しかしこうした判断は、同時に権力の保全を意図した支配者の解釈であって、言い換えれば、その判断は可能性として想定され、危険なるものとして先取りすることができる。結局のところすべては、国家権力の担い手の決定に沿って、すなわち、こちらの国家aは国家bによって己の生存が脅威に晒されていると感じているという決定に沿って進行する。権威に基づく解釈と決定は、唯一その可能性という現実の根拠に基づいてのみ決断を下している。したがってシュミットは、国家に対して das ius belli を、つまり戦線を布告し開戦する権限を認めるのである。[107*] シュミットはこうして、人間の生存にかかわる危険の根拠を国家権力の脅威に結びつける。しかしその脅威は権力の所有者によって解釈され、その権威によって決定される。その脅威は、市民の自由を制約したり、痛めつけたり、破壊するといった基準に結びつけてはけっして判断されてはいない。その脅威はまた事態に当惑する市民による検証に諮られることもない。しかし市民は、思慮分別のある一人前の人間として自分たちの自由が晒されている脅威のほどを決めることはできる。国家装置の秩序と保全とが市民の自由より優先される。すべてはシュミットが激しく弾劾する自由主義と、また彼が軽視し、拒否する議会主義とは別のものと言えようか。

破壊的なるものの起源を問う私たちの問いは、それ故に、幾重にも複層する難題に突き当たる。

＊C・シュミット、『政治的なものの概念』、前掲訳書、p.14.

1

生存を脅かす現実可能性は何によって認識されるのか。私たちがシュミットに同意できるのは、こうした問題の解決策は実践哲学の全体を貫き、またそれは政治と政治学の鋳型を打ち出し、さらにそれは集団や仲間や家族といったものの心理を規定し、さらに加えてそれは個人心理の面でも重要な意義をもつものとしている諸点である。〈現実可能性〉という概念は、このようにして、破壊的なるものの起源を余すところなく算定するという問題を開いてくれる。破壊的なるものの起源は、自分の敵の像を外に向けて投影するという攻撃する者の内面の動向に潜んでいるものなのか。そうであれば、友‐敵関係を展開させもする可能性は、権力や内面的な緊張が発生しうるほとんどすべてのコンテクストで起こるものなのか。人間間や国家間に立ちはだかって障害となる他者性は、憎悪に満ちた感情を他者に向けて発散させる動因であると受け取ることができる。しかしこうした内面的緊張と憎悪に満ちた感情はどのように湧出するのか。あるいは破壊的なるものの起源は、攻撃者としての他者による外側からの威嚇の内に潜んでいるものなのか。その攻撃者の敵対的な活動からは危害と破壊が生じうる。そのとき、敵対的な行動に適時に対応できるために、すべては威嚇の外部状況を認識することが必要になってくる。誤認された威嚇や時機を失した対応は、言ってみれば、傷を負うことであり、トラウマとなる。それにしても脅迫の〈事実 Realität〉を認識することはどのようにして可能となるのか。というのは、威嚇し‐傷つけ‐破壊する運びの場面は、またもや感情と空想の〈内部〉でしか生動せず、それによってその展開場面の輪は閉じられ、外側からの攻撃者は内側の侵略者に変身するのである。

S・メンツォスは、戦争に関する彼の著作で破壊的なるものが内側から起源するのと外側から起源するのとの間にあるこうした曖昧な状況を、〈事実の外在化 Realexternalisierung〉の問題として精神分析的見地から明らかにしようとした[108]。それに関連して一方で表明されているのは、通常敵の像は内側からの純粋な投影を示してもいないし、また外部からの純粋な威嚇からも発生するのではないということ、敵の像は威嚇感情によって内側からと外側からの両場面が結びついたものであるということである。シュミット的な概念はこうした曖昧性の問題点を含んでおり、そこをデリダは、後に見るように脱構築の見地から槍玉に挙げている。同時にシュミットは、この概念によって真の威嚇の問題に決着をつけそれを政治的に解明するための処理手法を示唆しているが、彼はその政治的解明を与えることができず、それによって政治的に冒険的な展開が生じうることになる。〈現実可能性〉を問い求めることは――シュミットはそれを為しているが――、デリダによれば矛盾に満ちた冒険を意味する。というのは、威嚇の事実が問い質されるなら、その可能性はなくなってしまうからである。逆に、その可能性を主張することはまだ攻撃の現実を意味してはいない。何時から、また如何なる基準に基づき、個人やグループや国家は攻撃的な行動を始めるのか。どの時点で私たちは開戦へと踏み込むのか。またどの時点で戦争の危険は遠のくのか。〈現実可能性〉ということを主張することは、脱構築へむけて扉を開く両義性をそれ自体に隠しもっている。*109 威嚇の可能性は、その事実が存在しなくとも、それがそこにあると解釈されることは、想像可能なことである。国家Xは大量破壊兵器を所有し、Xはそれを使って国家Yを威嚇しているのか、あるいはこのことは、国家Yが国家Xについて抱くたんなる恐怖なのか。すべては、破壊的なるもの、ないし悪なるものの事実性にかかわる問題を解明することにかかっている。もし敵意に満ちた攻撃が武力をもって実行され、殺戮と破壊が結果としてもたらされるならば、破壊や悪は恐ろしくも事実となる。殺戮への波が防波堤を越えると、このことは衝撃を生み、タブーの崩壊を招来し、そして人間性の崩壊のみならず、人間共同体の在り方を徹底的に疑問視しそれを根底から問い直す深刻な疑問を提起し、さらに加えて、根底を成す責めを招くことになるが、その解決には広く人間の共生がかかっている。レヴィナスは倫理的な原‐要求を定義しているが、十分な根拠があってのことである。その原‐要求は同胞である他者に始原しており、消極的には「君は私を殺せない Du wirst mich nicht töten」という言い回しによって、また積極的には、倫理的な要求の起源する場としてのかんばせの一瞬の煌めきによって、定義している。**110

＊J・デリダ、『友愛のポリティックス1』、鵜飼哲・大西雅一郎・松葉祥一共訳、前掲訳書、みすず書房、p.140f.
＊＊E・レヴィナス、『全体性と無限』、前掲訳書、p.292f.

しかしここで応答する者にとって問題が始まる。それは、こうした要求の外側（面）はどの範囲まで保障されるのかという問いである。つまりその要求は他者から発せられるもので、自分自身の方からの射影による解釈ではない。こうした要求はどの範囲まで(縛りが)及ぶのか。レヴィナスの〈人質にする Geiselhaft〉という表現には、自我 das Ich がそこに取り込まれるが、その表現は、強制、制裁、そして抑圧といったものをどの程度までこうした要求に差し込ませているのか、あるいはこの人質表現は、開かれた自由への要求をどの範囲まで自由に表現することができるのかといった問題を明らかにしていない。抑圧、制裁、強制などは、権力の手段であって、それは他の人間の自由を脅迫し、抑えつけ、他の人間に干渉し、痛めつけ、ときには壊滅に導く。ここにいたって倫理的要求は、シュミットの言う危急の場面での加害 - あるいは壊滅の脅威へ急転するか、あるいはレヴィナスがまさに排除しようとした殺害へと急変するかである。

2

私たちはC・シュミットを顧慮するときに提起される諸問題に立ち戻ろう。政治をテーマに取り上げ、追究することができ、また国家が決断に至る際にそれを根拠づけることができるのは何か、また誰から国家の致命的な脅威はでてくるのか、といった問いに対するヒントは存在するのか。シュミットは、基本となる二元的差異化から出発する。そしてこの差異化は友／敵‐という対立で終わる。しかし初めは、その対立は自分のものと他なるものを区別する。そして、その差異化によって他なるものが浮かび上がってくる。他者存在はうさんくさいものである、というのは他者存在は自分の尺度では推し量ることもまた制御もできないからである。結局のところそこには、自己なるものの親密性とは異なる異他性が現れ出ている。その異他性にはしかし、意地悪いあるいは陰謀の渦巻くものが潜むと信じられている。自己なるもの／他者なるもの、さらには信頼できるもの／よそよそしきものという二つの成分に分けることは、シュミットにとっては友／敵へ向かう道程を指し示してくれるのである。[*111] それどころかシュミットは一連の不信あるいは猜疑を産み出すある意味論的な連関を認めており、その結果最終的には、他者存在および異他存在をうわべだけで査定することが、敵意や心理的な破壊意志を突き止めることによって他者存在や異他存在の背後に隠されたものを露わにすることになる。ここではシュミットの手法の恐ろしいほどの単次元性が見て取れる。たしかに、友と敵へ極度に両極化することは、公私にわたる諸関係の威嚇場面として現れており、そしてそうした威嚇場面から私たちはできるだけうまく身を護らなければならない。とはいえ危急の場面というのは正常な場面ではない。シュミットは人間の間で起こりうる行動の全範囲を想定してはいない。というのは彼は、行動を観るのにもっぱら権力や、またこうした権力を発揮したりそれを保持することを、たとえば、威嚇し破壊するといった権力を基準にしているからである。他者の自由を可能ならしめることは、遡及的に再び自由を可能にするが、そうした他者の自由の可能性という基準は無視される。遡及的に自由を可能にする後者の自由という視角の下では、多彩な社会的な行動が始まる。言ってみれば、それは、同意したり、要求したり、関心を示したり、境界を定め縄張りをつくったり、批判的であったり、議論の余地を残したり、また激しく論戦を繰り広げるといった諸々の行為で始まるのであるが、それに先立って、権力を強制的に行使し、身体的にまた心理的に、傷つけるといった類の行為が始まり、敵意に満ちて破壊的でついには死をもたらすような行為のあり方が問題となっている。双方に自由を配分する度合いにしたがって行われるこうした差異化は、シュミットにあっては一次元的な友／敵という差異化に落ち込んでしまうのである。

＊C・シュミット、『政治的なものの概念』、前掲訳書、p.18f.

そこでJ・デリダが『友愛のポリティーク *Politik der Freundschaft*』なる題目を掲げて、彼の広範囲にわたる脱構築論的な論攷によって、友と敵という硬直した絶対的な対置と、それと併せてまた友と敵の間の制約連関も徹底して問題にし、解明しようと試みているのは不思議ではない。その際に、彼は脱構築の二つの輪郭を素描している。第一のそれはアリストテレスの検討から始まる。アリストテレスはまさしく友情（友愛）と正義の卓越した理論家として一般に評価され、また彼の確信するところによれば、最小限の友情といえども、友情なるものは、どのような人間の共同体（koineia）であれ、またたとい正義がその際共同体を構成する主要な貢献をなしているとしても、共同体が成り立つための前提条件であるという。しかしまさしくこうしたアリストテレスには、モンテーニュの証言によれば〈混じりけのない友情〉といった想念は不適切なものであると思わせる一文が、すなわち「おおわが友たちよ、一人も友がいない[*]」という一文が帰せられるのである。[112]** ここでデリダは一つの逆説を引き合いに出す。すなわち、その語りかけにはたしかに友情が前提されている、さもなければ友人へ語りかけることなど全く無意味となろう、と。と同時に、この命題では友情の可能性が否定されてもいる。もしデリダにとってそのようであれば、そのとき意味するのは、友情の継ぎ目と裂け目にはつねに、不可避的に、意見の違い、葛藤、そして争いが堆積し、その結果友情は、言うまでもなく人間共同体の必然的な基盤であるのだが、ある意味では負荷をかけられ、崩され、次第に掘り壊され、最後には友情の反対物である敵意に逆戻りするということである。それとは逆に、デリダは、ニーチェの『人間的な、あまりに人間的な *Menschliches, Allzumenschliches*』に全く対極的な意味合いの文言を見出している。すなわち、「敵たちよ、一人も敵がいない[113]***」である。敵対関係の分析から明らかになるのは、敵同士は極めて強力に激しく相互に利用し合い、互いの関係を固く結び、他者と競い、他者のなかに自分の反対者としての自分を取り戻し、最後には敵は、〈敵対する兄弟〉として現われ、そして私たちはそうした敵とはおそらく宿敵関係を世襲する一門の渦に巻き込まれる。それは、以前のドイツがフランスとの間で互にそうした渦に巻き込まれたように、またおそらく韓国が日本との間で、あるいは韓国が中国との、またあるいは中国が日本との間で経験したようにである。そのときしかし敵対関係の根底には相互共属性の想念が隠れている。たとえその基礎にあるものが相容れない類のものであっても、あたかも、瀝青と硫黄が、またあるいは火と水が、相互につなぎ合わされるという諺のように、である。しかし兄弟のイメージあるいは姉妹という表象がある役割を成しているところには、他者とはいえ多くの相似たものがあり、とにかく結びつける多くのものが存在する。そしてその結びつけるものは、引き裂くことと相互の犯行というとりわけ容易ならぬ事態をもたらしている。このことは概略、デリダの脱構築の線に沿っている。つまり、デリダの脱構築は政治的なるものという、国家的および国際的な基礎概念の歴史を精査した上で、それを問題として捉え、それが国家主義的に固定化するのを解消しようとするものであるが、しかし、それが不十分で硬直した形態ではあっても、これまで実地に適用された自由主義という形でそれを再構築しようとしたのである。こうした脱構築は、自由主義がより改善された未来の形態を準備しまた刷新するのに役立つのである。そうした問題で、シュミットは伝統を重んじ、権威主義的な国家理解に沿った国家主義的スタイルの思想家として登場する。彼の思索の根底にあって構造上の不信という、すなわち、トーマス・ホッブスの政治的人間学の思想と一致し、彼の〈自信の欠如 diffidence〉という中心的な動機と重なるものであるが——そうした合理性は、人間間、国家間そして文明間 Kulturen に深い溝を開く——。その溝は、動きの取れない必然性として主張され、確定されている。[114]

＊J・デリダ、『友愛のポリティックス1』、前掲訳書、p.13.
＊＊J・デリダ、『友愛のポリティックス1』、前掲訳書、p.15.
＊＊＊J・デリダ、『友愛のポリティックス1』、前掲訳書、p.53.
＊＊＊＊Th・ホッブス、『リヴァイアサン』水田洋訳、岩波書店、同書では、diffidenceは不信

デリダは、シュミットのこうした硬直した友‐敵論理を意味論的な分析によってこじ開け、さらにその結果、シュミットの論理がもともとは自分から排除しようとした他者の像を取り込んでいるという否定的な側面を露にしようと試みている。しかしながら私たちは、デリダとは異なって、こうした切り離して考えるやり方はたんに意味論的見地から見て意味のあるものと理解されていることを知るだけでなく、こうした切り離し（排除）で目論まれる権力の配分にも注目したい。敵を排除しながら同時に友を取り込むことは、たんに他者性を意味論的に固定して他者を見誤るといった無難な（ちぐはぐな）過程であるばかりでなく、権力を暴力へ転化することを意味する。こうした転化は政治的‐相互作用的には、生きる願望を実現することが友には保証されているのに、敵にはその実現は認められないということである。なぜなら敵の他者存在は、危険なもの、生命を脅かすものと判断され、根絶されなければならないものだからである。敵は彼らの自由によって認められることはまったく不可能になる。なぜならそのように敵を想定することは、敵の側には自由を承認することを望まないどころか、かえってその根絶を望んでいることだからである。このような脅威は、仮想のものであれ、現実のものであれ、抑止され、暴力をもって排除さ

れなければならない。現実可能性という構想では、主体的な敵の投影図と〈深刻な危機 Ernstfall〉での実際の脅威とは、切り離し難く結びついている。デリダの意味論的‐脱構築的な戦略が成立するのは、まさに敵の像が実際には自己自身の否定的側面であり、自己のなかの意識されない他者であるそうした何かを排除し、それを生命を脅かすものとして固定化していることが明らかになるときである。

こうした観点は、他者を理解するという方向に拡大された権力の解釈学がとる基本的な想定である。この観点は、政治心理学の領野に対してはいまだ十分に発揮された発言力をもってはいない。こうした視角からみると、政治的な対立の諸場面、とりわけ急進的な右翼過激派‐左翼過激派、資本主義と共産主義、また先進産業世界と第三世界といった対立の様相は、あらたに解釈されうるしまた理解可能なものである。友‐敵の排除関係が問題になるときにいつも持ち上がる（登場する）問いは、この場面では敵の像が他者に投影されているかどうかということ、またそのとき敵の像は善なる世界と悪なる世界との分裂に起因するもので、したがってそれは自我 Ego（自党 Egopartei、自国 Egostaat）の破壊的な諸側面を切り離し、それを敵のなかへ嵌め込み、そのために敵は悪者として、下劣な、危険な、否定的な価値として顕現する。こうした投影はしかし、他者を妄想のなかで見誤り、自己のなかにあるまったく否定的な感情と戦略とを正当化することを意味する。デリダの意味論的な分析が意図しているのは、他者のなかにある敵の投影を、自己の勝手な空想と敵意に満ちた感情の露呈であるとして暴きだすことである。しかしそのとき適用されるのは、想定された他者（外部にある）は自己本来の他者（内部にある）であるという理解である。このように他者から諸々の像を遡って取り戻してくることによって、なにはともあれ、手に入れることのできない他者の他者性を露にすることが必然的に可能になるはずであり、こうした取り戻しによって他者はそれ以上に還元不可能な自由の核になる。しかしデリダは、敵の像と他者の真の敵対性とが重なって一つになってしまう場面で、言い換えれば、危急に際して、内から、あるいは外から、暴力による脅威が実際に起こってくる場面で生じてくる問題の在り処を見えなくしてしまっている。他者理解をすすめるデリダの分析は、敵の投影像を互いに映し合うことによって政治的な葛藤の諸場面に光を当て解き明かすことには役立つかもしれない。しかしその分析は、緊急の事態を論究してはいない。そこでは他者の理解は、生存が脅かされる可能性が現実になっているために、ぎりぎり限界のところにきている。こうした事例は、危機に直面した国家が自国の自由を脅かす侵略者に対峙しているときとか、あるいはそれとは違って、また市民の自由が非法治国家によって脅迫され、それに対して抵抗を余儀なくされているといった場合である。たしかにデリダは比較的初期の作品である『法の力――権威の神秘的起源 *Gesetzeskraft. Der mystische Grund der Autorität*』で、こうした問いの解明の一歩を進めている。*115 彼は暴力の問題を検証するにあたって、友‐敵対立の意味論的な解決の道に沿ってではなく、法の問題を解明するという道を辿る。友と敵という次元では私たちはAに味方し、Bには敵対するという二極対立の関係に関わることになる、いや、どちらかに味方することがどうしても避けられない。すなわち、こちらにはまったき友情、共属性、そして安全な関係があり、あちらには敵意と戦いと憎しみがある。友‐敵という両極分化をともなう二極対立的な体験の仕方の内部では、しかし脅威の〈現実可能性〉の問題は解決されない。分裂という精神分析学の基本概念は、対置することによって分離するというこうした試みを描き、またこうした試みが徒労であることを描述している。なぜなら内と外を混同するという事態は免れないからだという。外に向かった敵意に満ちた感情の投影であるとする敵の意味づけは、破壊的なるものの起源を外部へ移そうとする試みである。なぜなら、そのとき他者は悪者で、自分自身は善き者となるからである。このことは、責任問題の素朴な解決の試みである。人が友をもつことができるのは、内に向ってのみであって、その代償として外へ向って敵をもつというシュミットのテーゼは、こうした分裂のからくりへ宿命的に接近することになる。しかしながら外側へ敵を措定することは問題を解決しない。なぜなら破壊的なるものを外側へ置き換えるのは、破壊的なるものが内の問題として回帰してくることを否定することになるからである。というのはデリダが指摘しているように、敵とは〈仲の悪い兄弟〉（あるいは〈仲の悪い姉妹〉）である。外からくる破壊的なるものは、憎しみや侵害といった未解決の問題として自己のなかに再度取り込まれる。というのは破壊的なるものは実際けっして外部の出来事になり去ったのではなく、つねにすでに、自己自身の裏側として、仲の悪い兄弟姉妹として、自己の分身として内部にある。破壊的なるものの起源の問題を二元的な体験世界の問題として解決しようとする試みは、したがって、挫折する。その試みでは、現実を整序することが不可能となり、内的なるものと外的なるものの間に破壊的なるものが混入したり循環したりして、さらにまた果てしなく繰り返す復讐の悪循環のなかで、破壊的なるもが回帰することになり、こうした出口なしの状態を生み出し続けるからである。

＊ J・デリダ、『法の力』、堅田研一訳、法政大学出版局、〈権威の神秘的基礎〉についての論及は、デリダの無限、そして〈アポリアの経験〉へ及ぶ。pp.26-37f.

これに対して法の担う役割は、党派間のこうした対立や、この対立が他方の党派に加える傷害あるいは危害を、自由で偏らない第三の視角を導入することによって、克服しようとする試みである。構造上、友 - 敵関係を超えた高いところに法を位置づけることは、第一と第二の党派との抗争を仲介する第三のパースペクティヴを調停する審級の形で導入することである。根本においては、このことは暴力の問題を解決し法の安定を確立しようとする試みである。そのために必要なことは、何よりも法を貫徹する能力である。裁きは権力によって支えられ実行されなければならない。このことはまさにデリダの問題提起の始原する地点である。法というのは、本当に暴力の次元を超え出ていく道を拓くのか、たとえそれが暴力を自分のなかに取りこみ、それを独占し、さらに法を貫徹する過程で暴力を組み替えなければならないとしてもである。デリダは〈法の力〉という局面《アスペクト》を極めて集中的かつ十分に分析している。法はその力をどこから授かるのか。法律や裁判の意義と意味は極めて強大であり、そのためにそれが妥当性を獲得する過程はどのような経過を辿って行くのか。デリダは、力はどこから来るのかという法の根源への問いを追う。しかし彼は正当性を理由付けるという——カントであれば言うであろうような権利問題 quid juris としての——線に沿うことではなく、歴史的な根源を求めるという——事実問題 quid facti という、あるいはルソーの意味での歴史的な出自という——線に沿うことを最優先にしているのである。彼は国家や法秩序の創設神話に遭遇する。それは、戦争、革命、古い秩序が暴力手段によって終焉し、その後に新たな秩序を創建したといったものである。彼は暴力が自らを権威化するのを、新たな法秩序として考究しているのである。

問題の解明のために、私たちはJ・F・リオタールの『文の抗争 *Widerstreit*』に一瞥を加え、とりわけ〈言説のあり方、規範 Die Diskursart, die Norm〉の章に、[*116] 目を向けることができよう。ここでリオタールは、言語分析的に権威の問題を解明するために有意味な文の種類を確定することを試みている。リオタールは文の三種を区別する。すなわち、命令 präskriptive 文、規範 normative 文、さらに宣告 deklarative 文である。命令する文章は、私たちが行動を決断する際に確認する行動義務を記述するものである。人物Xは、その執るべき行動は決まって a であるべきものと信じている。こうした当為文章は、倫理的ないし道徳的な要請を表現しているが、その要請はいまだ規範の送り手をはっきりさせていない。送り手（後者）が見えてくるのは、規範文章のなかである。つまりそれは、次に示すような二つ命題をあらかじめ連結させておくことで成り立っている。すなわち、私たちはYに命じて、Xはすべての人に妥当すること、そして行動は a であるべきだと指示する。これは明らかに規範文のあり方である。つまり、それは法律を公布し、その法の妥当性に関わっている。いずれにせよさらに広い次元では次のような問いが提起される。すなわちそれは、誰が権威を権威づけるのかという問いである。歴史的な由来に目を向けると、そこから次のような繋がりが繰り出される。すなわち、権威の担い手は政府であって、その政府は憲法によって正当（権威）化され、憲法は憲法を基礎づける手続き（審理）を経て正当と認められるというものである。その基礎づけの審理では権威を正当化すべく、より上位の権威に拠る必要に迫られる。こうした上位の権威づけは、たとえば次のような仕方の宣言がなされるときに行われる。すなわち、私たちは人権という名の下に（理性の名の下に、神の御名の下に、などなど）、この政府Yは、Xがすべての人に妥当すること、そして行動はaであるべきであると定められるべく権威づけていると宣言する。

＊J・F・リオタール、『文の抗争』、前掲訳書、著者の引用は、日本語版ではp.203f.

こうした背景のもとで、法の力と法についてのデリダの問題設定はより具体的に叙述されることになる。この問題設定は次のような問い、すなわち、その時どきの法は正当であるのか、という問いに該当する。デリダは、W・ベンヤミンに依拠して、法を創設する暴力と法を保持する暴力とは異なるものだとしている（一九六五）。デリダの関心を惹いたのは、脱構築的な意味で内在的な矛盾、つまり、暴力に起源しているのに、移行過程で暴力を喪失して法になるということが暗に含まれるといった矛盾に対してである。法は、暴力問題を解決する（意味のある sinnvoll 目的にかなった、そして避けられない）試行 Versuch として出現している。しかしその試みは多かれ少なかれ、遅かれ早かれ、暴力によって元の状態に取り戻される。なぜならそれはまったく無傷の法ではなく、つねに力ずくの行使をも抱えもっているからである。

実定法 positives Recht ないし律法化された法の批判がそれにともなって重要になってくる。この批判が前提しているのは、法の歴史的状況はこうした法を完璧な状態にあるものと考えるという理念に即して、言い換えれば、正義の理念に即して査定されるということである。当然の結果として、デリダのこの著作が脱構築を意図しているのは、しかし法のみであって、その際法はその内部に両義性と矛盾を作り出している。それに反して、正義の理念は、デリダにとってはそれ自体としては脱構築されえないものである、なぜなら正義とはまさに理念を指し示しているのであって、経験を具現しているのではないからである。

法には友と敵の問題を克服する可能性があるのか。法は、腕ずくでもなく、痛めつけることもない方法で、葛藤を調停するという新たな可能性を切り開くものなのか。したがって法は、争いを教養を培うこと Kultrivierung によって超えるという、対峙するものの間の非武力的形態であるのか、あるいはそれは異なる手段による戦争を意味するのか。こうした問いと区別されるべきは、次のようなより包括的な問いである。法の根底をなす原理は――カントに倣って言えば、人間の尊厳を重んじることに基づく原理であるが――、暴力問題の解決のための基準を見出すのによりふさわしいものなのか、という問いである。

私見に拠れば、デリダにあって実定法の脱構築は、葛藤を解消し、安全性を基礎づけ、通常の戦争のあり方を変えるという、法のもつ意味を過小に評価している。なぜならデリダの脱構築は、友 - 敵の両極化と、復讐心によってあるいは血縁間の復讐によって生じる葛藤の克服が不首尾に終わることとの違いを十分明確に視野に据えて分析していないからである。

復讐によって葛藤を克服することが極めて解決不可能であるということを表示してくれる問題は、復讐をすることが新たな危害や損傷を、あるいは結果として相手を殺害にまで至らしめ、それが復讐する者に人間としての罪責を負わせるといった点にある。復讐にはしたがって正当であると容認できるような等価物は何もなく、怒りや傷害などに、さらに多くの不当な余剰を加え、したがって新たな犯罪行為を出現させる。友 - 敵の両極化という二元構造には、戦争や憎しみへのエスカレーションを誘う論理的な縛りが見え隠れし、さらにそこには葛藤の解消をもたらす合法的で - 正当な形式の可能性は認められない。このことは、ヘーゲルが彼の法哲学のなかで強い調子で論証したことである。*117 したがってデリダは法の背後にある葛藤を解消するということうした構造上の変化を過小に評価している。法が各人に対して強く求めることは、法律事件を前にして各人の自由と平等を認め、さらにこの問題を第三の審級のレベルで審理し、しかもそれが秩序ある手続きの形をとることである。第三の構造は、ここでは一般的な葛藤の場面を転換するという意味をもつ。デリダの脱構築論の見解が光を当てている批判的なアスペクトは、当然のことながら法はそれ自身第三のものとして、一定の統治の権力要求によってその権力が不法に簒奪されうるというものである。言い換えれば、そこでは第三の法は第二の次元へ、すなわちある党派の、ある支配者の次元へ巻き込まれ、まちがいなく第三の機能を失う。脱構築は権力装置としての法の悪用に手を染める。法の理念の崩壊がたえず繰り返すこうした可能性と、暴力の意味での権力を赤裸々に行使し、友‐敵思想に回帰してしまい、権力要求と復讐行為が極限にまで進行する事態は、私たちの社会で法が戦争という二元思考へ逆行するのではないかという不安と、法と正義の三項的構造によって葛藤を解消せんとする試みとの間に広がる不安定な状況があることを明示している。

＊G・W・F・ヘーゲル、『法の哲学』、前掲訳書、pp.302-307.

こうした背景を前に、私たちはフロイトの論攷『戦争はなぜに？ *Warum Krieg?* 』に視線を転じてみよう。彼は、その論攷（書簡）で一九三二年、A・アインシュタインからの一通の手紙に答えて、なぜ戦争かという問いに応じている。[118]＊ この応答がすでに教示に富んだものであるのは、シュミットがまさにその同じとき（一九三二年）に、彼の著作『政治的なるものの概念』で友‐敵の問題に対して立場を明らかにしていること、またこの問題を問いかけてきた本人であるデリダがこの問題に、くしくも半世紀後に（一九九〇年と一九九四年）、精神分析学の影響の下で両著者に対して脱構築的立場で答えていることから明らかである。シュミット同様にフロイトの思想は、ともに第一次世界大戦が彼らのなかに呼び起こした実存的な衝撃によって特徴づけられる。彼ら二人には、ドイツおよびヨーロッパの歴史に深く刻み込まれた歴史的トラウマの痕跡が残っている。彼らは一時間にわたって意見を述べ合っている。その間、二人の間には激しい無意識的な相反するやり取りが交わされた。そのやり取りは解決の見えない復讐衝動と無意識の破壊的な状況の形をとってさらに激しさを増しているが、二人は激しいやり取りの緊張が発散されるような社会的、政治的な経路をともに捜し求めている。フロイトの視点が内容豊かに深く論定されているのは、彼が『快原理の彼岸 *Jenseits des Lustprinzips*』（一九二一年）以来、反復する強迫 Wiederholungszwang と呼んでいるものによってであるが、そこでは戦争と破局の悲惨が未解決のままでつねに繰り返し起こっているように見えるのである。[119]** ここでの指摘は、恒常性原理を指す。こうした不安は国際連盟にも重く影を落とし、国際連盟の機関はヨーロッパの傑出する知識層に問いかけ、まちがいなく暗い雰囲気はあるが、ヨーロッパのために何とかして未来の災厄を回避しようと呼びかけている。こうしたことのすべては、一九三二年ドイツではアドルフ・ヒトラーの権力掌握前夜に起こったことである。

三様の観点で、この問いは重要である。

＊S・フロイト、アインシュタインへの返信書簡。「戦争はなぜに」、高田珠樹訳、『フロイト全集　第二〇巻』、新宮一成他編、岩波書店、p.257f.

＊S・フロイト、「快原理の彼岸」、須藤訓任訳、『フロイト全集　第一七巻』、新宮一成他編、岩波書店、p.57.

1　破壊的なるものの根源はどこに確認されうるか
2　人間の歴史のなかで友‐敵の両極化はどのような意味をもつのか
3　戦争は回避可能であるのか、それはどのようにして可能なのか

シュミットは政治的なるものの次元に対して問題を提起している。彼はその次元の根源を究明し、政治的な実存が依拠しているのは何かを明らかにしようとしている。フロイトは、心理学的な動機づけを問題にして、戦争や破壊への動因がどのような内的‐外的な心的源泉から供与されているのかを問うている。両者の見解が一致するのは、暴力は人間文化と歴史のなかの根源的なるものであるというところである。しかしここには同時に両者の見解間に顕著な差異があることも見て取れる。シュミットにとってそれ（動因 Motiv）は、〈人間存在の根源にかかわるもの Existenzial〉としての政治的実存の深部に潜む脅迫であって、それの克服は友情関係という形の政治的な連帯を作ることによって初めて可能になるものである。それに対しフロイトは、彼の心理学を、生物学的に理解された自然についての思弁を基礎に構築しており、彼はその自然を衝動の源泉と考えている。この衝動源は、彼の第三の衝動理論にしたがえば、エローティシュであると同時に破壊的でもある原衝動を含んでいるはずのものであり、その点で、破壊的な原衝動（タナトス）は再度観念的に改修・美化されて死に仕え、エローティシュな原衝動（エロス）は生に奉仕するのである。いずれにしてもフロイトは、ここではあらゆる精神的な成長がそこで憩う自

然という土壌を、いわば精神の成長を可能にする生物的条件であると想定している。このことは、人間の文化の過程でさまざまに心理学的に形を整えられ、洗練されうる。人間の歴史のなかで文化がその形を整えていくことに関して言えば、そこではフロイトとシュミットの差異が開いてくる。たしかに文化の初めには友と敵という粗野で未発達の対立がある。人類の祖先は友と敵とに分極化し、その子孫はこうした二者択一の前に立つことになる。友‐敵の対立は太古の二元的な世界構造を表している。もしシュミットが、こうした厳しく極端な対立をすべての政治的現実の深部に私は見ているのだ、と言っているのであれば、それは素晴らしいことであると言えよう。フロイトは、しかしながらそれとは反対の対応をしている。すなわち、原初的事態 das Archaische に当てはまるのは、人間間の関係のなかでの系統発生的な始原段階と個体発生的な類の原初的段階にあるものに対してのみである、と言う。原初のものは、持続状態であるのではなく、また文化的なるものの真の核を示すものでもない。こうした核をなしているのは、エディプスの原理が織りなす三項的世界なのである。

フロイトは人間文化の心理‐社会的発生を描述しているが、それをデリダから翻って読み直せば、それは権威の〈神秘的起源 mystischen Ursprung〉として読み取れるものである。その初めにあるのは筋力であり、そして敵対関係の広がりは武力の出現によってさらに広い展開をみせる。そのときしかし法の効力としての質の進化が起こり、いわば法の力となる。フロイトの綿密な論証によれば、各個人の暴力を失効させるのは、共同体の基礎をなしている兄弟という一つにまとまる力によってのみ実現可能であるという。その後に法の力‐ないし法律の効力は、友‐敵関係の暴力にまさる力になる。その法の力は、エディプス過程にあって三角測量をする構造としてはっきり現れてくる。しかしながらこうした移行はどのように考えられるのか。ここではデリダの問題が先立って考えられる。すなわち、その問題とは、もし暴力が法の状態を持続するに十分強力であるならば、まさに暴力によってとにかく法設定に入っていかなければならない。しかしそのときさらに重要なことは、たとえば、暴力が法の下で保持されたままになり、それが独り歩きしているとか、あるいはまた暴力が合法的な関係に転換され、法の要求に沿って肥大化されていくとか、そういったことが起こるのではないか、ということである。

ここに及んで着想（考え方）の間に齟齬が見えてくる。シュミットは権力政治を構成する要素の優位性に固執しているのに対して、フロイトとデリダは、たとえ方法は異なっていても、自由を促進発展させることに重きを置いている。シュミットにとって法とは、保護を約束する制度装置であって、それは卓越した権力を基礎にする。友‐敵関係は、シュミットにとっては遍在するもので、排除することの不可能なものであるから、法は政治的な友を彼らの敵から護衛することを約束する。フロイトの考えは別様である。法の本性は、彼にとっては両義的である。暴力から生まれながら、法は共同体のために暴力のない地帯を暴力から奪い取る。「それから後は、共同体には、法の不穏な状態と、しかしまた法を作り続けるという二つの源泉が存在するのである。第一のものは、支配者 Herren に属する少数の者が、すべてに妥当な制約にも異議を唱え、したがってやむなく法支配から逸脱して暴力支配に手を借りようと試みるのである、第二のものは、抑圧されている者たちが、より強力な権力を手に入れようし、またこの変化が法律によって公認されるのを見届けようとする不断の努力である、したがって逆に不平等な法 Recht からすべてのものにとって平等である法へ強引に突き進もうという努力である」[120*]。デリダがフロイトと異なるのは、デリダは破壊的なるものを生物にあらかじめ与えられている衝動に固定することを疑問視しているだけでなく、また同じようにそのリビドーに関する反対者をも疑ってかかるのである。同様に彼は友‐敵の両極化というシュミットの太古のままの静止状態をも解体している。「友たちよ、一人も友がいない」「敵たちよ、一人も敵がいない」といった具合に。法の問題は、彼にとっては同様に、法の権威が神秘的な起源に基づいているという点で両義的であり、また法の発生が人間の歴史のなかでどのように始まるかも不確実である。フロイトとは異なって彼は、これに加えて、法の発生を、正義の理念による判断に結びつける。とは言え、デリダ批判としては、正義の理念それ自体が対立する多くの解釈に突き当たり、そして、正義の理念が暴力の意味で二元的に構造化されるという誤用から護られていないという点が、指摘されなければならない。したがってその理念は、つねにその暴力を解消する三角測量をする triangulierenden 特性のもとであらためて正当性が理由づけられ、擁護されなければならない。

＊S・フロイト、「戦争はなぜに」、『フロイト全集　第二〇巻』、前掲訳書、p.261.

戦争の回避可能性と平和の希求という問いに対するこうしたいくつかの前提から、何が帰結されるのか。シュミットにとって国内に平和を維持することは、潜在的な敵に備えて外に向かって国家を防衛することと不可分の関係にある。その限りで戦争ないし戦備は避けて通れない。シュミットは、敵に対する防護としては威信ある国家を必要とする。フロイトの場合は、文化の形成過程で暴力を馴化する生物学的必然性が自ずから生まれる。攻撃的な態度がとる二つの主要な方向は、外へ向かってのものと内へ向かってのものである。友‐敵関係において外へ向かう方向は問題を解決することにはならないが、また同じように内へ向かう方向も、自己評価を醸成して、良心による自責の念を募らせることになり、問題の処理には至らない。文化がもつ唯一独自のチャンスは、攻撃を別の方向へ向け、洗練純化することにある。その限りで、W・ベンヤミンの言うような（メシア的に基礎づけられた）永久平和というユートピアは排除される。[*121] 同様に、シュミットの創始になる国民国家的な権力政治的な解決という方策も排除される。このことからフロイトは次のことを闡明に（確立）している。すなわち「今日諸民族の心を占有している民族国家的理想が、逆作用を（たとえば、暴力を克服するためということで）促すのは、火を見るより明白なことである」、と。「衝動の目指すところを漸進的に変位させ、衝動感情を抑減する」道は、おそらく、欲動を支配するという〈理性の指揮 Diktatur der Vernunft〉の方へエディプス的法則によって誘導することができる。ここで見えてくるのは、フロイトの理論的な構想の限界である。破壊的なるものを自然や衝動の概念に固定してしまうことは、たんに理性の側から力ずくで埋め合わせをしているに過ぎない。文化の掟 Gesetz はつねに衝動の自由を節減することにある。フロイトは、暴力の問題を自然という人間にはどうすることもできない基盤の上に構築したのであるが、その問題をもはやそれ以上に処理してはいない。彼が実際に個人的に告白するところは、もちろんこうした三角測量をする理性を根拠にしている。その理性は衝動を支配することによって、結果として戦争を拒否し、平和主義 Pazifismus を実際に可能にする。しかしデリダもまた、暴力に巻き込まれる迷路から逃れる道を見出しているわけではない。相互に入れ替わる法体系は、法システムがそこから生まれ育ってきた当の、暴力的性格を取り払ってはいない。兄弟らしさという理念が、姉妹らしさという理念を暴力的に締め出す、といった具合である。残されているのは、来るべきデモクラシーへの希望だけであるが、それは正義の理念と親密な関係になるものである。しかしながら正義の理念の基準になるものがデリダには欠けている。なぜなら、彼の脱構築からはより善なる理性といったものが何ら導き出せないからである。それにもかかわらず政治的な理解に不可欠なのは、〈内からのあるいは外からの〉敵による攻撃の〈現実可能性〉という問題を解消することである。敵対関係が現実となり、また危機的状態が生じるのはどのような条件の下でか。どのような条件の下で、国家内に、また他国に対して暴力による反抗は適切であると言えるのか。たんに敵を認知するというのでは問題の解決にはならない。というのはそれには〈内からの〉敵の投影像が含まれているからである。法律問題が決着を見るのは、誰が実行者で、誰が犠牲者であるのか、誰が誰によって傷つけられ、誰が弁償を要求できるのか、といったことを決定することにある。国際法 Völkerrecht は、国際間にあって侵略者が誰であるのか、そして不法攻撃者は誰なのか、また不当に扱われている被侵略者は誰であるのか、といった国家間のこうした問題には答えているが、しかし国際法は、法は公正に執行されるものという前提の下でのみ法に訴えている。そのようにして法律問題の解明には法を吟味するにあたって正義の理念が足枷となる。それでもこうした理念による吟味にも議論の余地がある。それどころか必要なことは、その理念が正確に実行されているかどうか、またどの範囲にまで実施に移されているのかを、不断に繰り返し吟味することである。それにもかかわらず具体的な政治的状況は、決断することを強く要求している。敵意や破壊の脅威は、たんなる可能性であるのか、あるいは現実のものなのか。私たちは政治的な理解によって明白な事実証拠をもたらすことはできない。なぜなら、私たちがそれによって事実証拠を査定できる客観的現実というものは存在しないからである。しかしおそらくなお間接的ではあるが拠りどころとするもの、言うところの暴力行為の事実を標示する手がかり（状況証拠）となるものは存在するのである。

＊W・ベンヤミン、『暴力批判論』、野村修訳、ワルター・ベンヤミン著作集1、晶文社、p.29f.;『暴力批判論　他十篇』、野村修編訳、ベンヤミンの仕事1、岩波書店、p.58f.

危険の切迫やまた暴力行為へ急転する事態が目前に迫っていることを政治的に理解することは何によって見抜くことができるのか。このことは、理解のなかにある特異な破断を通して初めて見分けることが可能になる。その特異な破断とは言ってみれば、ある体験のあり方である。すなわちそれは、理解することが支離滅裂になってその限界にまで達し、理解することを沈黙させる、単純でありのままの行為に直面しているのを見るといったそうした体験のあり方である。しかし理解のなかのこうした破断の兆しはどのようなものなのか。

疑いもなく最初の兆は、共に語り合うことが中断することにある。というのは、こうした語り合いが進行している限り、話し合う者たちは行動に走ることを止めて、彼らは直接的な行動に走ることも控えるからである。対話が成り立つためには、しかし他者と関わりをもつことが必要であり、そうした他者との関わりは、少なくとも味方とよそ者との、手を組む味方と仲違いをしている者との間を区別しているからである。このことには二つのさらに広い基準も含まれる。それは、敵意をもって他者を見ている自分の見方と、他者の実際の反動とを区別する標識である。他者の敵意に満ちた反応と自分が懐いている敵の像を区別し、さらに他者にもこれと同じことを行なおうとする努力を認めるというそうした努力が講じられている限り、自分の側から反応して他者の見解や行動の仕方に対して影響を及ぼす機会がまだ残されており、さらにその限りでは、暴力行為や戦争の自動装置はまだ始動することはない。このことには次のような第三の基準が伴う。すなわち、その基準によって、このように自分のものと他なるもの、内なるものと外なるもの、敵の像と敵意との間の違いを区別する敵対者には、それでもなお、第三の位置にある人間や機関の視点に依拠することが、つまり慎重に考慮し判断する機能があって、権限と法律の問題を提起するそうした人間や機関のパースペクティヴを後ろ盾にすることができるのである。こうした基準は原理的に二つの構成要素からなる。

（a）第一に、第三なるものを取り容れる能力は、構成要因が双方ともに敵対者であるというよりも、より大きな共同関係 Kommunität に開かれてあるということである。このことは、地平を友‐敵の位置関係へ減縮するといった、つまり復讐感情に執着する盲目性ではなく、人間存在のより広い領野への開けを意味しており、それは根本的に公開性であって、対決のなかで秘匿されることではない。

（b）それだけではなく、それは、第三なるものによる吟味と判断に身を晒す準備態勢にあることを意味し、さらに自分の行動を起こすにあたって第三なるものの吟味と判断に委託するという心構えがあることである。法ないし権利の問題は他者の目でみればしたがって未解決のままである。

（c）第三なるものをこのように受け容れることは、しかしまた時間の猶予をおくこと、時間をおかないで闇雲に行動に移るのを躊躇すること、すなわち盲目的で抑制のない行動を抑えることも意味する。第四の基準が結びつくのは、したがって抑制というこうした時間的な引き延ばし作戦の効果がなお存続している間は、敵対者を傷つけ、損害を与え、そして征服するといった悲観的敗北主義的な解決の試みに替えて、合意 Verständigung の上で交渉による解決へと起ち帰る好機がなお存続しているということである。もしこうした第四の基準がもはやうまく作動しないなら、そのとき政治的な理解が突き当たる境壁は、相互無理解のもたらす決裂の突発する場面であり、そこでは破壊し、傷つけ、隷属を迫り、あるいは殲滅的行動によって対話の息の根を止める事態に至り、その場に関与する者は理解に替えて、体を張って防禦し、防ぎ止めなければならなくなる。それこそ危急の場面であり、いわば、あらん限りの抵抗が起こりうる危急の時である。

終　章

まとめとして私たちの思考の流れを振り返ってもう一度検討しよう。友‐敵構造が矛盾なく権力政治の立場から導き出されるというのは、つじつまの合うことなのか。この構造は何を意味するのか。この構造は報復の企みと復讐の執念をエスカレートさせる連鎖へと追いつめる暴力の関係全体を包摂しているのではないのか。しかし法秩序が整備されると、法秩序はこうした友‐敵‐思考を制約し復讐の発生をも阻止するが、それはどのようにしてなのか。また何がそのようにするのか。このことは、友‐敵‐思考が失効しているということであるのか、あるいはその思考の火種が法の傘の下で弱々しくくすぶり続け、権力政治的な想念という意味で法を用いるということであるのか。そのように言えるとすると、法は権力の典型的な表われであると理解されることになろう。あるいはより適切には、そのように理解されなければならない。しかし、法が権力から暴力に移行するとき、その理解過程には何が起こっているのか。明らかにここではよそ者の鋭い抵抗に当面して自己なるものへの回帰が生じるのである。理解過程はハリネズミのように身を縮めて引きこもり、善‐悪‐カテゴリーに分裂するように見える。

このような論理的帰結は、厳格な権力政治の手法の類例に沿って――それはコンデューリスのそれでもあるが――、追跡される。コンデューリスは彼の思考をマキアヴェッリやトーマス・ホッブスの思想系列に位置づけている。[122] コンデューリスは記述的な（意志）決定主義 deskriptiver Dezisionismus の立場を採っている。言い換えれば、彼はある行為の適法性や適切性を行為の意志決定特性に従属させようとする。決定されたことが正しいのである。〈真理と作られたもの（の向き）はひっくり返る Verum et factum convertuntur.〉* という。そして、最後の審級でこうした決定が従うのは自己保存の原則である。これがコンデューリスの言うところである。

＊作られたもの factum が真理 verum であるとして、作られたものを真理と同置するのは、デカルトを批判するG・ヴィーコの立場。

たしかに彼はこうした考え方を、すなわち規範的な決定としてではなく、記述的な決定主義であるとして、理論的に厳しく主張している。その違いが成立するのは、後者の記述的決定主義の場合には、行為の決定性格が自己保存の原則にしたがって行為の遂行を観察し記述することから導き出されるのであり、こうした原則の正当性が規範的に想定されることから導かれていないところにある。コンデューリスは、したがって彼の理論が不可避的に迷い込むであろう自己矛盾を回避するが、それが許されるのは、諸々の行為はその行為の縛りを最終の決定から手に入れられるということが、理論的にして実践的な吟味から規範的に正しいのだと彼が主張できるときであろう。というのはこのようなことはそれ自身が一つの決断であって、その決断はその妥当性を決断の性格からのみ取り出すのではなく、上位から秩序づけられた倫理的な尺度から導かれているものだからである。まさしくこうした必然性はコンデューリスの権力政治的立場と衝突する。権力は彼によれば、それが正当であるが故に、行為を基礎づけているのではない。そうではなく、こうした基礎づけは事実上避けることのできないものであり、また実際の場面でつねに観察可能で記述可能なものだからである。

当然の帰結としてコンデューリスは、利他主義的性格をもった平和を愛する動機から生じる行為を、彼の記述からは除外している。彼はこうした記述は意味のないものと考える。なぜなら、こうした記述はかかる対応のあり方に潜む見えない権力要求を認めていないからである。コンデューリスの、暗黙のうちに示されるニーチェ主義は、こうした行為の仮面をはぐように彼に迫っている。そしてその際に彼は、当然いかなる行為にも欠けていない、あるいは排除されてもいない、権力の要因に目を向けさせている――その限りでコンデューリスは正しいと認められるのである。ただし問題となるのは、そもそも基本的にそしてあらゆる観点から見て排除されなければならないのは、すなわち、行為することは共感 Sympathie、加盟、好感、そして利他主義といった動機によっても導かれるということなのか、あるいはこうしたことは（諸動機）J・P・サルトルとともに、つねに自己主張の意味でまた自己の自由を貫徹するという意味で理解されるべきものなのか、と問うことである。現実を記述することは、そうなると、最も悪いことに、一面的で自己中心的なものになるであろう。そこでおそらく問われるべきは、複雑な行為を原理的に考慮しているアリストテレスの構想はもっと広い範囲に及んでいるのではないか、ということである。[123＊] 重要な問いは、行動は権力によって動機づけられるのか、あるいは好意によってなのか、また後者の（好意による）行為は前者のそれに還元しうるものであるのか、といった問いではなく、どのくらい多くのことが、動機として権力要求から起源してくるのか、またどのくらい多くのことが、好意や、尊敬や、他者了承 Geltenlassen などから起源するのか、あるいはまたいかなる観点に立つと権力の局面が重要なものとなり、またいかなる観点に立つと間人間的な関係の局面が重要なものとなるのか、そしてどのようにして両方の視点は行為の記述のなかで結びつくことになるのかといった問いである。

＊アリストテレス、『ニコマコス倫理学』上、前掲訳書、p.83f.

コンデューリスの理論は当然のことながら権力を巡る競合という視点には精通しているが、権力の放棄や権力の均衡という視点には通じていない。ここではその理論はサルトルの構想する自由概念によく似ている。すなわち、それによればただ一方のみが主体となることができ他者（A）は対象として貶められなければならないのである。[124＊] したがってその理論にとって確定的なのは、ある何かからの自由であって、何かのための自由ではない。あるいは別の表現をすれば、同胞つまり他者は、自分の自由を妨げるという局面でもっぱら現れるが、こうした妨害は克服されなければならないものである。そこでは主体は権力競争の場で勝利を収める。無とみなすことNeantiser、つまり、妨害や制約から身を引き離し、乗り越え、自分自身の自由を主張すること、このことはコンデュ－リスの手法にも当てはまる。

＊J・P・サルトル、『存在と無 II』、前掲訳書、p.383f.

二つの修正がたしかに権力政治のこうした思考のモデルでは企てられている。初めの修正（変様）は、権力の現実が拠っている決断のあり方に該当する。それはその場その場の小さな決断ではない。そうした決断は、コンデュ－リスによれば、自己主張のプロフィ－ルを構成しているものである。そのプロフィ－ルは、世界観のような一種の根源的決断であるか、あるいはより適切には、世界観を基礎づける決断であって、それはおそらく個々の人間に対して権力政治的立場の方位を決定しているものである。

こうした手法の第二の修正は、社会的なるもの das Soziale に関わる。権力を拡げて自己主張することは、当然のことながらコンデュ－リスにあっては、孤立した個人は、一匹狼のように外界のすべてに対峙しているとは考えられず、個人 Individuum は権力闘争という社会的なゲームに加わり、それによって個人は盟約を結び、そのようにして権力政治的に基礎を固めた同盟を発展させ、さらに同じ流れのなかで敵対関係を、したがって権力政治的な戦いへ向けてそれを推し進める。社会性 Sozialität はこのようにしてサルトルの場合と似て、主体‐われわれで構成される。

そして、その主体‐われわれは権力を巡る戦いのなかで客体‐われわれ Objekt-Wir に対峙している。*[125]

＊J・P・サルトル、『存在と無III』、前掲訳書、第三分冊、サルトル全集二〇巻、p.23f. & p.76f.

そこで実際に結果として生じるのは、コンデューリスが葛藤状況の根拠を社会的なるものの基本状況として説明していること、また彼がその状況を性格づけるために友‐敵‐モデルに助けを求めていることである。その友‐敵モデルは私たちがC・シュミット以来知っており、論じてきたものである。権力政治的に盟約を結んでいる者は彼にとっては友であり、そして自明なことであるが敵と対峙する者である。友‐敵‐（という）術語が思考過程へ忍び込み、そしてその背景が問われないでいるのは、その術語がまさに基本的な仮定としてもふさわしいものだからである。権力政治的なパースペクティヴに立てば社会的 sozial 分野は、実存的な深いところで友と敵の方向に避けがたく両極化している。いずれにせよその限りで、観察することと記述することが、幻想から解放される結果となる――というようにコンデューリスは言うであろう。

こうして私たちはこの問いのもとで権力政治的行為の破壊的な結末に帰着した。友‐敵‐関係からはそれどころか敵を視野に捉えての破壊的な行為が結果としてついてくる。特徴的なことだが、この行為はしかし、痛み（苦痛）を引き起こし、物的な財貨の壊滅を導き、生命の損傷を引き起こすといったことには力を発揮するが、コンデューリスにあっては、私たちがそれを予期できるようには、非情さや悲劇をともなって現れてはいない。権力政治的な思考ではこうした側面がなおざりにされている。というのは、自己保存のために敵を徹底的に破壊するという必要とそれを正当化することが、（そこでは）重要な位置を占めているからである。敵を措定することによってある意味では敵に対しては、戦闘的、破壊的に行動するという正当性を認めることになる。

その上さらに重要であるのは、コンデューリスは友‐敵‐構造から生まれる復讐の構造を具体的に示していないことである。私たちが見てきたように、まさに敵を措定することは、結果において他者の自由に干渉し、他者を客体とし、したがって他者を傷害し、痛めつけ、抑圧し、破壊し、徹底的に壊滅させるという一連の行為を意味する。こうした加害行為は、憎しみと復讐の問題を発生させる。すなわち、敵対者を傷つけることによって被害の埋め合わせを目指しているのは何かという問いである。その故に敵を措定することは、自分に帰ってくる再帰的現象であり、またそれは敵意を借りとして返すというフィードバックを生み出す現象である。こうした借りの返済から、復讐が誘発される。したがって借りの返済は暴力を昂進し、激化させる。すなわちそれは、敵への復讐、復讐のための報復などとなる。コンデューリスは、こうした復讐問題がやはり不可避的に権力政治的な手法から出てくるものであるにもかかわらず、この問題に立ち向かってはいない。私たちが問わなければならないのは、なぜ彼はそれを為さないのか、である。それに対しては、二つの根拠を挙げることができる。第一のそれは、コンデューリスは明らかに友‐敵‐関係の源を合理的な権力政治的な計算に発すると見ており、したがって彼は、その友‐敵‐

関係は合理的に制御可能であると考えている。これはいずれにせよ権力政治的な思考の意識的な側面のみを妥当なものとするシュミットの立場である。それに対してコンデューリスが強調するのは、つねに自己保存から生まれる権力を求める、無意識的また意思的な欲動 Streben という動機である。したがって彼がなぜ復讐への問いをさらに進めて追求しないのかは、不可解のままである。第二の根拠が明らかになるのは、コンデューリスは、権力政治的な思考に生存競争や権力だけでなく、また法の構造も当てはめているところである。そこで、事実上私たちは権力関係の分析にあたって、法のはたらきをも考慮に入れなければならない、というのは法のはたらきはこの権力関係を制約し、誘導し、さらに再分配するものだからと、彼は説明するであろう。私たちは法の保護のない関係という意味でのなまの権力関係とは何の関わりもなく、すでに合法的に制御された権力関係とつねに関わりをもっている。このことは、なぜ彼は復讐のはたらきを、とりわけ復讐の（悪）循環を、十分に正しく評価しなかったのかを説明することになろう。この悪循環は、言ってみれば、法の制約の下ではその力は失効し、少なくとも合法的に承認され、抑えられている。したがって、コンデューリスはあたかも党派の権力要求を制限し、制御しそして制裁するといった権力政治的な地平を超越した構造を認識しているかのようにみえる。友‐敵‐関係も、そこでは、法が先導する視点の下で熟考（反省）されているに違いないということになり、すなわち、敵方の権限が如何に正当化され、敵方の損傷に対するどのような賠償が求められるか、などが考えられる。このことは、コンデューリスが権力政治的な関係の二極形式を超え出る法の三項構造を認識し、また認めていることを意味するであろう。

しかしながらこうした印象は誤解を招くものである。法は彼にとってけっして権力政治的な葛藤を規制する審級を意味するのではなく、こうした統制は彼の場合は自明なことながら権力政治的な対決（状態）に堕ち込むことになる。司法の審級は彼にとってはけっして何ものにも左右されない独立のものではなく、ともあれそれはその審級の要求に当てはまるものではあるが、ただ外見だけが何ものにも左右されない独立のもののように見えるだけで、真実のところは権力政治的影響力に晒《アウスゲゼッツテ》されて、それに利用されまたそれに左右される審級なのである。実際は権力政治的に思考する人間は法の制度によってさらに大きな権力要因を自分の計算に数え入れている――そのようにコンデューリスは応えるであろう――。権力政治的に考える人間は、法を彼自身の権力の保護と増強のために用いなければならない。これはニーチェの立ち位置でもあるが、ニーチェの立場では、法（と良心）の系譜は権力への意志が醸成する歴史的‐文化的な形式であると見ており、原理的に自由の要求の相互承認に基づいて権力を超越する次元とは見ていない。コンデューリスの立場からの応答は、したがって次のようになる。もし私が私の自己保存を実効あらしめようとするなら、私は法に頼らなければならない、しかし法は私に、権力要求を矯正し自由を双方から保障し合うといった新たな次元を原則的に開くことはない。当然のことながら、コンデューリスの主張で容認しなければならないのは、もし法がその機能を正しく捉えずに行使するならばそのときはいつも、法は権力の渦のなかに堕ち込み、権力要求を統制するどころか、その要求のままに乱用されるということになる。しかしコンデューリスの手法には正常の権力による次のような誤用事例がある。すなわち、法はつねに支配者によって悪用される、法は根本において権力の表現であり、それはまさに強者の法となるのである。

そうなるとしかし排除されたはずの復讐の構造が再び力を発揮する。裁判手続きは、ここにいたっては一つの——おそらく敵対する者を制圧し、彼に実質的な損害を与えることによって力を誇示し、報復 Revanche し、復讐衝動の充足を獲るといった巧妙な形となってくる。克服されたと思われた復讐（心）は、社会的な諸制度のすべての手続きに、また政治的な生活のなかに再び頭をもたげてくる。

私たちはしたがって最後に、いまだ克服されていない間人間的‐社会的な類のこうした次元に取り組まなければならないが、そうした克服されていない次元はある程度はその関係のなかに一緒に含まれており、また繰り返し突然現れて、ただ見かけだけで克服されたように見做されるものである。

暴力についてのこうした未踏の深層次元の研究に没頭し、そしてとりわけ覆い隠された復讐感情に光を当てた理論家、それは疑いもなくニーチェである。彼の手法にとって本質的なところは、彼が衝動や情動に関して権力要求や決断についての意識的な企画や制御の問題の背後を探求《ヒンテルフラーゲン》している点である。主体は自律的に活動し、舵取りなどしているつもりであるのに、じつはその衝動や情動が主体を動かしているのである。ニーチェの側に立って言えば、彼は〈私は知る Ich weiß〉と〈私は意欲する Ich will〉*とは、異なる源からの一つの結果であると考えている。そしてその源はいつも誘因と動機とのもつれを成しており、そのもつれに関わるのが、〈それ知る Es weiss〉と〈それ欲す Es will〉である。

＊Ｆ・ニーチェ、「善悪の彼岸」、信太正三訳、『ニーチェ全集　第一〇巻』、理想社、§16、17　参照

ニーチェは──私たちが見てきたように──強者と弱者との関係が織りなす人間間の戦いの分析者である。その際ニーチェにとって、強者は彼が同意 Ja-sagen、実行、そして権力の直接的放出 Entäusserung を具現することによって定義される。他方弱者にあっては、〈否と言い Nein-Sagen〉、受動 die passio、躊躇、間接的な態度、沈思して折れるといったことが支配的であると定義される。こうした分析にとって極めて重要なことは、ニーチェによれば、強者は自ら自己自身の立場を決定するのに、他方、弱者は他者の目つきや他者（すなわち強者）と見比べて立場を決める。強者の「私は私が私であるままにありたい」というのに対し、弱者の「私は私がこのようにあることを欲しない」というのが対峙する。復讐の物語りはニーチェでは攻撃、侵犯、それに対する反撃で始まる。これは攻撃についての議論が展開する極めて正常な状況である。ニーチェにとって重要なことは、攻撃を受けた者が能動へ in die actio 身を換え、そして自発的に、そしてくじけずに抵抗する、したがって意趣返しをすることになるか、あるいは攻撃を受けた者が自発的な行動を躊躇し、積極的な行為 actio を断念し、したがって負傷が引き起こす痛みをそのまま無為にすご

すかのどちらかである。こうした逡巡、またこうした時間の引き延ばしなどは、和らげられなければならない痛みとの対決という問題を引き起こすことになる。鎮痛薬の一つは、可能な復讐の青写真やそのシナリオを描く空想《ファンタジー》から生まれてくる。鎮痛の手段は、したがって〈想い描かれた復讐 imaginäre Rache〉あるいは〈模像（肖像）の in effigie〉復讐 Rache である。*126 くすぶる復讐の感情によって行動を抑止し、それを抑圧することはモラルの面では正当なことと認められている。このことはニーチェにとって価値転換という注目すべき点である。強者にとって能動 actio という意味での直接的行動は善として、また攻撃的な感情を停止して内へ転向することは悪であるとされるのに対して、弱者のパースペクティヴでは価値の方向転換が起こっている。その結果として自衛し攻撃するという直接的な行動は悪となり、責めありと考えられており、さらに行動を躊躇し空想のなかでの攻撃行動は善として認められる。こうした覆い隠された復讐の感情をニーチェは空想と結びつけて無自覚的な恨み、怨恨《ルサンティマン》と呼ぶ。疑いもなく彼は、隠された復讐感情の、侮辱の、侮蔑感の、くすぶる憎しみ、などといった、私たちの生活のいたるところに繰り返し湧出する諸感情の分析者としては達人である。もっともニーチェの強者優先の（考え）は結果として復讐問題の様相をゆがめている。ニーチェは強者には目がないのである。ここで激しい怒りから起ち上がるもののすべては、彼にとっては権力への意志の見事な表現なのである。どのような直接的な反応も行動も彼によれば生を肯定する Ja-sagen こととして積極的に評価される。しかし、憤りの直接的表出には弱者の復讐幻想を補完する課題が含まれていることがありうるということ、言い換えれば、憤りや損傷から生まれる憎悪を抑えて‐堪えること‐ができないNicht-Aushalten-Können で、したがって侮辱と復讐衝動にかられてやむなく殴りかかることになる。いずれにせよ報復という意味で被害の仕返しをするといった、こうしたことがニーチェの念頭に浮んでこないのは、奇妙というべきことである。適切な対応といった問題、また現実主義にしたがって身を護るという課題は、間人間的な現実をも正当に評価しようとする並の解決であるとしてニーチェでは主題にはのぼっていない。権力政治にとっては権力衝動からの解放はそれ自体積極的なのである。たとえそれが人間間に無用なトラブルを引き起こし、人間関係をぶち壊すことになろうが、あるいはまったく再起不可能なまでに傷めつけること、あるいは世界に壊滅をもたらすことになろうとも。

＊F・ニーチェ、「道徳の系譜」、前掲訳書、p.41f.

ヘーゲルは復讐の問題をまったく別の形で主題化している。すなわち、それを意識的に把握し、意志をもって制御し、理性によって克服するという視程に捉えて主題化している。[＊127] 彼にとって復讐とはいまだ実現されない理性の問題であり、是認 Anerkennung の問題である。そもそもの初めから復讐は、ただ意識の標的としてのみ関心を呼び、理性的な仕方では解決されることのない不十分なものと考えられている。復讐を論じるこうした手法を導入するにあたってヘーゲルは紛れもなくまったくの啓蒙思想家である。こうした啓蒙思想家ヘーゲルは意識の光によっては捉えることのできない人間の原衝動 Motive の暗い側面をいまだ知る状態になっていない。そうしたことから、『精神現象学 *Phänomenologie des Geistes*』ではヘーゲルにとって復讐は、生死を賭しての戦いや、また支配対服従の戦いから発生する古めかしい状態である。ここで問題になっているのは、依然として他者の自己主張を否定することによって成る自己肯定である。言い換えれば、他者を痛めつけ、他者を奴隷化し、また殺戮といった結末を含んだ自己主張である。こうした状態を克服することは、ヘーゲルによれば、ただ法とモラルを介してのみ可能なことである。解決の鍵はしたがって、主体が合理的な公共機関にあって理性的になることにある。ドイツ観念論にとって復讐問題の解決は、理性の足場を成就することに結びついており、そしてこのことは主体の知と意志によって実現可能である。ここではヘーゲルは依然として一九世紀と二〇世紀の諸問題を通じてくじけることなく自己反省と意志の自由という考えを支持しているが、しかし自己反省と意志の自由の観念はF・ニーチェによってその根本前提が震撼されることになった。

＊G・W・F・ヘーゲル、『法の哲学』、前掲訳書、p.306f.

〈法哲学 Rechtsphilosophie〉のヘーゲルによれば、復讐の体系的な場は原初的な法表象に、つまり、痛手を負った者が自らその埋め合わせを加害者のなかに探し求め、加害者にその埋め合わせをさせるといった法観念のなかに求められるという。こうした法観念はヘーゲルによれば抽象的なものである。というのはそうした法観念はいまだ市民社会のあらゆる法制度の外側で本領を発揮しており、それは徳性 Moralität の成熟した立ち位置を包摂することなく、またその立ち位置では復讐は損なわれた権利に対して何らの解決策も呈示することができないからである。要するに復讐の優位はヘーゲルにとってはすでに世界史的に克服されている。復讐の優位は、市民社会以前の未発達の状態として、つまり主体が相互に対峙する戦いによって定義されるような古めかしいものとして、同様に、暴力をもって（初めて）達成されるような権利要求によって定義されるものとして、姿を見せる。ヘーゲルが修正しようのない観念論者であり、精神的発展と社会的な葛藤の上を浮遊するモラリストであると言えるのは、彼が合理的な（訴訟）手続きによって理性的主体に拠りかかっている点にある。

近代の倫理学や道徳哲学もさらに引き続いて、復讐の克服は一方でモラルの問題であること、そしてそれはもっぱら公正に熟慮された行動理由と自主的な決断に拠っているという見解を支持している。こうした近代の倫理学や道徳哲学は、他方では近代の公正な諸制度によって支えられなければならない。そうなると権力の解釈学の後続する全問題は、とりわけ権力が暴力へと道を踏み外すという問題は、このような倫理学にとっては統御可能なものとなるのである。相互に認めあうことは近代 Moderne の詐りえない結果として、また市民社会の諸制度の構成要素として重きをなすものである。しかしながら理性と相互の認め合いという次元での間人間的で社会的な諸問題の解決は、それがどれほど望ましいことであるとしても、その解決は、体験し行為する主体の実践から乖離した、つまりモラルと法的根拠という抽象化された理性の基盤へ後戻りすることは許されない。私たちは依然としてあまりにも深く歴史の渦のなかに、歴史の傷の、復讐‐と罪責感情に、さらに、(報復という)埋め合わせ願望にはまり込んでいる。復讐を調整処理することは、まず生活実践の地平で為されなければならない。それによって相互の認め合いという仕方での人間間の交わりが理性的‐協同的な形式へ開かれることが結果として招来する。

前科学的な(科学に先立つ)経験を分析する観方に立つとき、民族の歴史の過程で形成された傷害、復讐と‐和解の趨勢を暴きだすチャンスがようやく発生する。ここには(以前とは)異なる理性の新しい形を旧い理性のそれに据え替えて理解する(新たな)手がかりも生まれる。その理性は、世界戦争を経験した後に求められたものである。権力の解釈学というパースペクティヴでは、もし友‐敵の前衛が地歩を固めるならば、理解(のはたらき)は狭窄し、暴力の行使という事態に立ち至ってしまうことになる。それとは反対に理解の開けが見えてくるのは、他者のテーマが視界に入って、自己のものと他者のものを差異化し、その相違を他者との対話によって際立たせることが課題となるときである。他者の他者性こそは、まさにポスト‐観念論的あり方の理性がそれにしたがって自らの方向を定めなければならない当の基準なのである。

理解が他者へ開かれ、それが協力的になるとき、理解には何が起こるのか、また理解することが自己なるものへ引きこもり、他者には敵意に満ちて対峙し、暴力に転ずるとき、理解には何が起こるのか。すでに私たちがコンデューリスによって見たように、世界像成立の根底をなす遠近法的展望 Perspektivismus は、同時に、他者と世界へまなざしを向ける好機であり、そのまなざしを近づけるのである。遠近法主義が好機であるというのは、主体がその体験、その感情、その価値選択、そしてその行為といったものを実存的な意味で真摯に受け取っていることを意味するからである。体験、感情、価値選択といったそうしたものは、主体が世界と他者へ通じる門であって、その門から私たちは抽象的世界へ逃れることも、また超党派的な立ち位置へ避難することもできない。その点ではコンデューリスは正当にも熟慮と合理的な自己決定とを根拠に現今の倫理学に対峙している。その倫理学は極めて抽象的で、空虚で、動機としても説得力に欠け、したがって結局のところ効果のないままに留まっている。コンデューリスの立ち位置は、同時に自己保存の原理と権力政治的に自己保存を遂行することを優先して、世界への通路を自己中心的になって狭めていることも含意している。この過程は、無反省的に実行されると他者への関係性の喪失を意味している。彼の熟考された形式では、この過程は、権力への意志に対する幻想から覚まされた視線をともなう啓蒙的な世界展望であるとしてコンデューリスによって賞揚されているものである。

　それが熟考されないままで実行されると、不信や他者からの後退といった感情からまなざしの狭窄化が生じる。このことは忍び寄る交流の衰退の、また開かれた対話や情報交換の衰退の側面である。同時に独りよがりの知ったかぶり《ベッサーヴィッセン》と優越感のパースペクティヴが他者のパースペクティヴの上に覆いかかる。他者のために世界を見ること、望むこと、行動することは、しかし、暗黙のうちに他者の侵害であり、支配であり、そして管理することを意味する。他者に対するまなざしを自己中心的に egomane 変化させることは、したがって同時に他者からの退却であり他者を侵害することである。こうしたことは、見ること、感じること、行動することの差異をなくすこと Entdifferenzierung であって、そのためにもはや、何が他者を自分から分離し、他者たらしめるのかを区別できなくしてしまうということである。

権力の観点からみると二つの相補的な展開が起ちあがってくる。すなわち、一つは、他者のために考え、それによって他者を制御し、他者のために正しいことを行うという試みのなかで、言い換えれば、他者を支配し彼を禁治産者扱いする試みのなかで生起する。こうした行動は同時に報復を生む。というのは他者の異議申し立てと抵抗が主体の側に欲求不満と攻撃の動きを発生させるからである。主体は絶望し、痛みを感じ、憎しみに満たされそして落胆する。

友‐敵という分極化の観点でみると、同一の展開は、一方では他者を友として独占することを意味し、その限りでこのことは成功裡に運ぶことはないし、また他者を敵として誤って判断し他者を拒むこともうまく運ぶことはありえない。善なるものと悪なるものを区分けすることで友‐敵を分けるのは、したがってこうした展開のもたらすステレオタイプの帰結である。

最後にさらに関心を引くのは、こうした経緯のなかでの暴力への移行である。絶望、憎しみ、そして罪責感のために憎しみを抑圧することから主体内の重圧が肥大化し、その結果ついには自制心を失い責任感の境壁を飛び越えてしまうと、憎しみは赤裸々な暴力の形ではやくも暴発を起こす。主体は敵の悪事 des Bösen から解放されようと努めるが、主体はそれによって敵を傷つけ、心痛を与え最後には身体的に亡き者にしようとすることになる。このようにして（相互）作用の連鎖は解消されるが、その結果は犠牲者には、無力、孤立無援、苦悩そして死を意味し、また手を下した者や共犯者には、勝利、虚しさ、そして無意味、罪、恥辱などへの転落を意味する。こうした展開の悲劇が行為者と犠牲者に出来するのは、力尽くの対立が悪事を世界から取り除くのではなく、悪事の相互作用によって力尽くの対立が連鎖を生み、復讐にまで移行することによる。これは、そこで終わりなき復讐の領野（荒野）へ突入するという思想上の帰結が生まれる基点であり、私たちは、世代を通してまた歴史を超えて解決されずに広くいたるところで生じているこうした終息なき復讐に繰り返し遭遇している。

しかし他者へ向けての新たな開けはどのように考えられるか。私たちが、レヴィナスの主張に賛同するのは、他者への新たな開けは、他者についての前・再帰的なvorreflexiv（反省に先立つ）経験の地平で、つまり他者が自らの要求に出会うに違いないそうした地平で起こるという点である。これは身体性の地平であり、したがって傷つき傷みそして死という宿命の地平である。この出会いはしたがって他者を是認するとか、あるいは他者を傷害するという意味で直接的な影響力を持つ。〈Trauma〉なる概念は後期のレヴィナスでは哲学的な基本概念として十分なる根拠をもって導入されている。*128 しかし私たちがレヴィナスに賛同しないのは、要求と応答という二元的状況のなかで他者の要求をかなえる可能性が開かれているとする点である。レヴィナスの〈人質Geiselhaft〉といった考え方は、私なるものが拉致されるとか、私なるものが根底から分離されているといった経験の表象であるが、そうした考え方は、私たちに対して極度に心を震撼させるような経験へ向うことを指示している。その経験はまさに他者の解明と他者との批判的対決という可能性に大きく重心をかけており、その結果、その経験は他面では近さ Nähe という高度に微妙な観念によって架橋されなければならないような隔たりを作り出す。それに比較し他者性への開けは、レヴィナスにあっては副次的なものとして第三なるものの視角を排して、また正義の吟味も経ずに、脇へはずされ、平均化しているように見える。

＊E・レヴィナス、『存在の彼方へ』、前掲訳書、p.169f.

しかしレヴィナスとは異なって私たちは、根源的で同位の関係を拓くという第三の視角を採る解釈 Bedeutung を支持するのである。第三の視角では社会的な第三のパースペクティヴも内的心的な第三の立場からのパースペクティヴも同様に考えられている。こうしたパースペクティヴは個々人の第三のものから人類に関わる第三のパースペクティヴにまで達しうる。そうしたパースペクティヴは、初めて理解の自己中心的 egomane 狭窄化を克服可能にする。たといその狭窄化が利己的なものであろうが、利他的な類のものであろうが問題はないのである。というのは、その両方のどの態度にあっても主体は自己にこだわり続けているものだからである。第三の視角のもとではしかし自己自身と他者との分化が、また近くにあることと離れてあることとの際立った違いが生じる。その点でこうした視角は、具体的な理性の次元であって、それは他者の他者性の要求に沿って確立される。こうした第三の次元は、しかし対話 Gespräch のなかでのみ実を結ぶことができるのであって、その対話がそのとき他者との合意をもたらす土台となる。理性は、対話と相互批判とを仲介する第三の次元であって、それは対話を超え、党派性を超えたところで裁きを下す高い立ち位置へ身を置く Sich-Erheben ということではない。

訳者覚え書き

1　本書は Alfred Schöpf: *Die Wiederkehr der Rache Eine Hermeneutik der Macht*, Königshausen & Neumann, 2005の全訳である。本書の主題は、著者自身が「日本の読者によせて」で語るように、人間の根源的にして普遍的な〈理解する Verstehen〉という人間営為についての哲学的論攷である。人間の理解営為が時代を超えて哲学の基底をなす主題であることはいうまでもない。こうした人間の理解を問題にする本書の論攷の特質はどこにあるのか。そこで訳者の見るかぎりではあるが、特筆に価する論点を三点に絞って挙げておこう。本書をまず手にされる読者に本書の主題の所在を提示し、さらに読者にとって本書解釈の手がかりの一助となることを願ってのことである。寡聞にして訳者は、日本ではこうした新たな解釈学的論攷が展開されているのを知らない。

その第一は、著者がここで解釈学の新たな展開を開示していることである。著者は、理解営為を主題とする伝統的な解釈学に対して、その流れを批判的に検討し、旧来の解釈学的次元に、著者のいう反 - 解釈学的次元を取り込み、理解営為にその反 - 解釈学的視座を包摂する新たな解釈学的次元を拓いている。本書で著者の挙げる主だった反 - 解釈学的思想家は、J・ラカン、E・レヴィナス、G・H・ミード、J・デリダなどである。

第二は、反 - 解釈学的視座を包摂した新たな解釈学的視点に立って具体的な理解営為の検証がなされる。その検証の一つでは、男女性差の深部に横たわる差異の問題が取り上げられ、性差がもたらす他者存在の相互理解の可能性が主題となる。次に、著者の他者理解の構想を経済過程に当てはめて経済的主体の相互理解が主題となる。そして最後に、政治的な領野で人間の他者理解が分析される。人間間に共存と自由な関係の実現を目的とする政治的な理解の展開には、どのような問題性が潜むのかが哲学的に吟味される。上記の諸場面で論攷の俎上に上るのは、他者という人間の他者理解が、Machtmensch としての人間から切り離すことの不可能な権力・暴力の問題諸相である。

第三に、著者はこの新たな解釈学のパースペクティヴにたって、いわばポスト観念論的な新たな理性批判を展開している。理性批判の立ち位置を確立した立役者は啓蒙の哲学者カントである。啓蒙主義哲学の理性批判は自己（主体）の理性能力を自由に使用することへの道を拓いた。その理性批判に対して、本書が展開する新たな理性批判的論攷は、啓蒙主義的な理性批判の縛りからいわば理性を解構築する試みであるといえる。こうした理性批判に拠って理解営為はあらためて他者理解への新たな道を拓くのである。カントの理性批判が、中山元氏の指摘するような「理性という能力の自己批判であり、……それが同時に、伝統的な形而上学の体系を破壊し、脱構築の営み」（中山元『自由の哲学者カント』、光文社、p.31）であるといえるならば、本書の論攷の底流には啓蒙主義的理性の脱構築とも言うべき新たな思索の営みがある。その脱構築によって自己に閉塞した主体偏重の理解営為は、他者へ開かれた新たな理解地平を拓く可能性を獲るのである。他者理解は他者支配や統御ではない。他者理解は人間らしい合意を目指す。

ここではあえて訳書のいわゆる解説を控えた。その意味では上に指摘した三点も訳者の一解釈であって、本書の解説にはあたらない。訳者の私見であるが、人間の根源的にして普遍的な〈理解するVerstehen〉という人間営為を主題とする著者の狙いと主張は、理解するという解釈学の躍動はつねに他者へ開かれてあること、そしてそれが、著者によれば、新たな他者理解の問題地平を拓くというのであろう。本書は著者の解釈学に対するパースペクティヴであり優れた解釈学の試みでもある。その本旨にしたがって、本書のいわゆる理解は基本的に読者各位の解釈の試みに委ねることにしたい。

2　本書日本語版のタイトルは、『報復の連鎖——権力の解釈学と他者理解』とした。副題として、〈権力の解釈学〉に〈他者理解〉を加えた。副題によって本書のより具体的な内容を表示したいという意図からである。本書が提起する復讐と報復の連鎖への哲学的な問いは、他者なるものの理解可能性への問いから始まる。この問いをより積極的に言い換えれば、他者は私にも他者にも理解しえていないにもかかわらず、理解すべきであるという視点に立ち返って提起されている。

3　本文中の訳語選択にあたっては日本語の訳語の意味範囲とドイツ語のそれとのずれを補足することを期待して、訳語にさらに原文のドイツ語ないしルビを付記し、ドイツ語以外の著者の引例は原語で付記した。たとえば、感じ、考え、そして意欲する主体の意味範囲は多岐に亘る。原著で、それに充ててドイツ語の das Ich、ラテン語の ego、alter ego などが採択されている。とりわけ Ego（自我）が alter Ego（私の分身としての私）と alter Ego（私とは別の場所にある私）とのいわば含意の遊びをもって捉えられている点は，注目されるべきであろう（p.69）。また signifikantes Symbol や Leib と Körper についても同様のことが言える。そのような多様の意味内容が想定される場合は、それぞれに原語を付記し、コンテクストにしたがって訳語を工夫した。しかし可能なかぎりルビは省いた。

4　註について。原註は、まとめて巻末に収録した。訳者註はもっぱら原註で示された文献で、邦訳書の（手許で確認できるかぎりの）該当箇所を示すことにした。その際も著者による引用の意味や意図については、読者の解釈に委ねることにし、訳者の解釈はできるだけ省いた。邦訳の引用箇所と原著との対照は内容の上で対応している邦訳の部分を表示するように努めた。なお訳にあたっては、邦訳書を引用あるいは参照させて頂いた。

5　本文中誤記、誤植と思われるところについては、可能なかぎり著者に確認をとり、訳文には訂正を加えることができた。その箇所の指摘はしていない。

6　訳文中の括弧（　）は原著にあるものと、さらに訳者の内容補足のために付加したものである。著者の意図と重なるので同じ括弧を用いた。

7　謝辞。本訳書の上梓にあたっては、直接的あるいは間接的に多くの方々の御教示を仰いでいる。まずそのご教示に感謝の意を表したい。しかしその恩恵にまともに応じえていない責めは訳者にある。最近の出版状況の厳しい環境にもかかわらず、本書の上梓、刊行を積極的にお引き受けいただき、さらに多くの点で御助力をたまわった学樹書院の方々に、とりわけ吉田和弘社長、また手直しの多い面倒な校正に大変ご苦労を戴いた辻ちひろ様に御礼を申し上げたい。

最後に、本書の日本語への翻訳に賛同し、日本の読者に改めて序を寄せて頂いた著者、Alfred Schöpf

教授に謝意を表したい。訳者齋藤は、著者とは数十年来の友人ではあるが、彼の主著の一つをこのような形で日本の読者に紹介することが許されて、これが長い友情の一つの結実となることは訳者齋藤の私かな喜びである。なお本書の共訳者である岩脇リーベル豊美さんは、Schöpf 教授のもとで博士論文を完成し博士号を取得した数少ない日本の研究者であり、現在は、ドイツに在住している。彼女の協働なしにはこの訳書が陽の目を見なかったであろうことはいうまでもない。しかし訳語・訳文の最終的選択や調整については齋藤があたった。そのすべての責任は、齋藤にあることを明記しておきたい。

齋藤　博　記

書　名　報復《ほうふく》の連鎖《れんさ》——権力《けんりょく》の解釈学《かいしゃくがく》と他者理解《たしゃりかい》

著　者　A シェップ

訳　者　齋藤　博／岩脇リーベル豊美

印刷日　2016 年 02 月 10 日

発行日　2016 年 02 月 20 日

制作——グループ&プロダクツ

装丁・デザイン——大原あゆみ

印刷・製本——モリモト印刷株式会社

発行所

株式会社　**学 樹 書 院**

〒 151-0071　東京都渋谷区本町 1 丁目 4 番 3 号

TEL 03 5333 3473　FAX 03 3375 2356

http://www.gakuju.com

ISBN 978-4-906502-39-4　©2016 Gakuju Shoin KK

［著者および訳者略歴］

アルフレッド・シェップ　Alfred Schöpf

1938年ミュンヘンに生まれる。1965年ミュンヘン大学にて『アウグスティヌスにおける認識の根拠付け』により博士号取得。1977年よりヴュルツブルグ大学哲学科教授。現在、精神分析開業医。ヴュルツブルグ精神療法・精神分析インスティテュートにて指導教諭分析医。［著書］『ジークムント・フロイト』(1982)、『ジークムント・フロイトと現代哲学』(1998)、『無意識コミュニケーション　良心の内的ディスクルスおよび社会の外的ディスクルス』(2001)、『精神分析の哲学的根拠』(2013)。［編纂］『人間学的諸問題としての幻想（ファンタジー）』(1981)、『攻撃性と暴力　人間学・社会科学論文集』(1985)、『欲求・願望・要望　哲学・社会学的人間学の諸問題』(1987)。［共著］『倫理学事典』(1990)、『教育学　理論と実践のためのハンドブック』(1991)。なお近著に *Philosophische Grundlagen der Psychoanalyse. Eine wissenschaftshistorische und Wissenschaftstheoretische Analyse*. Stuttgart: Kohlhammer, 2014.

齋藤　博（さいとう・ひろし）

1931年生まれ。東海大学名誉教授。［著書］『スピノチスムスの研究』創文社。『文明への問』、『文明を営む人間』、『文明のモラルとエティカ』（東海大学出版会）など。訳書に、スピノザ『エティカ』共訳、世界の名著、中央公論社、H. クーン『存在との出会い』共訳、東海大学出版会、など。他に論文多数。

岩脇リーベル豊美（いわわき・リーベル・とよみ）

1962年三重県に生まれる。1987年信州大学比較哲学科修士過程修了。2003年ヴュルツブルグ大学哲学科博士号取得。現在、エアランゲン大学日本学講座学術研究員。［著書］『ニーチェの漂泊者哲学　身体解釈による間文化的了解』(2004)。

原　註

序章

1　I. Kant, Religion, innerhalb der Grenzen der bloßen Vernunft, Kant's Werke, Berlin 1914, Bd. VI. 3. St. Kap. IV, S. 100.

2　I. Kant, Metaphysik der Sitten, Kant's Werke a.a.O. Bd. VI, S. 203f. Zur Thematik des Ausschlusses der Grausamkeit. R. Rorty, Kontingenz, Ironie und Solidarität, Frankfurt a.M. 1995, S. 146f. 参照.

3　I. Kant, Grundlegung zur Metaphysik der Sitten, Kant's Werke a.a.O. Bd. IV, S. 385f.

4　I. Kant, Anthropologie in pragmatischer Hinsicht, Kant's Werke a.a.O. Bd. VII, S. 117f. カント解釈参照，J. F. Lyotard, Der Widerstreit, München 1987, S. 117f.

I 章

5　M. Heidegger, Sein und Zeit, 6. Aufl. Tübingen 1949, 1. Abs. 5. Kap. §31-34, S. 142f.

6　J. Lacan, Das Spiegelstadium als Bildner der Ichfunktion, in Schriften I, hrg. N. Haas, Olten – Freiburg 1975, S. 66f. S. Freud, Traumdeutung, Buch VII, Werke II/III, S. 571.

7　O. Bollnow, Das Wesen der Stimmungen, 2. Aufl. Frankfurt a. M. 1943, S. 17f.

8　M. Merleau-Ponty, Phänomenologie der Wahrnehmung, Berlin 1966 I. T. Der Leib, S. 89f. ハイデガー批判参照，B. Waldenfels, Das Zwischenreich des Dialogs, Den Haag 1973. 諸所.

9　H.G. Gadamer, Wahrheit und Methode, Tübingen 1960, S. 240, S. 250f.

10　G.H. Mead, Geist, Identität und Gesellschaft, Frankfurt a.M. 1968, S. 107f. 解釈は J. Habermas, Theorie des kommunikativen Handelns, Bd. II, Frankfurt a. M. 1981, S. 7f. 参照.

11　R. Laing, Das Selbst und die Anderen, Köln 1973, S. 43f.

12　J. Lacan, Das Seminar von J. Lacan Buch I, Freud's technische Schriften, VII. Kap. S. 97f. Zuvor schon J.P. Sartre, L'Imaginaire, Paris 1948, 4. Teil, S. 159f.

II 章

13　E. Husserl, Ideen zu einer reinen Phänomenologie und phänomenologischen Philosophie, I. Buch Husserliana, Bd. III/1, hrg. K. Schuhmann, Den Haag 1976, insbes. S. 122f.

14　E. Husserl, Cartesianische Meditationen, in: Husserliana, Bd. I. hrg. S. Strasser, Den Haag 1950, I. Meditation §11, S. 64f. および E. Husserl, Ideen zu einer reinen Phäno-

menologie und phänomenologischen Philosophie, Bd. II, Husserliana, Bd. IV, hrg. M. Biemel, Den Haag 1952, §22, S. 97f.

15 E. Husserl, Ideen Bd. II, a.a.O. §35, S. 143f.

16 E. Husserl, Cartesianische Meditationen a.a.O. V. Meditation, §44, S. 124f. B. Waldenfels, Das Zwischenreich des Dialogs, Den Haag 1971. 諸所参照.

17 E. Husserl, Cartesianische Meditation, a.a.O. §49, S. 137f.

18 J. Lacan, Schriften I. a.a.O. S. 64,「しかし特に重要なのはまさに，この形式がすべての社会的決定に先立って自我（moi）の審級を仮構された線上に位置づけていることである……」.

19 E. Levinas, Totalité et Infini, La Haye 1974, S. 81f. ならびに B. Waldenfels, Antwortregister, Frankfurt a.M. 1994, S. 36f. 参照.

20 J. Lacan, Schriften I. Ausrichtung der Kur und die Prinzipien ihrer Macht, a.a.O. S. 205, 主要箇所は Seminar III, Die Psychosen, Weinheim – Berlin 1997, S. 68. に記載. Professor R. Wartel（Paris）ならびに Dr. B. Tharreau（Chemillé）の両氏のご教示に感謝申し上げる.

21 J. Lacan, Schriften II. Über die Frage, die jeder möglichen Behandlung der Psychose vorausgeht, a.a.O. S. 81f.

22 J. Derrida, Die différance, in: Randgänge der Philosophie, Frankfurt – Berlin – Wien 1976, S.6f.

23 J. Derrida, Grammatologie, Frankfurt a.M. 1994, S. 11f.

24 E. Levinas, Totalité et Infini, a.a.O. S. 172-173.

25 G.W.F. Hegel, Phänomenologie des Geistes, Sämtl. Werke, hrg. H. Glockner, 2. Bd., Stuttgart 1964, S. 148f. J.P. Sartre, Das Sein und Nichts, Hamburg 1962, III T. 3. Kap. S. 464f.

26 M. Foucault, Die Ordnung des Diskurses, München 1979, S. 11 u. S. 14. の「排他システム」概念を参照.

27 M. Buber, Ich und Du, Werke, Erster Band, Schriften zur Philosophie, München 1962, S. 79f.

III 章

28 J. Rawls, Eine Theorie der Gerechtigkeit, Frankfurt a.M. 1975, S. 19f. M.W. Schnell, Zugänge zur Gerechtigkeit, München 2001, S. 25f. の諸分析を参照.

29 J. Rawls, a.a.O. S. 74f.

30 Aristoteles, Nikomachische Ethik, Buch VIII, S. 1155 a. f.

31 E. Levinas, Totalité et Infini, a.a.O. S. 179f.

32 I. Kant, Metaphysik der Sitten, Kant's Werke, a.a.O. Bd. VI, S. 203f. J. Rawls, a.a.O. S. 283f.

33 J. Lacan, Schriften II, Subversion des Subjekts und die Dialektik des Begehrens, a.a.O. S. 167f. フロイトの無意識における「第三なるもの」に関しては M. Schnell, a.a.O.

S. 208. 参照.

34 Th. Adorno, M. Horkheimer, Dialektik der Aufklärung, Frankfurt a.M. 1971, S. 10.

35 F. Nietzsche, Jenseits von Gut und Böse, Werke Bd. VI/2, hrg. G. Colli u. M. Montinari, S. 13f.

36 J.F. Lyotard, Der Widerstreit, a.a.O. § 45 und § 226f. S. 60f. und S. 260f.

37 E. Levinas, Autrement qu'être ou au-delà de l'essence,（ドイツ語版）Jenseits des Seins oder anders als Sein geschieht, 2. Aufl. Freiburg – München 1998, S. 219f. u. S. 308f.

38 Aristoteles, Nik. Eth. Buch V, S. 1137 a. 31.

39 M. Theunissen, Der Andere, Berlin – New York 1977, S. 85f. das Problem der Veranderung. 参照.

40 M. Foucault, Die Ordnung des Diskurses, a.a.O. S. 6.

IV 章

41 M. Merleau-Ponty, Phänomenologie der Wahrnehmung, Der Leib als geschlechtlich Seiendes, a.a.O. S. 185 insbes. S. 206.

42 W. Reich, Die Theorie des Orgons, Frankfurt a. M. 1977. 諸所参照.

43 Th.W. Sadler, Medizinische Embryologie, 9. Aufl. Stuttgart 1998, S. 299f.

44 S. Freud, Neue Folge der Vorlesungen zur Einführung in die Psychoanalyse, Werke Bd. XV, Frankfurt a.M. 1944, S. 119. ならびに B. Schmitz, Weiblichkeit in der Psychoanalyse. Die anthropologische Bedeutung der Bisexualität, Würzburg 1990.

45 この概念（欲望の概念）は，Hegel が A. Kovjève と J. Hyppolite を通してフランスに受容される途上で，Sartre によって J.P. Sartre: Das Sein und Nichts, a.a.O. III. T. 3. Kap. S. 464f. で取り上げられている．もっともその概念がその無意識理論の中心概念としてはじめて哲学的重要性を得るのは，Lacan の J. Lacan, Schriften II, Subversion des Subjekts und Dialektik des Begehrens, a.a.O. S. 165f. においてである．

46 G.W.F. Hegel, Phänomenologie des Geistes, a.a.O. S. 146.

47 Levinas による三対の層（肉体性＝損傷性＝死）は，有限性と責任を重視することから生じる．E. Levinas, Die Spur des Anderen, Freiburg – München 1983. 参照．それは，脆弱性理論のなかで展開する．E. Levinas, Jenseits des Seins – oder anders als Sein geschiet, a.a.O. S. 169f. 参照．E. Weber がその注釈中に呈示している．E. Levinas の解釈に関しては B. Waldenfels, Phänomenologie in Frankreich, Frankfurt a.M. 1983, S. 218f. 参照.

48 ジェンダー研究の展開に関し J. Butler, Gendertrouble（ドイツ語版）．Das Unbehagen der Geschlechter, Frankfurt a.M. 1991. 参照.

49 経済と性なるものとの関係を問う手引きとして S. Freud, Das Unbehagen in der Kultur, Werke Bd. XIV, a.a.O. S. 464. 参照.

50 G.W.F. Hegel, Grundlinien der Philosophie des Rechts, Sämtl. Werke Bd XII. hrg. H. Glockner, § § 170-172, S. 249f.

51 H. Plessner, Die Stufen des Organischen und der Mensch, Berlin 1975, 7. Kap. 5. Aufl. S. 341f.
52 J.P. Sartre, Das Sein und Nichts, I Teil 2. Kap. a.a.O. S. 91f.
53 Aristoteles, Politik I. Buch 1254 a. 21.
54 G.W.F. Hegel, Grundlinien der Philosophie des Rechts, § 142 – 157 a.a.O. S. 226f.
55 F. Schiller, Sämtliche Werke Bd. 1, München 1965, S. 429f.
56 K. Marx, Nationalökonomie und Philosophie in: Frühschriften, hrg. S. Landshut, Stuttgart 1971, S. 233-234.
57 S. Freud, Neue Folge der Vorlesungen zur Einführung in die Psychoanalyse, Werke Bd. XV, a.a.O. S. 119f.
58 D.W. Winnicott, Die Beziehung zwischen Aggression und Gefühlsentwicklung, in: Von der Kinderheilkunde zur Psychoanalyse, München 1983, S. 91f.
59 S. de Beauvoir, Das andere Geschlecht, Hamburg 1992, S. 452f.
60 K. Theweleit, Männerphantasien, Frankfurt 1978. 諸所参照.
61 J. Benjamin, The Shadow of the Other, New York 1998,（ドイツ語版）. Der Schatten des Anderen, Frankfurt a.M. – Basel 2002. S.57f.
62 R. Jakobson, Das Nullzeichen in: Aufsätze zur Linguistik und Poetik, Frankfurt a.M. – Berlin – Wien 1979, S. 44f. ならびに J. Lacan, Seminar III, Die Psychosen, Kap. XIII, Weinheim – Berlin 1997, S. 210f. 参照.
63 L. Irigaray, Ethik der sexuellen Differenz, Frankfurt a.M. 1991. L. Irigaray, Der Atem von Frauen, dt. Rüsselsheim 1977. 参照.
64 J. Benjamin, a.a.O. S. 103f.
65 Ch. Rhode-Dachser, Expedition in den dunklen Kontinent, Weiblichkeit im Diskurs der Psychoanalyse, Berlin – Heidelberg – New York 1991, S. 257f. u. S. 277f.
66 H. Stierlin, Das Tun des Einen ist das Tun des Anderen, Frankfurt a. M. 1971, H. Stierlin, Delegation und Familie, Franfurt a. M. 1978. 参照.
67 Th. Bauriedl, Wege aus der Gewalt, Freiburg – Basel – Wien 1992.
68 C.G. Jung, Die Beziehung zwischen Ich und dem Unbewussten, Olten – Freiburg 1971, S. 81f.
69 C. Gilligan, Die andere Stimme 3. Aufl. München – Zürich 1988, S. 83f. A. Pieper, Gibt es eine feministische Ethik, München 1998. 諸所参照.
70 J.W. Goethe, Faust, Der Tragödie zweiter Teil, Gesamtausgabe Bd. 9, München 1962, S. 351.
71 Anselm v. Canterbury's Proslogion の存在論的証明として知られている箇所を参照した.

V章

72 A. Schöpf, Aggression, in: Staatslexikon Bd. 1, Freiburg 1995. ならびに P. Watzlawick, J.H. Beavin, D.D. Jackson, Menschliche Kommunikation, 3. Aufl. Bern – Stuttgart –

Wien 1968. 諸所参照.

73 F. Nietzsche, Zur Genealogie der Moral, Nietzsche Werke VI/2 1. Abh. Aph 7, 11, 13 a.a.O. S. 280f.

74 F. Reusch, Die Ethik des Sozialdarwinismus, Europäische Hochschulschriften Bd. 619, Frankfurt a. M. 2000. 諸所参照.

75 F. Nietzsche, Zur Genealogie der Moral, 1. Abh. Aph 10 u. 11., a.a.O. S. 284f.

76 F. Nietzsche, Zur Genealogie der Moral, 1. Abh. Aph 4. u. 5. a.a.O. S. 274f. H. Ottmann, Philosophie und Politik bei Nietzsche, Teil A, Kap. III, Berlin – New York 1987, S. 43f. 参照.

77 F. Nietzsche, Zur Genealogie der Moral, 2. Abh. Aph 1, a.a.O. S. 307f.

78 K. Lorenz, Vergleichende Verhaltensforschung, Wien – New York 1978, S. 106f.

79 F. Nietzsche, Die fröhliche Wissenschaft, V. Buch Aph 371, Nietzsche Werke, Bd. V/2, a.a.O. S. 304.

80 E. Fromm, Anatomie der menschlichen Destruktivität, 2. Aufl. Stuttgart 1974, S. 196f. u. S. 295f.

81 H. Arendt, Macht und Gewalt, 12. Aufl. München 1996, insbes. S.53. 権力（Macht）と暴力（Gewalt）区別のために参照.

82 P. Ricoeur, Das Selbst als ein Anderer, München 1996, S. 9f. 他者を超える自己性（Selbstheit über den Anderen）の定義のために参照.

VI 章

83 A. Smith, Der Wohlstand der Nationen, Buch I, Kap. 1,（ドイツ語版）. H.C. Reckten-wald, München 1974, S. 14f.

84 M. Foucault, Die Ordnung der Dinge, Kap. 10, Die Humanwissenschaften, Frankfurt a. M. 1971, S. 413f.

85 A. Smith, Theorie der ethischen Gefühle, hrg. W. Eckstein, 2. Aufl. Hamburg 1977. 諸所.

86 A. Smith, Wohlstand der Nationen, Buch I, Kap. 2, a.a.O. S. 17.

87 G.H. Mead, a.a.O. Kap. 37, S. 336f.

88 J.J. Rousseau, Discours sur l'origine et les fondements de l'inegalité parmi les hommes, hrg. K. Weigand, Hamburg 1955, I. Teil, S. 167f. u. S. 193f. G.W.F. Hegel, Grundlinien der Philosophie des Rechts, § 189 a.a.O. S. 270, K. Marx, Frühschriften, Nationalökonomie und Philosophie a.a.O. S. 226.

89 Th. Hobbes, Leviathan, Kap. 13, The English Works, hrg. W. Mollesworth, Aalen 1962, S. 110f. G.W.F. Hegel, Grundlinien der Philosophie des Rechts, § 182-195, a.a.O. S. 262f.

90 A. Smith, Wohlstand der Nationen, Buch I, Kap. 8. a.a.O. S. 62.

91 C.B. Macpherson, Die politische Theorie des Besitzindividualismus, Frankfurt a.M. 1967.

92 A. Smith, Theorie der ethischen Gefühle, IV. Teil, 1 Kap., a.a.O. S. 316.
93 A. Smith, Theorie der ethischen Gefühle, I. Teil, 1. Aufl. 3. Kap. a.a.O. S. 14.
94 A. Smith, Theorie der ethischen Gefühle, III. Teil, 2. Kap. a.a.O. S. 172.
95 A. Smith, Theorie der ethischen Gefühle, III. Teil, 3. Kap. a.a.O. S. 203.
96 G.W.F. Hegel, Grundlinien der Philosophie des Rechts, § 243-248, a.a.O. S. 318f.
97 R. Notzick, Anarchie, Staat, Utopie, München o. J. S. 143f.

VII 章

98 C. Schmitt, Der Begriff des Politischen（1932）, Berlin 1963. 諸所.
99 G.H. Mead, a.a.O. Kap. 33 u. 36, S. 299f. u. 328f., J. Rawls, a.a.O. S. 251f. u. 557f.
100 U. Steinvorth, Gleiche Freiheit, Berlin 1999. 諸所.
101 C. Schmitt, a.a.O. S. 39.
102 R. Notzick, a.a.O. S. 90f.
103 J. Habermas, Moralbewusstsein und kommunikatives Handeln, Frankfurt a.M. 1983, S. 53f.
104 Aristoteles, Politik Buch III, 1280 a. 7 u. 1281 a. 11f. H. Ottmann, Geschichte des politischen Denkens, Bd. I/2, Stuttgart 2001, S. 189f. 参照.
105 C. Schmitt, a.a.O. S. 14. 関連して拙論 „Freund und Feind“ in Psyche 58 2004, S. 516- 532. 参照.
106 M. Heidegger, Sein und Zeit, a.a.O. S. 8f. u. S. 41f.
107 C. Schmitt, a.a.O. S. 33.
108 S. Mentzos, Der Krieg und seine psychosozialen Funktionen, 2. Aufl. Göttingen 2002, S. 159f. H. Münkler, Über den Krieg, Weilerswist 2002. 諸所参照.
109 J. Derrida, Politik der Freundschaft, Frankfurt a.M. 2000, S. 158.
110 E. Levinas, Totalité et Infini, a.a.O. S. 168f. 実践的 - 政治的問題としての他者に関する問いについては W. Kersting, Politik und Recht, Weilerswist 2000, S. 166f. 参照.
111 C. Schmitt, a.a.O. S. 14.
112 J. Derrida, Politik der Freundschaft, a.a.O. S. 17.
113 J. Derrida, Politik der Freundschaft, a.a.O. S. 54.
114 Th. Hobbes, Laviathan, a.a.O. Kap. XIII, S. 111.
115 J. Derrida, Gesetzeskraft. Der mystische Ursprung der Autorität, Frankfurt a.M. 1991, S. 70f.
116 J.F. Lyotard, der Widerstreit, a.a.O. S. 161f.
117 G.W.F. Hegel, Grundlinien der Philosophie des Rechts, § 101 u. § 103 a.a.O. S. 156f.
118 S. Freud, Warum Krieg, Werke Bd. XVI. S. 14.
119 S. Freud, Jenseits des Lustprinzips, Werke Bd. XIII, S. 1.
120 S. Freud, Warum Krieg, a.a.O. S. 16.
121 W. Benjamin, Kritik der Gewalt, Frankfurt a.M. 1965, S. 60.

終章

122 P. Kondylis, Macht und Entscheidung, Stuttgart 1984, S. 117f.
123 Aristoteles, Nik. Eth. Buch III, 1110 a. 11.
124 J.P. Sartre, Das Sein und Nichts, a.a.O. S. 464.
125 J.P. Sartre, Das Sein und Nichts, a.a.O. S. 513 u. S. 540.
126 F. Nietzsche, Zur Genealogie der Moral, 1. Abh. Aph 10. a.a.O. S. 284f.
127 G.W.F. Hegel, Grundlinien der Philosophie des Rechts, § 103-104, a.a.O. S. 161f.
128 E. LevinaAs, Jenseits des Seins oder anders als Sein geschieht, a.a.O. S. 169f.

出典

Th. Adorno, M. Horkheimer, Dialektik der Aufklärung, Frankfurt a.M. 1971
Aristoteles, Nikomachische Ethik, hrg. T. Bywater, Oxford 1894, übers. F. Dirlmeier, Darmstadt 1956
Aristoteles, Politik, hrg. W. Ross, Oxford 1957, dt. Politik dtv. 3. Aufl. 1978
W. Benjamin, Kritik der Gewalt, Frankfurt a.M. 1965
J. Derrida, Grammatologie, Frankfurt a.M. 1994
J. Derrida, Politik der Freundschaft, Frankfurt a.M. 2000
J. Derrida, Gesetzeskraft. Der mystische Ursprung der Autorität, Frankfurt a.M. 1991
J. Derrida, Randgänge der Philosophie, Frankfurt a.M. – Berlin – Wien 1976
M. Foucault, Die Ordnung des Diskurses, München 1979
S. Freud, Neue Folge der Vorlesungen zur Einführung in die Psychoanalyse, Werke Bd. XV
S. Freud, Das Unbehagen in der Kultur, Werke Bd. XIV
S. Freud, Jenseits des Lustprinzips, Werke Bd. XIII
S. Freud, Warum Krieg, Werke Bd. XVI
H.G. Gadamer, Wahrheit und Methode, Tübingen 1960
J.W. Goethe, Faust. Der Tragödie zweiter Teil, Gesamtausgabe Bd. 9, München 1962
G.W.F. Hegel, Phänomenologie des Geistes, Sämtl. Werke, hrg. H. Glockner, 2. Bd. Stuttgart 1964
M. Heidegger, Sein und Zeit, 6. Aufl. Tübingen 1949
E. Husserl, Cartesianische Meditationen, Husserliana, Bd. I, hrg. S. Strasser, Den Haag 1950
E. Husserl, Ideen zu einer reinen Phänomenologie und phänomenologischen Philosophie, I. Buch, Husserliana, Bd. III/1, hrg. K. Schuhmann, Den Haag 1976
E. Husserl, Ideen zu einer reinen Phänomenologie und phänomenologischen Philosophie, II. Buch, Husserliana, Bd. IV, hrg. M. Biemel, Den Haag 1972
I. Kant, Grundlegung zur Metaphysik der Sitten, Kant's Werke, Bd. IV, Akademieausgabe, Berlin 1911
I. Kant, Religion innerhalb der Grenzen der bloßenVernunft, Kant's Werke, Bd. VI, Berlin 1914
I. Kant, Metaphysik der Sitten, Kant's Werke, Bd. VI, Berlin 1914
I. Kant, Anthropologie in pragmatischer Hinsicht, Kant's Werke, Bd. VII, Berlin 1917
J. Lacan, Schriften I–III, hrg. N. Haas, Olten – Freiburg 1975f.
J. Lacan, Das Seminar, Buch I, Freud's technische Schriften, Freiburg i.Br. 1978
J. Lacan, Das Seminar, Buch III, Die Psychosen, Weinheim – Berlin 1997
E. Levinas, Die Spur des Anderen, Freiburg – München 1983
E. Levinas, Totalité et lnfini, La Haye 1974, dt. Totalität und Unendlichkeit, München 1987
E. Levinas, Autrement qu'être ou au-delà de l'essence, La Haye 1974, dt. Jenseits des Seins

oder anders als Sein geschieht, 2. Aufl, Freiburg – München 1998
J.F. Lyotard, Der Widerstreit, München 1987
K. Marx, Nationalökonomie und Philosophie in: Frühschriften, hrg. S. Landshut, Stuttgart 1971
G.H. Mead, Geist, Identität und Gesellschaft, Frankfurt a.M. 1968
M. Merleau-Ponty, Phänomenologie der Wahrnehmung, Berlin 1966
F. Nietzsche, Die fröhliche Wissenschaft, Nietzsche Werke, Bd. V/2, hrg. G. Colli und M. Montinari, Berlin 1973
F. Nietzsche, Jenseits von Gut und Böse, Generalogie der Moral, Werke, Bd. VI/2, hrg. G. Colli und M. Montinari, Berlin 1968
S.R.H. Plessner, Die Stufen des Organischen und der Mensch, Berlin 1975
J. Rawls, Eine Theorie der Gerechtigkeit, Frankfurt a.M. 1975
J.P. Sartre, Das Sein und das Nichts, Hamburg 1952
F. Schiller, Sämtliche Werke, Bd. 1, München 1965
C. Schmitt, Der Begriff des Politischen (1932), Berlin 1963
A. Smith, Der Wohlstand der Nationen, Buch I, hrg. H.C. Recktenwald, München 1974
A. Smith, Theorie der ethischen Gefühle, hrg. W. Eckstein, 2. Aufl. Hamburg 1977

参考文献

H. Arendt, Macht und Gewalt, 12. Aufl. München 1996
Th. Bauriedl, Wege aus der Gewalt, Freiburg – Basel – Wien 1978
J. Beaufort, Die gesellschaftliche Konstitution der Natur, Würzburg 2000
S. de Beauvoir, Das andere Geschlecht, Hamburg 1992
J. Benjamin, The shadows of the other, New York 1998, dt. Der Schatten des Anderen, Frankfurt a.M. –Basel 2002
W. Bohlleber, Die Entwicklung der Traumatheorie in der Psychoanalyse, (hrg.) Psyche 54, S.797-839, Stuttgart 2000
W. Bohlleber, Zur Psychoanalyse menschlicher Destruktivität, Psyche 55, Sonderheft, Stuttgart 2000
O. Bollnow, Das Wesen der Stimmungen, 2. Aufl. Frankfurt a.M. 1943
J. Butler, Das Unbehagen der Geschlechter, Frankfurt a.M. 1983
E. Fromm, Anatomie der menschlichen Destruktivität, 2. Aufl. Stuttgart 1974
C. Gilligan, Die andere Stimme, 3. Aufl. München – Zürich 1988
J. Habermas, Moralbewusstsein und kommunikatives Handeln, Frankfurt a.M. 1983
A. Honneth, Kampf um Anerkennung. Zur moralischen Grammatik sozialer Konflikte, Frankfurt a.M. 1992
L. Irigaray, Ethik der sexuellen Differenz, Frankfurt a.M. 1991

L. Irigaray, Der Atem von Frauen, Rüsselsheim 1977
R. Jakobson, Aufsätze zur Linguistik und Poetik, Frankfurt a.M. – Berlin – Wein 1979
C.G. Jung, Die Beziehung zwischen dem Ich und dem Unbewussten, Freiburg – Olten 1971
W. Kersting, Politik und Recht, Weilerswirt 2000
P. Kondylis, Macht und Entscheidung, Stuttgart 1984
R. Laing, Das Selbst und die Anderen, Köln 1973
H. Lang, Die Sprache und das Unbewusste, 2. Aufl. Frankfurt a.M 1993
K. Lorenz, VergleichendeVerhaltensforschung
C.B. Macpherson, Die politische Theorie des Besitzindividualismus, Frankfurt a.M. 1967
S. Mentzos, Der Krieg und seine psychosozialen Funktionen, 2. Aufl. Göttingen 2002
H. Münkler, Über den Krieg, Weilerswirt 2002
R. Notzick, Anarchie, Staat, Utopie, München o.J.
H. Ottmann, Philosophie und Politik bei Nietzsche, Berlin – New York 1987
H. Ottmann, Geschichte des politischen Denkens, Bd. I/2, Stuttgart 2001
A. Pieper, Gibt es eine feministische Ethik, München 1998
W. Reich, Die Theorie des Orgons, Frankfurt a.M. 1977
F. Reusch, Die Ethik des Sozialdarwinismus, Europäische Hochschulschriften, Bd. 619, Frankfurt a.M. 2000
P. Ricoeur, Das Selbst als ein Anderer, München 1996
Ch. Rhode-Dachser, Expedition in den dunklen Kontinent. Weiblichkeit im Diskurs der Psychoanalyse, Berlin – Heidelberg – NewYork 1991
Th.W. Sadler, Medizinische Embryologie, 9. Aufl. Stuttgart 1998
B. Schmitz, Weiblichkeit in der Psychoanalyse. Die anthropologische Bedeutung der Bisexualität, Würzburg 1990
M. Schnell, Zugänge zur Gerechtigkeit, München 2001
A. Schöpf, Freund und Feind, in: Psyche 58, H. 6, Stuttgart 2004, S.516-532
U. Steinvorth, Gleiche Freiheit, Berlin 1999
H. Stierlin, Das Tun des Einen ist das Tun des anderen, Frankfurt a.M. 1978
M. Theunissen, Der Andere, Berlin – NewYork 1977
K. Theweleit, Männerphantasien, Frankfurt a.M. 1978
B. Waldenfels, Das Zwischenreich des Dialogs, Den Haag 1973
B. Waldenfels, Phänomenologie in Frankreich, 1. A. Frankfurt a.M. 1983
B. Waldenfels, Antwortregister, 1. A. Frankfurt a.M. 1994
P. Watzlawick, J.H. Bearin, D.D. Jackson, Menschliche Kommunikation, Bern – Stuttgart –Wien 1968
D.W. Winnicott, Die Beziehung zwischen Aggression und Gefühlsentwicklung in: Von der Kinderheilkunde zur Psychoanalyse, München 1983
W. Welsch, Unsere postmoderne Moderne, 4.A. Berlin 1993
W. Welsch, Vernunft, Frankfurt a.M. 1996